ENGLISH G

access 6

HANDREICHUNGEN FÜR DEN UNTERRICHT

mit Kopiervorlagen und
methodisch-didaktischem Glossar
www.englishg.de/access

Cornelsen

ONLINE-
Angebot

English G Access • Band 6

Handreichungen für den Unterricht

Im Auftrag des Verlages herausgegeben von
Prof. Jörg Rademacher, Mannheim

Erarbeitet von
Dr. Annette Leithner-Brauns, Dresden
Birgit Ohmsieder, Berlin
Jörg Wunderlich, München

sowie
Prof. Jörg Rademacher, Mannheim (Vorwort)

Redaktion
Stefan Höhne (Projektleitung);
Renata Jakovac (verantwortliche Redakteurin);
Michael Dills, Gareth Evans, Katrin Gütermann, Sophie Burt

Titelbild
Junge Frau: **Shutterstock**/Izf,
Landstraße: **Glowimages**

Umschlaggestaltung und Layoutkonzept
kleiner & bold, Berlin
hawemannundmosch, Berlin
klein & halm, Berlin
Eric Gira, zweiband.media, Berlin

Technische Umsetzung
L42, Berlin
zweiband.media, Berlin: Katjana Schubert

www.cornelsen.de
www.englishg.de/access

1. Auflage, 1. Druck 2018

Alle Drucke dieser Auflage sind inhaltlich unverändert und können im Unterricht nebeneinander verwendet werden.

Druck: Media Print Informationstechnologie GmbH, Paderborn

ISBN 978-3-06-031711-0

PEFC
PEFC/04-31-0810

PEFC zertifiziert
Dieses Produkt stammt aus nachhaltig bewirtschafteten Wäldern und kontrollierten Quellen.

www.pefc.de

Inhalt

Einleitung

English G Access setzt die lange Cornelsen-Tradition bewährter Englischlehrwerke für das Gymnasium fort.

Einerseits sind es fachdidaktische Weiterentwicklungen bzw. Schwerpunktsetzungen, die diese Neuentwicklung geprägt haben, wie zum Beispiel die stärkere Betonung der fremdsprachlichen interkulturellen Handlungskompetenz, Sprachbewusstheit bzw. Sprachlernkompetenz oder auch das damit verbundene selbstgesteuerte Lernen. Andererseits gibt es schulpolitische Veränderungen, die in hohem Maße die Arbeit im Englischunterricht am Gymnasium prägen:

Für diese Herausforderungen bietet *English G Access* neue Lösungswege an, ohne dabei auf bewährte Elemente aus den Vorgängerlehrwerken *English G 2000* und *English G 21* zu verzichten.

2 Veränderungen in Band 6

An die zehnte Klasse werden spätestens seit Einführung des achtjährigen gymnasialen Ausbildungsgangs veränderte Anforderungen gestellt: so soll sie zum einen den Grammatikerwerbsprozess der Unter- und Mittelstufe abschließen, zum anderen auch auf die komplexen Anforderungen des verkürzten Oberstufenunterrichts vorbereiten. Möglichkeiten zur individuellen Behebung entstandener Defizite sollen ebenso berücksichtigt werden wie Möglichkeiten zur vertieften Analyse von literarischen und nicht-literarischen Texten, wie sie später in den Abiturklausuren zu finden sein werden. Insgesamt entspricht das dem Wunsch nach intensiver sprachlicher und philologischer Arbeit, andererseits aber auch dem Zugeständnis an die heterogenen Ausgangs- und Interessenlagen von Schülerinnen und Schülern am Ausgang der Mittelstufe. Um diesen disparaten Funktionen gerecht zu werden, wurde der 6. Band der Lehrwerksreihe *English G Access* in einigen Aspekten neu konzipiert.

Zunächst augenfällig bleibt der Einstiegsimpuls (SB-Seiten 8–9), der erneut den Ton und die Grundausrichtung des vorliegenden Bandes transparent machen soll: Die Schülerinnen und Schüler der zehnten Klasse beschäftigen sich mit globalen Themen, die sowohl das eigene Handeln als auch die eigene Identität in vielfältiger Weise spiegeln. Konsequent öffnen sich in *EG Access* Band 6 die Themen: Fragen zur eigenen Identität (Unit 1 – *Who are you?*) über Reflektionen zum Thema Gemeinschaft (Unit 2 – *What makes a community?*) bis hin zu Fragestellungen rund um unsere globalisierte Welt (Unit 3 – *How is the world changing?*). Die Fragehaltung der drei Unit-Überschriften wurde dabei bewusst gewählt, denn sie soll junge Erwachsene einladen, an der Diskussion über diese Themen mit ihrem bis dahin erworbenen Wissen über sich, andere und die Welt teilzunehmen. Trotz der sehr allgemein gehaltenen Themen werden weiterhin die großen englischsprachigen Kulturräume berücksichtigt. Dies geschieht nun allerdings nicht mehr vornehmlich über die aus den Bänden 3–5 vertrauten Aufgabenstellungen der *Kaleidoscope*-Seiten, sondern anhand der Themenwahl und der Auswahl von Autoren und Texten, die weiterhin dominant aus den beiden Zielkulturen USA bzw. Großbritannien stammen. Immer mehr rückt dabei aber auch die Grundhaltung einer transkulturellen Identität und der damit verbundenen kommunikativen Kompetenz in den Mittelpunkt: als bestes Beispiel soll der Werbefilm „The DNA journey" (Unit 1 – *The world behind the picture*, SB-Seite 25) dienen, der die (genetische) Vernetzung der Weltbevölkerung über alle Kulturgrenzen hinweg zum Thema hat.

Während sich die aufgewerteten Module *Access to cultures* (z. B. SB-Seiten 24, 37, 67) vornehmlich auf sprachliche und interaktionale Konventionen beziehen, sind die SB-Seiten *Access to words* (z. B. SB-Seite 16, 47, 57) der Systematisierung, Wiederholung und Erweiterung thematischen Wortschatzes gewidmet, der für eine zielführende und präzise Kommunikation ebenfalls unerlässlich ist. Der so bearbeitete Wortschatz wird durch eine methodische Rahmung vom Lernwortschatz in aktiv anzuwendenden Wortschatz überführt, um damit eine bessere Verankerung der *lexical items* zu erzielen.

Im Prozess der Auseinandersetzung mit der eigenen Identität, aber auch mit fremden Lebenskonzepten, spielen Texte (und vor allem literarische Texte) eine prominente Rolle, da sie Angebote der Perspektivübernahme und der Entwicklung von Empathie oder auch Antipathie ermöglichen. Aus diesem Grund wurde die bewährte Unitstruktur der Bände 1–4 auch für den Band 6 modifiziert. Sie erlaubt einen früheren Umgang mit literarischen Texten, da die bisherigen Unittexte in die Materialtexte verschoben wurden. An ihnen lassen sich neben den erwähnten inhaltlichen Aspekten auch sprachliche Phänomene in authentischen Verwendungskontexten thematisieren, was für die sinnvolle und relevante Wiederholung von vor allem grammatischen Phänomenen einen deutlichen Mehrwert bedeutet. Nicht zuletzt dient die abwechslungsreichere Anordnung der Materialien der Motivation der Schülerinnen und Schüler, die sich erfahrungsgemäß am motiviertesten mit literarischen Texten auseinandersetzen, die sie nun z. T. auch schon zu Beginn einer Unit vorfinden (vgl. Unit 1, S. 12 f., Unit 2, S. 32ff.). Ergänzend zu den vorhandenen literarischen Texten wurde das *Text file* modifiziert und bietet nun aus allen Textgattungen, die für die spätere Arbeit in der Oberstufe relevant sind, jeweils ein Beispiel (*Text challenge*, SB-Seiten 72–81). Aber nicht nur die Textqualität ist im Rahmen dieser Seiten eine deutlich anspruchsvollere, auch die Aufgabenapparate wurden so konzipiert, dass sie (mit Hilfestellungen) bereits den drei Anforderungsbereichen (AFB) der Einheitlichen Prüfungsanforderungen im Abitur (EPA) entsprechen: Reproduktion und Textverstehen (AFB I), Reorganisation und Analyse (AFB II) bzw. Werten und Gestalten (AFB III).

Eine weitere Funktion, die mit den vorliegenden Texten verbunden wurde: sie dienen als Vorlage und Vorbild für Textsorten, die von Schülerinnen und Schülern im Rahmen einer neu entwickelten Übungsgssequenz hergestellt werden sollen. Dieses neue Konzept beruht auf den Grundthesen des generischen Lernens, wie es von W. Hallet und anderen entwickelt wurde. Generische Merkmale einer Textsorte sind demnach Aufbau des Gesamttextes und Funktion einzelner Textteile sowie die Verwendung bestimmter sprachlicher / grammatischer Strukturen, die zur Erreichung eines bestimmten kommunikativen Ziels notwendig sind. Für Band 6 von *EG Access* wurden die Textsorten *opinion piece* (Unit 1), *book review* (Unit 2) und *feature article* (Unit 3) zugrunde gelegt. Nach einer kurzen inhaltlichen Auswertung und kontextuellen Situierung findet zunächst eine strukturelle Analyse (*Examine the text structure*) des vorliegenden Mustertextes statt. Konstituierende Elemente werden dabei erkannt und gesichert. Diese Analyse wird durch eine Betrachtung besonderer sprachlicher/grammtischer Strukturen ergänzt (*Focus on language*). Im nächsten Schritt werden die bis dahin rezeptiven Kenntnisse zur Herstellung einer ersten, eigenen Textversion zu einem individuell gewählten Thema verwendet. Die Erfahrung des eigenen sprachlichen Handelns soll dabei zur sicheren Verwendung der Struktur und grammatischer Elemente führen, aber auch eine Grundlage zur kontinuierlichen sprachlichen Verbesserung legen. Durch eine erste Phase des *peer feedback* (*Give and receive feedback*) werden nun aus dem Textprodukt individuelle Erkenntnisse gewonnen: Struktur und sprachliche Mittel wurden bereits gut beherrscht bzw. Defizite in den erwähnten (oder auch anderen sprachlichen) Bereichen wurden erkannt. An dieser Stelle greift nun ein differenzierendes Konzept: Schülerinnen und Schüler mit bereits guter Kompetenzentwicklung werden im nächsten Schritt in den Bereich der stilistischen Arbeit an Sprache und kommunikativen Strategien verwiesen (*Improve your style*), während andere nochmals intensiv an grammatischen Defiziten arbeiten können, die entweder Textgenre-bezogen sind (*Practise language structures*) oder in der individuellen Lernerbiografie begründet liegen.

Hierfür steht den Lernenden ein neu konzipiertes *Grammar and practice (GAP) file* zu Verfügung (SB-Seiten 140–195), das im Aufschlagsprinzip neben den Grammatikregeln stets eine Seite passender Übungen anbietet, die auch in individuellen Übungsphasen genutzt werden können, da die Lösungen online zu Verfügung stehen (www.englishg.de/access).

Selbstverständlich steht auch leistungsschwächeren Schülerinnen und Schülern der Weg zur Verbesserung Ihres Registers bzw. Sprachstils offen, allerdings wird hier bewusst darauf hingewiesen, dass es sich um einen Mehraufwand handelt, der sich aus der Arbeit an zunächst diagnostizierten sprachlichen Defiziten ergibt.

Ist diese Phase abgeschlossen, werden die Lerner aufgefordert, nun ihren ersten Textentwurf zu überarbeiten und die gewonnene sprachliche, strukturelle bzw. stilistische Sicherheit in die Herstellung einer textsortenadäquaten zweiten Fassung zu überführen. Der so erzielte Lerneffekt schafft eine produktive Verankerung umfangreicher Wiederholungssequenzen und lässt gleichzeitig ein differenzierendes Vorgehen zu. Am Ende steht eine Textsortensicherheit und individuell-sprachliche Verbesserung, die in die Oberstufenarbeit bzw. bis ins Abitur hinein übertragen werden kann.

Neben dem Bereich der umfangreichen Textproduktion steht in Band 6 von *EG Access* auch nochmals die Schulung des Hörverstehens im Mittelpunkt. Obwohl diese kommunikative Kompetenz seit der Grundschule im Mittelpunkt des Englischunterrichts zu stehen scheint, gibt es doch die Erkenntnis, dass mit zunehmender sprachlicher/inhaltlicher Komplexität in Klasse 10 und der Oberstufe (bzw. in realen Kommunikationssituationen) verschiedene Distraktoren die erfolgreiche Rezeption verhindern und somit eine Kommunikation nur bedingt erfolgreich möglich wird. Aspekte wie Verschleifungen (*Listening course* Unit 1, SB-Seite 27), Sprechgeschwindigkeit (SB-Seite 27) und Dialekt/Akzent (*Listening course* Unit 2, SB-Seite 39) spielen dabei eine nicht unerhebliche Rolle. Der entwickelte *Listening course* bietet deshalb die Möglichkeit, im Sinne des *micro listening* den Umgang mit diesen basalen Distraktoren einzuüben, um ein besseres Verstehen komplexer sprachlicher Äußerungen zu ermöglichen. Neben diesem *bottom-up* Modell der Rezeption wurden auch Prozesse des *predicting* bzw. *listening for gist and inference* (*Listening course* Unit 3, SB-Seiten 68f.) berücksichtigt, die ebenfalls den Verstehensprozess erheblich entlasten können.

Der gesamte Umfang von *EG Access* Band 6 wurde auf drei Units reduziert, damit angesichts geringer Stundenzahlen noch Zeit für die Lektüre einer Ganzschrift vorgesehen werden kann. Als mögliche Lektüreempfehlung findet sich neben anderen ein Auszug von *Mr Penumbra's 24-hour-bookstore* (Robin Sloan, *Mr Penumbra's 24-hour-bookstore*, Berlin 2016, Cornelsen Senior English Library, ISBN 9783060338641) in Unit 3.

2 Die Konzeption von *English G Access*: Methodisch-didaktische Grundlagen

English G Access hat sich dem Konzept der Kompetenzschulung in allen Bereichen der Fremdsprache im Rahmen eines ganzheitlichen Englischunterrichts verschrieben. Die dabei besonders im Vordergrund stehende interkulturelle kommunikative Handlungskompetenz wird durch einen konsequent schüler- und handlungsorientierten Unterricht angelegt. Die stärkere Berücksichtigung binnendifferenzierender Lernarrangements bildet dabei eine sinnvolle Ergänzung im Spracherwerbsprozess und wird gemeinsam mit einigen grundlegenden Gestaltungsprinzipien im Weiteren näher erläutert.

2.1 Umgang mit Heterogenität, Differenzierung und Individualisierung

Als eine der größten Herausforderungen an Unterricht allgemein, und damit auch an den gymnasialen (Fremdsprachen) Unterricht, gilt die zunehmende Heterogenität von Lerngruppen. *English G Access* enthält daher zahlreiche Möglichkeiten der Differenzierung.

Differenzierung wird in *English G Access* zuallererst als Binnen- oder innere Differenzierung verstanden. Differenziert wird nach Leistung sowie nach Neigung. Die unterrichtliche Individualisierung von Lernprozessen ist im Regelunterricht angesichts von noch immer großen Lerngruppen problematisch. Durch die zunehmende Einrichtung von Ganztagsschulen und Förderstunden bzw. -unterricht erscheint aber die Realisation von Individualisierung nicht mehr unmöglich. *English G Access* schafft mit einer engen Verzahnung zwischen Schülerbuch, *Workbook*, Vorschlägen zur Leistungsmessung und völlig neu konzipierten Förder- und Fordermaterialien Grundlagen, Individualisierung im Kontext von ergänzendem Englischunterricht zu ermöglichen. (Alle Begleitmedien werden unter Punkt 5 kurz beschrieben.)

2.1.1 Differenzierende Übungsformate

Im Rahmen des Schülerbuchs werden immer dort Angebote zur differenzierten Behandlung von Unterrichtsstoff gemacht, wo zusätzliche Unterstützung im Lernprozess helfen könnte oder unterschiedliche Neigungen und Interessen Berücksichtigung finden sollen:

More help zeigt Aufgaben an, zu denen es Hilfsangebote (*scaffolding*) gibt. Parallel zur Aufgabe innerhalb der Units findet sich die gleiche Aufgabe mit einer vereinfachten Aufgabenstellung, mehr grammatischer Hilfe oder durch Redemittel bzw. Wortschatz ergänzt, noch einmal im Anhang des Schülerbuchs. In einigen Fällen wird auch im Bereich des methodischen Kompetenzerwerbs Hilfestellung angeboten. Die Aufgabe mit Hilfestellung ist stets im Anhang zu finden, um allen S zuerst die Möglichkeit zu geben, die Aufgabe ohne Hilfe zu lösen.

Early finisher richtet sich an Lerner, die vorzeitig eine Aufgabe beendet haben und nun nach weiterer Herausforderung suchen. Für sie ist jeweils eine anspruchsvollere Anschlussaufgabe vorgesehen. Die Zahl der Aufgaben erlaubt eine intensive Berücksichtigung dieses Differenzierungsangebots im Unterricht. Zuweilen finden diese Lerner im Anhang des Schülerbuchs auch Aufgaben, die Kombinatorik und Sprachgeschick auf spielerische Weise schulen, um der Wahrnehmung vorzubeugen, dass leistungsstärkere S stets weitere Aufgaben und damit mehr Übungspensum bewältigen müssen.

You choose weist neigungsdifferenzierende Arbeitsaufträge aus. Dieser Aufgabentyp wird vornehmlich in der Textauswertung eingesetzt. Die S können zwischen verschiedenen Aufgabenstellungen der (kreativen) Auseinandersetzung mit Textinhalten wählen.

EXTRA Alle so ausgezeichneten Aufgaben, Übungen und Materialien stellen fakultative Materialien dar. Hier werden die jeweils eingeführten Kompetenzen und Teilfertigkeiten zusätzlich vertieft. Insofern findet sich hier neben den oben genannten Möglichkeiten der individuellen Differenzierung die Möglichkeit, mit verschiedenen Lerngruppen unterschiedlich vorzugehen, zu vertiefen oder zeitlich zu raffen. Dies erscheint auch weiterhin nötig, da schulpolitische Rahmenbedingungen für unterschiedliche Wochenstundenzahlen sorgen und sichergestellt werden muss, dass die verbindlichen Inhalte des Lehrwerks in 3, 4 oder 5 Wochenstunden erarbeitet werden können.

Eine weitere Form der Differenzierung liegt im Einsatz kooperativer Lernformen. Diese sind per se binnendifferenzierend, da sie unterschiedliche Leistungsvermögen und zudem unterschiedliche Neigungen und Interessen berücksichtigen. Durch das gemeinsame Erreichen eines Lernziels bzw. die Herstellung eines (sprachlichen) Handlungsprodukts wird gleichermaßen das soziale Lernen geschult (vgl. Kapitel 2.2.2.2).

2.1.2 Die Übungssequenz

Im Rahmen einer leistungsdifferenzierenden zielgleichen Übungssequenz sollen *alle* S befähigt werden, durch die Nutzung individueller Hilfs- und Förderangebote zu einer abschließenden, kommunikationsorientiert angelegten Übung zu gelangen, in der sie die erworbene Struktur erneut üben.

Die Übungssequenzen sind folgendermaßen angelegt: In einer gemeinsamen Eingangsphase werden zunächst formbezogene Übungen in geschlossenen und halboffenen Übungsformaten angeboten. Im nächsten Schritt bearbeiten die S funktionsbezogene Übungen in halboffenen Übungsformaten mit entsprechenden Hilfsangeboten (vgl. 2.1.1). In einem letzten Schritt lösen die S in offenen Unterrichtsformen anwendungsbezogene Übungen im Klassenverband. Dies hat für L den Vorteil, dass eine Überprüfung des Lernfortschritts mit wenig Aufwand über die gesamte Lerngruppe hinweg stattfinden kann.

Die S entscheiden selbst, ob sie Unterstützungsangebote bei der Bearbeitung der Übungssequenz nutzen. Damit wird das in allen Bildungsplänen angestrebte selbstreflexive Lernen und Üben in ersten Schritten geschult und gefördert. Eine auffällige Markierung des Fortgangs innerhalb der Übungssequenz soll den S dabei die Orientierung und die Entscheidung erleichtern ■■■■■■

Flankierend können zur Vertiefung und weiteren Differenzierung die Materialen aus dem *Workbook*, den interaktiven Übungen bzw. dem Fördern & Fordern-Ordner eingesetzt werden, sodass der Lehrkraft ein umfangreicher Aufgabenpool zur differenzierenden Unterrichtsgestaltung zur Verfügung steht.

Da sich die Übungssequenzen meist auf den Erwerb basaler grammatischer Strukturen bezogen, musste das Konzept für Band 6 überdacht werden. Viele der oben genannten Elemente sind in das bereits beschriebene neue Sequenzmodell zur Herstellung generischer Textsorten übertragen worden (s. Kapitel 2, S. 3f.)

2.2 Kompetenzerwerb

Die interkulturelle kommunikative Kompetenz (IKK), die im Gemeinsamen Europäischen Referenzrahmen, den nationalen Bildungsstandards von 2003, der Erweiterung durch die KMK-Beschlüsse zur Fortgeführten Fremdsprache von 2012 und den danach adaptierten (Kern- und Rahmen-) Lehrplänen bzw. Bildungsplänen und -standards angelegt wurde, hat in den letzten Jahren zu einer noch größeren Bedeutung der kommunikativen Kompetenzen im Englischunterricht geführt. Das übergeordnete Ziel der „Sprachlernkompetenz" muss im Sinne eines lebenslangen Lernens als ebenso wichtig betrachtet werden. Konsequenzen für den Unterricht liegen für die S in folgenden Bereichen: höhere Selbstständigkeit/Selbsttätigkeit, Reflexion über Arbeitsschritte und -prozesse, Teamarbeit und soziales Lernen und höhere Eigenaktivität in quasi-authentischen Handlungssituationen. Die damit verbundenen methodischen und sozialen Kompetenzen sind ebenfalls integraler Bestandteil der Lehrwerkskonzeption von *English G Access*.

2.2.1 Kommunikative Kompetenzen

Die funktionalen kommunikativen Kompetenzen werden im Rahmen von *English G Access* umfangreich geschult und erweitert. In jeder Unit werden Anwendungssituationen in Form von motivierenden Lernarrangements angeboten. Dabei wurde auf eine gleichmäßige Verteilung auf alle kommunikativen Kompetenzen geachtet. Die jeweils geübte kommunikative Kompetenz ist durch ein Symbol in der Titelzeile der betreffenden Aufgabe gekennzeichnet:

Listening 🎧 · *Reading* · *Speaking* · *Writing* · *Mediation*

2.2.1.1 Das *Course*-Konzept

In jedem Band von *English G Access* wurde eine kommunikative Kompetenz besonders intensiv geschult. Auf einer speziell dafür vorgesehenen Seite werden pro Unit unterschiedliche Aspekte geübt und gefördert. Es wurde dabei auf eine Progression von weniger komplexen zu anspruchsvolleren Teilkompetenzen geachtet. In Band 6 ist dies ein *Listening course*, der Aspekte des *micro listening* aufgreift und mögliche Hindernisse im Vestehensprozess systematisch adressiert und Bewältigungsstrategien einübt. Dies geschieht in den Bereichen *Connected speech* (Unit 1, SB-Seite 27), *Different accents* (Unit 2, SB-Seite 39) und für *Prediction and understanding* bzw. *Gist and inference* (Unit 3, SB-Seite 68f).

2.2.1.2 Der Kommunikative Kompetenzschwerpunkt: *Skill in focus*

Um eine intensive Schulung aller kommunikativen Kompetenzen im Verlauf eines Schuljahres zu gewährleisten, rückt zusätzlich pro Unit ein ausgewählter *language skill* in den Fokus, ohne dabei die anderen Fertigkeiten zu vernachlässigen. Der *skill in focus* ist im Inhaltsverzeichnis des Schülerbuches in der rechten Randspalte ausgewiesen.

Die *HRU* gibt eine Übersicht zu Beginn jeder Unit (z. B. HRU-Seite 19). Flankiert wird dieses Vorgehen durch weiteres Übungsmaterial im Workbook sowie den Materialien im Fördern & Fordern-Ordner.

Kompetenzschwerpunkte in Band 4

Unit 1 – *Writing* · Unit 2 – *Reading* · Unit 3 – *Speaking*

2.2.1.3 Hör- und Hör-/Sehverstehen

Lehrkräfte finden dieses Symbol mit Angabe der Tracknummer in der Lehrerfassung zum Schülerbuch und in den Handreichnungen für den Unterricht.

Übungen zum Hörverstehen werden bis in die Oberstufe hinein von vielen S mit großer Motivation bearbeitet, da sie sowohl im Bereich des Globalverstehens, aber auch im Bereich des *listening for detail* eine verlässliche Aufgabenkultur vorfinden, die ihnen Sicherheit gibt. Im Hinblick auf die in vielen Bundesländern mittlerweile in die Abschlussklassen integrierten Hör- bzw. Hör-/Sehverstehensklausuren, wird in Band 6 von *English G Access* weiterhin Wert auf Distraktoren gelegt (regionale Varietäten und Dialekte, Hintergrundgeräusche, Sprechtempi, etc.). Die eigens im *Listening course* entwickelten Hörübungen des *micro listening* unterstützen die S darin, sich für spätere Begegnungssituationen mit authentischen Aussprachemustern vertraut zu machen. Im Band 6 liegt der Schwerpunkt auf Sprechgeschwindigkeit, Verschleifungen und Akzenten (SB-Seiten 27, 49, 68)

Ein Großteil der Material- und Unit-Texte aus dem SB sind auch weiterhin auf der Audio-CD bzw. als Online-Download enthalten, sodass L entscheiden kann, ob diese Texte zur Schulung des Lese- oder des Hörverstehens genutzt werden sollen.

⊙ Die Fertigkeit des Hör-/Sehverstehens wurde bei der Entwicklung von *English G Access* in noch größerem Umfang berücksichtigt, als dies bei *English G 21* der Fall war. Der Einsatz der das Schülerbuch begleitenden DVD ist nun integraler Bestandteil des Aufgabenapparates jeder Unit. Dabei wurde bewusst auf die unterrichtliche Praxis Rücksicht genommen: Die Aufgaben zum *viewing* sind auf einer Schülerbuchseite versammelt. Unter der Überschrift *The world behind the picture* werden pro Unit Aufgaben angeboten, die soziokulturelle Aspekte des Zielsprachenlandes USA aufgreifen und, unterstützt durch das audiovisuelle Medium, zum interkulturellen Lernen anleiten.

Die bereitgestellten Filmsequenzen decken dabei einen Großteil zielsprachiger Realität ab und sind überwiegend aus authentischen Materialien zusammengestellt, wie z. B. Sequenzen aus Werbefilmen, Dokumentationen oder Nachrichtensendungen.

(www) Über diese zentral angelegte Kompetenzschulung hinaus werden ab Band 3 zusätzliche Clips angeboten, die die Materialien und Lesetexte sinnvoll ergänzen (vgl. SB-Seiten 13 und 48). Diese Materialien stehen auch den S auf der Website www.englishg.de/access zur Verfügung.

Neben diesen Einsatzorten bietet der sechste Band von *Englisch G Access* zusätzliches audiovisuelles Material, das verschiedene Funktionen (Illustration, Vertiefung, Motivation) erfüllt. Diese Sequenzen sind durch das Symbol ⊙ gekennzeichnet, finden sich z. B. auf den SB-Seiten 12 und 48 und ergänzen das Textangebot der *Materials*-Seiten im Sinne des erweiterten Textbegriffs.

2.2.1.4 Leseverstehen

Als zweite rezeptive Sprachkompetenz legt die Leseschulung mehrere Schwerpunkte fest. Während sich die Texte der Materialseiten vor allem zum Mitlesen und (dialogischen) Vorlesen eignen, werden in den Unit-Texten erste Formen der rezeptiven und produktiven Auswertung des Textinhaltes angeboten. Dieses *working with the text* bahnt das analytische Lesen in späteren Schuljahren an.

English G Access entwickelt das bereits in den ersten Bänden angelegte Angebot zum *extensive reading* konsequent weiter und bietet zu Band 6 einen weiteren Jugendroman an, der im Zusammenhang mit Unit 3 im Rahmen einer Ganzschriftlektüre umfassend behandelt werden kann: *Mr Penumbra's 24-Hour Bookstore*. Ein *Teacher's Manual* zur Behandlung im Unterricht und mit Klausurvorschlägen gibt es als Download auf www.cornelsen.de/cel als auch als reguläre Printausgabe (ISBN 9783060338658). Der Roman ist im Verlagsprogramm erschienen (ISBN 9783060338641).

Parallel zum Angebot der Ganzschriftlektüre bietet *English G Access* mit Band 6 ein modifiziertes *Text file* an – die *Text challenge*. Diese soll auf die besonderen Anforderungen der Oberstufe hinsichtlich Textkomplexität und -auswertung vorbereiten. Die Aufgabenapparate wurden so konzipiert, dass sie (mit Hilfestellungen) bereits die drei Anforderungsbereiche der Einheitlichen Prüfungsanforderungen im Abitur (EPA) entsprechen: Reproduktion und Textverstehen (AFB I), Reorganisation und Analyse (AFB II) bzw. Werten und Gestalten (AFB III). (SB-Seiten 72–81) Die Themen der drei gwählten Texte sind hochaktuell und bieten Gesprächsanlässe weit über die Aufgabenapparate hinaus. Die Textsorten wurden sorgfältig aus den Bereichen „literarisch" (Autobiografie), „nicht-literarisch" (Magazinartikel) und „diskontinuierlich" (Organspendeplakat) gewählt, um einen Erstkontakt mit der Komplexität von Materialien der Sekundarstufe II zu ermöglichen.

Zur Unterstützung der verschiedenen Formen der Leseschulung wird im *Skills File* des Schülerbuches eine breite Palette an Lern- und Arbeitstechniken aus verschiedenen Kompetenzbereichen angeboten. Die *reading skills* finden sich auf SB-Seite 105.

2.2.1.5 Sprechen

Die wichtigste Kompetenz eines kommunikationsorientierten Englischunterrichts ist das Sprechen. *English G Access* versucht, mit Hilfe vielfältiger Methoden und Sozialformen die Kommunikationsfähigkeit der S zu fördern. Um dabei möglichst oft freies Sprechen zu üben, wird im Rahmen von Partner- und Gruppenarbeit das dialogische, angeleitete Sprechen geübt. Wo dazu Redemittel notwendig sind, werden diese im Rahmen von *More help* oder auch durch die Material-Texte selbst bereitgestellt.

Das monologische Sprechen, das durch (Abschluss-)Prüfungen oder Prüfungsteile zunehmend große Wichtigkeit erfährt, wird durch zahlreiche Präsentationsaufgaben geschult, die sich konsequent in Umfang und Medieneinsatz erweitern. Die Verwendung elektronischer Medien bei der Präsentation bildete einen Hauptaspekt der Methodenarbeit in Band 6 – so finden sich konkrete Hinweise zur Verbesserung elektronischer Texte (SB-Seite 17) und der Gestaltung von elektronischen Folien (SB-Seite 50) auf den *Study skills*-Seiten bzw. im Skills File (SB-Seiten 128ff.). Viele der hier genannten Lern- und Arbeitstechniken wurden dabei mit dem Label (Media skills) versehen, um an den Schulen eine schnelle Integration in vielfach zu entwicklende Mediencurricula zu ermöglichen. Zu dieser Form des Sprechens wird es im Rahmen von *peer evaluation* weiterhin möglich sein, qualifiziertes Feedback von Klassenkameraden einzuholen. Aus diesem Grund wurde auf der letzten Buchseite erneut ein universell einsetzbarer Evaluationsbogen integriert (SB-Seite 272 und U3).

2.2.1.6 Schreiben

Schreiben wird als produktive kommunikative Kompetenz mit Blick auf die Oberstufe immer wichtiger. Im *Writing course* (Band 3) bauten die S systematisch ihre Schreibkompetenz aus. Die dort erworbenen Fertigkeiten wurden im Band 4 um textsortenbezogenes Schreiben (*writing a summary*) und weitere Schreibstrategien (*the stages of writing*, bzw. *making an outline*) ergänzt. In Band 5 wurde das textsortenspezifische, generische Schreiben angelegt und um die Textsorten *report*, *argumentative writing* und *formal letter* bzw. *email* ergänzt. Im Band 6 nun wurden durch die bereits beschriebenen Übungssequenzen die weiteren Textsorten *opinion piece* (SF 9, SB-Seite 111), *book report* (SF 12, SB-Seite 113) und *feature article* (SF8, SB-Seite 111) hinzugefügt und die Idee der Verbesserung der eigenen schriftlichen Leistung deutlich betont. Im *Skills File* werden alle Teilkompetenzen zusammenfassend dargestellt und können so im Schreibprozess sinnvoll miteinander verknüpft und eingesetzt werden (SB-Seite 106 ff.).

2.2.1.7 Sprachmittlung/Mediation

Die Sprachmittlung in genuinen, zweisprachigen Kontexten verlangt von S das sinngemäße Zusammenfassen gehörter oder gelesener Inhalte in der Mutter- bzw. der Fremdsprache.

English G Access widmet sich auch in Band 6 dieser Kompetenz, die im Zusammenspiel zwischen Aufgabenstellung und der tatsächlichen Sprachproduktion hohe Anforderungen an die S stellt. Einerseits ermitteln die S weiterhin die zentralen Anforderungen der Sprachmittlungsaufgabe (*purpose, addressee, text type*), andererseits werden sie über lebensweltlich relevante Themen und Sprachmittlungssituationen an den Aspekt der interkulturellen Sensibilität erinnert, der diesen Kommunikationssituationen eigen ist. Die Aufgaben umfassen sowohl schriftliche als auch mündliche Impulse und verlangen nun überwiegend eine Übertragung in die Fremdsprache. In Unit 1 werden auf der Grundlage eines Hörtextes verstärkt Distraktoren berücksichtigt, die den Verstehens- bzw. Selektionsprozess beeinträchtigen können (*radio report* in normaler muttersprachlicher Sprechgeschwindigkeit, SB-Seite 23). Auch werden längere schriftliche deutsche Ausgangstexte angeboten (SB-Seite 67 bzw. 101), die die Anforderung sowohl thematisch als auch sprachlich erhöhen. Alle *mediation skills* werden nochmals im SF 22–25 übersichtlich zusammengefasst (SB-Seite 122f.).

2.2.2 Sprachlernkompetenz

2.2.2.1 Methodenkompetenz

Lern- und Arbeitstechniken sind notwendig, um autonomes Lernen, so wie es die Bildungsstandards seit ihrer Einführung von einer gymnasialen Ausbildung fordern, zu ermöglichen. In Lernarrangements, in denen oft Aspekte des sozialen Lernens berücksichtigt sind, sollen S befähigt werden, im Rahmen ihrer späteren Aufgaben in Studium und Beruf erfolgreich Inhalte zu erschließen, sie zu strukturieren und die Ergebnisse ihrer Arbeit zu präsentieren.

Dabei sollten die Anschaulichkeit und auch die Funktion von Methoden stets transparent gehalten werden. Um dieser Forderung gerecht zu werden, bietet *English G Access* einen spiralcurricular angelegten Erwerbsprozess: auf der Grundlage anschaulicher Vermittlung schließt sich immer auch eine Anwendung in authentischen Kontexten an. Die so entstandenen Aufgaben mit dem Label *Study skills* zielen bewusst auf universell zu vermittelnde Lern- und Arbeitstechniken ab. Band 6 fokussiert besonders auf den Einsatz digitaler Medien: die Überarbeitung eines elektronisch geschriebenen Textes steht in Unit 1 im Mittelpunkt (SB-Seite 17) und dient ebenfalls zur Vorbereitung der verschiedenen *drafts*, die im Rahmen der neu entwickelten Übungssequenz angefertigt werden müssen (vgl. z. B. SB-Seite 61). Unit 2 widmet sich dem ökonomischen Einsatzes und der effizienten Gestaltung von Präsentationsfolien, wie sie mit Hilfe diverser Präsentationsprogramme mittlerweile ubiquitär verwendet werden (SB-Seite 50). In einem dritten Schritt wird nochmals, ähnlich zur Vorbereitung einer Diskussion in Band 5 (*EG Access*, Band 5, SB-Seite 50), die Vorbreitung bzw. Durchführung einer *panel discussion* aufgegriffen (SB-Seite 70), die dann im Rahmen der *Your task* (SB-Seite71) auch durchgeführt wird. Hierbei werden Formen des monologischen mit Formen des dialogischen Sprechens vereint. Eine Übersicht mit umfassenden Definitionen bzw. Funktionsbeschreibungen der zu erwerbenden Methoden auf Deutsch befindet sich im *Skills File* im Anhang des Schülerbuchs. Da das *Skills File* kumulativ angelegt ist, entsteht so innerhalb eines Bandes, aber auch über die gesamte

Lehrwerksreihe hinweg, ein anschauliches Kompendium, das als Nachschlagewerk eingesetzt werden kann.

Wenn man die Methodenkompetenz als den Erwerb von Strategien begreift, die das Verstehen und Behalten sinnvoll unterstützen, dann müssen sie an dieser Stelle im Zusammenhang mit den kommunikativen Kompetenzen betrachtet werden. Eine klare Funktionsbeschreibung ist notwendig. Zum Beispiel sind Techniken wie das Erstellen einer Mindmap einerseits als Mnemotechnik für den Erwerb neuer Lexik erfolgreich einsetzbar, andererseits aber auch für die inhaltliche Strukturierung eines Themas. Das *Skills File* definiert daher, wo möglich, mehrere Einsatzbereiche für eine Methode.

2.2.2.2 Soziales Lernen

Lernen im Englischunterricht wird als Lernen in der Gruppe bzw. im Austausch mit anderen verstanden. Die Vorteile liegen auf der Hand, wenn es um die Ausbildung sozialer Kompetenzen geht. Aber auch die Kommunikationsförderung durch Erhöhung der individuellen Sprechzeit ist einer der vielen positiven Aspekte.

English G *Access* hat sich daher einer konsequenten Anwendung abwechslungsreicher Sozialformen verschrieben, die Kooperation, Kommunikation und Konfliktfähigkeit in gleicher Weise schulen. So kommt regelmäßig die kooperative Lernform *partner check* vor, die die S dazu auffordert, mit einem selbst gewählten Partner die Ergebnisse ihrer eigenen Arbeit zu kontrollieren und sich gegenseitig eine Rückmeldung auf das Erarbeitete zu geben.

Kooperatives Lernen

Seit einigen Jahren haben sich die Verfahren des kooperativen Lernens, wie sie u. a. von Norm und Kathy Green entwickelt wurden, im Englischunterricht bewährt. In zunehmend heterogenen Lerngruppen gewinnen diese Verfahren dadurch an Bedeutung, dass sie in leicht herzustellenden Interaktionsformen sowohl die Sozial- als auch die Selbstkompetenz ausbilden. Die S sind durch die oftmals arbeitsteilige Aufgabenstellung in der Lage, sich mit ihren individuellen Stärken und Interessen in die gemeinsam zu bewältigende Aufgabe einzubringen. Hierin liegt ein Element der Binnendifferenzierung, das nicht durch eine unterschiedliche Aufgabenstellung gekennzeichnet ist und dadurch nicht als Stigmatisierung einzelner S wahrgenommen werden kann.

Die Ergebnissicherung ist darüber hinaus zumeist sehr klar gesteuert, schnell auswertbar und in den weiteren Verlauf des Unterrichtsgeschehens leicht zu integrieren. Diese komplexeren kooperativen Lernformen werden in *English G Access* in Wiederholungszyklen angeboten und sind mit dem Symbol gekennzeichnet. Durch den wiederholten Einsatz dieser Lernarrangements wird eine Routinenbildung gefördert, die die unterrichtliche Durchführung organisatorisch und damit zeitlich entlastet. In Band 6 nun finden sehr viele der über Jahre angelegten Methoden ihre erneute Anwendung (z. B. *double circle*, SB-Seite 12, *think-pair-share*, SB-Seite 26, *evaluation target*, SB-Seite 29, *writers' conference*, SB-Seite 35, *jigsaw reading*, SB-Seite 54 u. a.) und werden durch altersgerechte, neue Formen ergänzt: den *poetry circle* (SB-Seite 14) und die *simulation* (SB-Seite 37). Im didaktisch-methodischen Glossar (HRU-Seite XX ff.) finden sich Erläuterungen zu Funktion und Durchführung der einzelnen kooperativen Lernformen.

2.2.2.3 Entdeckendes Lernen

Eines der Grundprinzipien der Lehrwerksentwicklungen von *English G 2000* und *English G 21* bestand in der Ausbildung von *language awareness* (Sprachbewusstheit) durch den Einsatz von induktiven Verfahren in der Grammatikvermittlung. In den unteren Klassen wird dabei Lehrersteuerung notwendig sein, um den Prozess des eigenständigen Erschließens von grammatischen Regularitäten sinnvoll anzuleiten. Der Behaltenseffekt dieser Art der Grammatikvermittlung ist dennoch unbestritten.

English G Access reiht sich in diese Tradition ein und verstärkt den Erwerbsprozess durch eine klarere Betonung des vorbewussten, produktiven Umgangs mit der neu zu kognitivierenden Struktur. Die Übungsform *Have a go* regt dazu an, die neue grammatische Struktur anzuwenden, bevor sie in der darauffolgenden *Looking at language*-Box kognitiviert wird. Die dabei bereits erfolgte rezeptive wie produktive Sensibilisierung für die Funktion der grammatischen Struktur hilft den S bei der Formulierung von funktionsbezogenen Regeln sowie dem Erkennen formbezogener Regelmäßigkeiten. Da der Grammatikerwerb in Klasse 10 bereits so gut wie abgeschlossen ist, finden sich die Formen der induktiven Grammatikvermittlung nur noch vereinzelt im Schülerbuch, so z. B. auf S.36.

Die sich anschließende Übungssequenz fällt dabei ebenfalls deutlich weniger umfangreich aus und wird durch das individualisierende Angebot der *Grammar and practice*-Seiten (SB-Seiten 140ff.) ergänzt. Dieses Konzept wird damit der Arbeit an eventuell vorhandenen individuellen sprachlichen Defiziten besser gerecht. Abgeschlossen wird der induktive Erwerb durch eine umfassende Definition der einzelnen Strukturen im *Grammar and practice file* (SB-Seite 140 ff.) bzw. durch den Einsatz von *language action sheets*, die die selbstständige Erarbeitung erleichtern und das lange Abschreiben in ein Grammatikheft unnötig machen.

2.2.2.4 Aufgabenorientiertes Lernen

Als Variante des *task-based language learning (TBLL)* kann seit einigen Jahren die Lernaufgabe gelten, die sich vieler

Elemente des TBLL bedient, gerade aber im Hinblick auf den Erwerb sprachlicher Strukturen eine Modifikation darstellt. In einem motivierenden, lebensweltlich orientierten Lernkontext werden vielfältige interkulturelle und kommunikative Kompetenzen geschult. In einem weiteren Schritt wird die bereits vorhandene Sprachkompetenz (selbst oder durch *peers*) evaluiert und es werden individuelle Hinweise zur weiteren Ausbildung von Lernkompetenzen gegeben.

Diesen Weg beschreitet *English G Access* im Rahmen einer die Units begleitenden Lernaufgabe (*Your task*). In den *Lead-in* aller Units von Band 6 erhalten die S erste Hinweise, was sie am Ende der Units im Rahmen einer klar definierten Aufgabe sprachlich leisten können werden. Sie bekommen einen ersten *sense of direction*, was die funktionale Verknüpfung mehrerer Aspekte jeder Unit betrifft. *Your task* bedient sich einerseits einer motivierenden Aufgabenstellung aus dem unmittelbaren inhaltlichen Zusammenhang der Unit, andererseits ist die Aufgabe aber auch in einen lebensweltlichen und interkulturellen Kontext eingebettet. Zur Bewältigung der Aufgabe werden den S immer wieder Hinweise auf bereits erworbene Kenntnisse aus verschiedenen Kompetenzbereichen gegeben. Dies soll der Unterstützung dienen, gleichzeitig aber auch verdeutlichen, dass und wie die einzelnen sprachlichen und inhaltlichen Elemente zusammenwirken, d. h. eine Transparenz der Lerninhalte herstellen. Die Lehrerfassung des Schülerbuchs bietet bereits seit Band 3 L die Möglichkeit, über ein Symbol (YT) die Kompetenzbereiche zu identifizieren, die später bei der Bewältigung der Lernaufgabe relevant sein werden. Somit kann im Unterrichtsgeschehen intensiver auf gewisse Bereiche der Unit eingegangen werden, wenn es die Situation der Klasse erfordert.

Ziel von *Your task* ist oft ein Handlungsprodukt, das in unterschiedlichen Sozialformen entsteht. Diese Produktorientierung fördert die Möglichkeit, den individuellen S ausgewählte Aspekte seiner Sprachkompetenz evaluieren zu lassen. Die damit angestrebte Individualisierung des Spracherwerbsprozesses wird durch eine konsequente Verbindung von *self-* oder *peer evaluation* und dem Angebot von Übungs- und Wiederholungsaufgaben unterschiedlicher Kompetenzbereiche realisiert. Diese Nähe von Sprachproduktion und Sprachreflexion schafft die notwendige Unmittelbarkeit, die für eine sinnvolle Reflexion notwendig ist.

Die konsequente Selbstreflexion wird im *Workbook* fortgesetzt. Gemeinsam mit den *Me*-Texten und Schülerprodukten des *MyBook* sind somit zwei wesentliche Elemente zur Dokumentation des Sprachlernprozesses des Europäischen Fremdsprachenportfolios fest in die Konzeption von *English G Access* integriert: das Dossier und die Sprachenbiografie in Form der Angebote zur Selbstreflexion.

2.2.3 Kulturelle Kompetenz

Mit bundeslandspezifischen terminologischen Abweichungen fassen die meisten Bildungspläne unter dem Begriff des kulturellen Lernens die Teilbereiche interkulturelle Kompetenz und soziokulturelles Wissen zusammen. Beide Teilbereiche sind notwendig, um eine interkulturelle Handlungskompetenz zu erreichen, wie sie als übergeordnetes, zentrales Ziel im Gemeinsamen Europäischen Referenzrahmen definiert ist.

Die komplexere Lernhaltung des interkulturellen Lernens wird durch die Schaffung immer neuer Vergleichssituationen zwischen der eigenen und der zielsprachlichen Kultur gefördert. In zahlreichen Aufgabenstellungen werden die S deshalb aufgefordert, Vorgefundenes mit der eigenen Lebenswelt zu vergleichen (z. B. *Profile pictures*, SB-Seite 11, oder *Fyling flags*, SB-Seite 24). Zunehmend geht es nicht mehr nur um den Vergleich der unterschiedlichen Lebenswelten, sondern auch um eine (wertende) Positionierung Heranwachsender, denen die englischsprachige Welt Vorbild und Orientierung sein kann.

In diesem Kontext soll das Label *Access to cultures* auf Aufgaben im Schülerbuch aufmerksam machen, in denen im Sinne der Sprachbewusstheit, aber auch der Sprachlernkompetenz Verknüpfungen zu bereits gelernten Fremdsprachen, zur eigenen Muttersprache oder auch zu kulturellen Ähnlichkeiten hergestellt wird (z. B. SB-Seiten 24, 37, 67 u. a.). Interessante interkulturelle Lernaspekte ergeben sich auch immer wieder aus den Aufgabenstellungen der *Mediation*-Aufgaben (vgl. z. B. SB-Seite 67) oder den Sequenzen der das Schülerbuch begleitenden DVD.

Auf den SB-Seiten finden sich Hinweise auf weiterreichende Materialien auf www.englishg.de/access.

Nicht zuletzt die Lernaufgabe fordert die S immer wieder zu einer Perspektivübernahme auf oder versetzt sie in eine vorgestellte interkulturelle Begegnungssituation, z. B. *Communication across cultures* (SB-Seite 37).

2.2.4 Erwerb sprachlicher Mittel

Neben dem Erwerb kommunikativer Kompetenzen und kultureller Einsichten ist es wichtig, Sprachmittel systematisch und sinnvoll strukturiert einzuführen. Mit dem Ende der Sekundarstufe I treten jedoch die Systematisierung und auch die Wiederholung an prominente Stelle.

Der grammatische und lexikalische Lerngang von *English G Access* basiert auf der Grundannahme, dass eine saubere Progression und die Kombination aus induktivem Grammatikerwerb und kommunikationsorientierter Übung zu einer sicheren Beherrschung grundständiger sprachlicher Strukturen führen. Ab Band 3 wird deshalb eine spiralcurricular angelegte, konsequente REVISION zentraler grammatischer Strukturen immer wichtiger. Die genannten Aspekte des Sprachmittelerwerbs (induktiver Erwerb, relevante Übungen und spiralcurriculare Wiederholung) ergänzen sich und vertiefen die Behaltensleistung – sie sollten deshalb unbedingt bis zum Ende des systematischen Erwerbsprozesses ihren Platz haben.

English G Access reagiert auf einen zunehmend zeitlich verknappten Englischunterricht und verfolgt drei unterschiedliche Behandlungstiefen bei der Einführung von Grammatik:

1. Die induktive Erarbeitungsweise (*Looking at language*) wird immer eingesetzt, wenn grundständige grammatische Strukturen erworben werden sollen.
2. Weniger komplexe grammatische Strukturen werden deduktiv eingeführt und geübt (*Language help*).
3. Die S erhalten immer wieder Lerntipps und Hinweise, die sie beim Lernen und Üben berücksichtigen sollten (*TIP*).

Der Erwerb von Wortschatz wird konsequent fortgesetzt, bereits erlernter Wortschatz wird kontinuierlich systematisiert und ergänzt. Das bereits begonnene Konzept der Arbeit in semantischen Feldern wird in Band 6 von *Englisch G Access* weiter systematisiert und unter dem Label *Access to Words* zusammengeführt. Die Systematisierung von Wortfeldern wird durch Übungen im Bereich der Wortbildung ergänzt und in relevante, motivierende Aufgaben integriert, die die Methode der Anreicherung verwenden. Dabei werden eine bestimmte Anzahl von Worten aus dem Lernwortschatz in die Sprachproduktion überführt, vom *study partner* zurückgemeldet und ergänzt bzw. erweitert. (SB-Seiten 16, 47, 57). Durch die systematische Einführung und Übung von Kollokationen wird der Wortschatz insgesamt auf mehreren Ebenen gefestigt (z. B. SB-Seite 57).

3 Das Schülerbuch

Das Schülerbuch besteht aus folgenden Teilen (vgl. SB-Seite 3):

Drei Units

- Jede Unit hat drei Parts (vgl. dazu im Detail Kapitel 4)

Drei Lernaufgaben (Your task)

- Unitbezogene Lernaufgabe mit motivierender Aufgabenstellung
- Anwendungskontext für erworbene Kompetenzen
- interkulturelles Lernen
- Lernstandsdiagnose und passendes Übungs- bzw. Wiederholungsangebot
- Angebote zur *peer-* und *self-evaluation*

Text challenge

Band 6 bereitet auf die besonderen Anforderungen der Oberstufe hinsichtlich Textkomplexität und -auswertung vor. Die Aufgabenapparate wurden so konzipiert, dass sie (mit Hilfestellungen) bereits die drei Anforderungsbereiche der Einheitlichen Prüfungsanforderungen im Abitur (EPA) entsprechen: Reproduktion und Textverstehen (AFB I), Reorganisation und Analyse (AFB II) bzw. Werten und Gestalten (AFB III). (SB-Seiten 72-81)

Die Textsorten wurden sorgfältig aus den Bereichen „literarisch" (Autobiografie), „nicht-literarisch" (Magazinartikel) und „diskontinuierlich" (Organspendeplakat) gewählt, um einen Erstkontakt mit der Komplexität von Materialien der Sekundarstufe II zu ermöglichen.

More help-Seiten

- Hilfestellung im Rahmen von differenzierenden Aufgaben (niedrigeres Anspruchsniveau, SB-Seiten 82–87)

Early finisher-Seiten

- Zusätzliche Aufgaben für schnellere Lerner, SB-Seiten 88–93; die Lösungen dazu finden sich auf SB-Seiten 266f.

Skills file

- Methodenkompendium
- detaillierte Beschreibung der eingeführten Lern- und Arbeitstechniken

Grammar and practice file

- Anordnung von Regeln und Übungen im Doppelseitenprinzip
- Übersicht über Form und Funktion der zentralen grammatischen Strukturen in der Reihenfolge ihrer Einführung im Schülerbuch
- ausführliche Erklärung erworbener Strukturen
- Möglichkeit zur selbständigen Arbeit durch umfangreichen themenbezogenen Aufgabenapparat Ergänzung der *Looking at language-*, *Language help-* und *TIP*-Boxen im *Practice*-Teil (enge Verbindung durch Verweissystem)

Vocabulary

- chronologisch organisierter Lernwortschatz im bewährten Dreispaltensystem; das mehrkanalige Lernen wird durch Beispielsätze („3. Spalte") und Illustrationen unterstützt
- Einführung und Erläuterung englischer Laute sowie der Lautschrift

Dictionary

- *englisch-deutsches Wörterbuch: alphabetisch sortierte Wortliste des gesamten Wortschatzes aus den Bänden*

1–6 (Lernwortschatz wird mit Fundstelle angegeben); Hilfestellung bei Texterschließung

Weitere Anhangseiten
- *False friends*
- *List of names*
- *Irregular verbs*
- *Early finisher-solutions*
- *Operatoren*
- *Giving feedback to your classmates*
- *Feedback phrases* (hintere Buchumschlagseite)

4 Beschreibung der Teile einer Unit und ihrer Funktion

English G Access folgt einem linearen Aufbau. Die Seiten können dabei nacheinander bearbeitet werden. Diese Struktur soll einerseits die Orientierung innerhalb des SB erleichtern, andererseits kann dadurch intensiver an einzelnen Kompetenzen gearbeitet werden. Bei der Gestaltung der einzelnen SB-Seiten wurde Wert darauf gelegt, dass jeweils ein abwechslungsreiches methodisches und kommunikatives Angebot gemacht wird.

Jede der so gestalteten drei Units umfasst ca. 18 Seiten sowie ein bis zwei Seiten, auf denen die Lernaufgabe (*Your task*) erläutert und evaluiert wird.

Lead-in:	die erste Doppelseite in den Units
Materialseiten pro *Part* (3–4 *Parts*):	1 bis 2 Seiten
Practice-Seiten pro Part (3–4 *Parts*):	2 bis 4 Seiten
Unit-Text:	2 Seiten
Your task:	1–2 Seiten

4.1 Lead-in

Die erste Doppelseite jeder Unit bietet einen motivierenden und altersgerechten Einstieg in das Thema der jeweiligen Unit. Vornehmlich über Bildimpulse werden die S eingeladen, sich mit ihrem Vorwissen einzubringen und neue Details zu entdecken. Der dazu benötigte Wortschatz wird über erste kleine Aufgaben eingeführt bzw. systematisiert. Im Verlauf der weiteren Unit wird der vorhandene Vokabelbestand ergänzt. Neue grammatische Strukturen werden auf diesen ersten zwei Seiten nicht eingeführt.

Neben der Beschreibung des Gesehenen bzw. Gehörten nimmt auch der interkulturelle Vergleich einen prominenten Platz ein. Die S vergleichen Informationen über das Thema mit der eigenen Lebenswirklichkeit und formulieren Beobachtungen zu Gemeinsamkeiten und Unterschieden. Damit ist eine erste Sensibilisierung für Fragestellungen des interkulturellen Kompetenzerwerbs angelegt, der im Verlauf der weiteren Unit intensiviert wird.

4.2 Material-Seiten

In *English G Access* hat die Darbietung von zusammenhängenden (Lese-)Texten einen hohen Stellenwert. Im Regelfall besteht jede Unit aus mindestens drei Materialseiten. Bei der Konzeption dieser Seiten wurde dabei bewusst ein erweiterter Textbegriff zugrunde gelegt, sodass eine Fülle unterschiedlicher, altersgerechter Texte und Textsorten zum Einsatz kommt. Neben der inhaltlichen Verbindung zum kulturellen Schwerpunkt der Unit beinhalten diese Seiten auch neu einzuführende Lexik, Grammatik und Redemittel. Diese werden im jeweiligen inhaltlich-thematischen Kontext präsentiert.

Der Aufgabenapparat auf den Material-Seiten dient in erster Linie der inhaltlichen Auswertung der Texte und macht die *storyline* bzw. die thematischen Verbindungen transparent. Von Beginn an wird somit auch Leseverstehen intensiv geschult.

4.3 Practice-Seiten

Die *Practice*-Seiten erfüllen eine Reihe von Funktionen:
- Kognitivierung und (differenzierende) Übung neuer grammatischer Strukturen (*Looking at language*, Übungssequenz)
- Systematisierung und Festigung von Wortschatz (*Access to Words*)
- Vermittlung kultureller Aspekte des Ziellandes (*Background file*)
- Schulung aller kommunikativen Kompetenzen (Symbol-Legende, SB-Seite 3)
- systematische Schulung der Hörverstehenskompetenz über den kompletten Band hinweg (*Listening course*)
- intensive Schulung der methodischen Kompetenzen (*Study skills*) durch Bewusstmachung, Anwendung und vertiefende Wiederholung
- Förderung des sozialen Lernens durch vielfältige Lernarrangements (Auszeichnung über Symbole: Partner- und Gruppenarbeit, kooperative Lernformen und *Partner check*; Symbol-Legende, SB-Seite 3)

- Schulung von Sprachbewusstheit und der interkulturellen kommunikativen Kompetenz durch *Access to cultures*-Übungen

4.4 Text

Die Texte der Materialseiten sind durch die Einbeziehung von längeren, literarischen Lesetexten und Filmsequenzen noch abwechslungsreicher geworden und erfüllen neben der Förderung von Lesekompetenz und -vergnügen vielfach textanalytische Funktionen. In Unit 2 setzt das Romanexzerpt (*Go and Come back*, Joan Abelove, SB-Seiten 32ff.) anschaulich den Ton für das ansonsten eher abstrakte Thema *intercultural misunderstandings*. Gleichzeitig wird jedoch auch die Erzählperspektive thematisiert. Somit werden konsequent textanalytische Aspekte weiterentwickelt, die das bereits aus den Bänden 3, 4 und 5 vorhandene literaturwissenschaftliche Instrumentarium ergänzen.

In der Begegnung mit den Texten und auch in deren Auswertung werden nochmals Aufgabenformate herangezogen, die kommunikative Kompetenzen vielfältig üben. Verständnissicherung und Textauswertung finden im Rahmen von Aufgaben statt, die auch Formen der Neigungsdifferenzierung ermöglichen: Das Label *You choose* signalisiert den S, dass sie in der produktionsorientierten Auswertung des Haupttextes unterschiedliche Wege gehen können (z. B. SB-Seite 35).

4.5 Lernaufgabe (Your task)

Zum Abschluss jeder Unit wird eine umfangreiche Lernaufgabe angeboten, die den S nochmals erlaubt, ihr in der Unit erworbenes Wissen in einem motivierenden und interkulturell ausgerichteten Kontext anzuwenden. Mit der Bearbeitung der Lernaufgabe ist somit auch eine Vertiefungsfunktion verknüpft, die einzelne sprachliche und methodische Phänomene in einen funktional-thematischen Kontext einbettet. Für produktive kommunikative Kompetenzen, bei denen meist das Feedback eines Dritten zielführender ist als die eigene Analyse, bietet *English G Access* ab Band 3 einen *Peer evaluation*-Bogen an, der universell für mündliche wie schriftliche Sprachprodukte eingesetzt werden kann (SB-Seite 272). Hiermit stehen der Klasse jederzeit Kriterien für ein qualifiziertes Feedback zur Verfügung, die nicht jedes Mal neu erarbeitet werden müssen und durch den Zugriff über das Schülerbuch verlässlich einsetzbar sind. Die HRU bietet zwei passende Kopiervorlagen (KV 4 und KV 16). Als Vertiefung der *peer evaluation* wird im Rahmen der *Your task* in Unit 1 (SB-Seite 29) erneut das methodische Verfahren des Evaluationssterns eingeführt, das eine visuell schnell zugreifbare Evaluation von Prozessen bzw. Leistungen erlaubt, die von Gruppen aber auch von individuellen S erbracht wurden.

5 Die Begleitmedien

Im Lehrwerkverbund *English G Access* gibt es neben dem Schülerbuch folgende Medien:

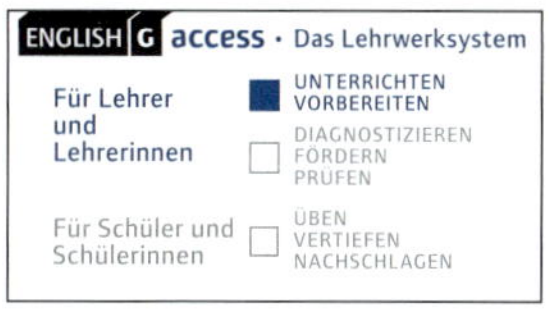

5.1 Unterrichten, vorbereiten

Schülerbuch-Lehrerfassung

Neuer Wortschatz und Grammatik sind markiert, Lösungen für geschlossene Aufgaben eingetragen und die Audio-Tracks angegeben. Außerdem gibt es Verweise auf sämtliche jeweils passenden Begleitmedien sowie kleine methodische Hinweise.

Handreichungen für den Unterricht (HRU)

Methodisch-didaktische Erläuterungen und Hinweise zu den Units im SB mit Tafelbildern und Kopiervorlagen sowie einem Glossar. Eine übersichtliche Randspalte enthält Verweise zu den Begleitmedien, Alternativen und weitere Differenzierungsvorschläge.

Workbook-Lehrerfassung

Workbook mit sämtlichen Lösungen sowie Audio-Material und Zugangscode für die interaktiven Übungen. Die Transkripte zu den Audios finden Sie auf der Website (www.englishg.de/access) und im Unterrichtsmanager.

Audio-CD

Alle Audio-Tracks des SB auf CD. Die Transkripte finden Sie auf der Website (www.englishg.de/access) und im Unterrichtsmanager.

Video DVD

Alle im Schülerbuch vorgestellten Video-Materialien finden Sie auf der DVD. Diese enthält außerdem Clips, die im Rahmen der Leistungsmessung eingesetzt werden können.

Lektüren

Auch zu *English G Access* 6 gibt es eine passend Lektüre: *Mr Penumbra's 24-hour-bookstore* (Robin Sloan, *Mr Penumbra's 24-hour-bookstore*, Berlin 2016, Cornelsen Senior English Library, ISBN 9783060338641); ein Auszug findet sich in Unit 3 (SB-Seite 64–66). Darüber hinaus bietet die Cornelsen English Library eine große Auswahl an passenden Lektüren: www.cornelsen.de/cel.

Digitaler Unterrichtsmanager

Der Unterrichtsmanager ist ein elektronisches Werkzeug für den Unterricht sowie für die Unterrichtsvorbereitung. Sie navigieren auf den digitalen Seiten des Schülerbuches (Schüler- oder Lehrerfassung) und bekommen dazu die passenden Begleitmedien angezeigt. Das Testkapitel (Basis-Paket) erhalten Sie kostenlos als Download. Darin ist die erste Unit mit zahlreichen Begleitmedien gefüllt. Der Unterrichtsmanager stellt folgende Materialien bereit:

- Audio (mit Transkript)
- Video (mit Transkript)
- *Workbook* Lehrerfassung
- Handreichungen für den Unterricht
- *Vocabulary Action Sheets*

Als weitere Zusatzmodule stehen die Vorschläge zur Leistungsmessung sowie die Fördern & Fordern-Materialien zur Verfügung.

Das digitale Schulbuch sowie den Unterrichtsmanager mit sämtlichen Materialien finden Sie auch auf www.scook.de.

www.englishg.de/access

Hier finden Sie eine Reihe von zusätzlichen Materialien zum kostenlosen Download: Stoffverteilungspläne und Synopsen, die Toolbox mit einer Textsammlung, Lösungen, Transkripte zu Video und Audio (aus Schülerbuch sowie Workbook).

www.cornelsen.de/inklusion

Hier finden Sie allgemeine Hinweise zum Thema Inklusion, Fachliteratur sowie Hinweise zu Ihren Lehrwerken beim Einsatz im inklusiven Unterricht.

5.2 Diagnostizieren, fördern, prüfen

Vorschläge zur Leistungsmessung

Als editierbare Word-Dateien steht mit den Vorschlägen zur Leistungsmessung ein umfangreicher Aufgabenpool zur Verfügung. Zahlreiche Aufgaben sind eng mit den Materialien im Fördern & Fordern-Ordner verschränkt, sodass S im Vorfeld oder im Anschluss an eine Klassenarbeit individuell passendes Material zur Wiederholung und Vertiefung bearbeiten können.

Fördern & Fordern

In einem Ordner haben wir für Sie eine Fülle von Materialien zusammengestellt, die auf drei Niveaus differenziert sind. Die Lernlandkarten helfen L und S, die Lernfelder in jeder Unit im Blick zu behalten. Die Ergebnisse auf diesen Selbsteinschätzungsbögen oder die Resultate der Klassenarbeiten führen durch ein klares Verweissystem zu individuell passenden Aufgaben.

Vocabulary Action Sheets

Diese Sammlung bietet Kopiervorlagen, mit deren Hilfe sich Wortschatz erarbeiten und vertiefen lässt. Die Vocabulary *Action Sheets* lassen sich auch gut anstelle eines Vokabelheftes einsetzen. Sie sind online auf unserer Website www.englishg.de/access abrufbar.

Diagnose und Fördern-Online

Über *scook* (www.scook.de/diagnose) vernetzen Sie sich mit ihren S im virtuellen, geschützten Klassenzimmer, weisen ihnen Aufgaben zu oder kontrollieren den Lernfortschritt mit Hilfe des Diagnosetests zu *English G Access*. Sie wählen den passenden Test aus und weisen ihn ihren S zum Bearbeiten zu. Eine automatische Auswertung gibt einen schnelleren Überblick über die Fähigkeiten ihrer S und bildet die Basis für eine gezielte individuelle Förderung.

5.3 Für Schüler/innen: Üben, vertiefen, nachschlagen

Workbook

Das Arbeitsheft zum Vertiefen und Wiederholen mit Audio-Material. Die Aufgaben decken systematisch alle Kompetenzen, Strukturen und Wortschatz ab. Das *Workbook* enthält außerdem mehrere Seiten mit *Wordbanks*. Die Seiten wurden in die Mitte des *Workbook* geheftet, sodass sie am Ende des Schuljahres herausgenommen und weiterverwendet werden können.

Interaktive Übungen

Das *Workbook* gibt es auch in der Variante mit interaktiven Übungen. Diese können online auf der Plattform SCOOK angesteuert werden; dafür findet sich im *Workbook* auf der ersten Seite ein Zugangscode. Alle Übungen sind auf drei Niveaustufen differenziert.

Klassenarbeitstrainer

Zur selbstständigen Vorbereitung auf Klassenarbeiten.

Wordmaster

Vertiefende Wiederholung des Wortschatzes. Die Vokabeln werden in unterschiedlichen Kontexten, auch spielerisch, präsentiert.

Vokabeltaschenbuch

Das chronologische *Vocabulary* aus dem Schülerbuch im Mini-Taschenbuchformat.

Vokabel-App

Vokabeltrainer fürs Handy mit seitengenauer Vokabelauswahl, Üben mit intelligenter Karteikastenlogik, Prüfungstraining und Wörterbuch. Alle Vokabeln sind vertont. Außerdem enthält die App eine Funktion, mit der sich Fotos vom Handy direkt zu einer Vokabel einfügen lassen. Herunterzuladen aus allen gängigen App-Stores.

phase 6

Der komplette Wortschatz des Lehrwerks steht auch als Modul auf der Website www.phase6.de zur Verfügung.

www.englishg.de/access

Auf der Website finden die S die www-Materialien, die im Schülerbuch ausgewiesen sind, sowie die Lösungen zu dem *Grammar and practice*-Übungen im Schlülerbuch.

6 Exemplarische Stoffverteilung *English G Access*, Band 6

6.1 Übersicht über das Schuljahr

Ein Schuljahr umfasst ca. 38 Unterrichtswochen. Daraus ergeben sich bei

	4 Wochenstunden	3 Wochenstunden
	152 Stunden	114 Stunden
abzüglich 10 % mutmaßliche Ausfälle	15 Stunden	11 Stunden
verbleiben	**137 Stunden**	**103 Stunden**

6.2 Beispiel für eine Stoffgrobplanung (3 Units)

	4 Wochenstunden	3 Wochenstunden
Für drei Units (incl. Your task)	87 Stunden	75 Stunden
Für vier Klassenarbeiten (evtl. doppelstündig, inkl. Besprechung)	12 Stunden	10 Stunden
Für Text challenge, Lektüre	38 Stunden	18 Stunden
ergeben	**137 Stunden**	**103 Stunden**

6.3 Empfohlene Stundenzahl

Für Unit 1	29 Stunden	25 Stunden
Für Unit 2	29 Stunden	25 Stunden
Für Unit 3	29 Stunden	25 Stunden
ergeben	**87 Stunden**	**75 Stunden**

Anmerkungen zu dieser Planung

Die Stundenverteilung basiert auf einer zügigen Unterrichtsdurchführung. Zusätzlich eingeschobene Konsolidierungsphasen werden nicht veranschlagt. Fakultative Teile des Schülerbuch sowie Begleitmedien werden ebenso wenig einbezogen wie Phasen der Freiarbeit oder der Projektarbeit außerhalb des Schülerbuch.

6.4 Vorschlag für einen Verlaufsplan *English G Access*, Band 6, Unit 2 (3 Wochenstunden):

Diesem Verlaufsplan liegt ein Vorgehen zugrunde, das genau die Abfolge im Schülerbuch nachvollzieht. Die vorgeschlagene Stundenverteilung ist nicht als Norm anzusehen.

Unit 2: What makes a community?

Stunde	Unit-Teil, Seite	Practice	EXTRA	Grammar- Text-/ Skills File/ MyBook
1.	Lead-in, SB-Seiten 30/31			
2.–4.	Part A, 32–35	P2–4		
5.	Part A, Practice 36	P1–2		GAP File, 17–18 (S.174f.)

Stunde	Unit-Teil, Seite	Practice	EXTRA	Grammar- Text-/ Skills File/ MyBook
6.	Part A, Access to Cultures, 37	P 1–2		SF 25, S.123
7.	The World behind the picture, 38			
8.	Listening course 39	P 1–5		
9.	Part B, 40	a–c)		
10.	Part B, 41	P 1–2		
11..	Part B, 42	P 4		P3 als Hausauf-gabe
12./13.	Part B, 42	P5/6		GAP 21–23, S. 182ff.
14.	Part B, 43	P 7b)		P 7a) als Haus-aufgabe
15.	Part C, 44	P2–3		Skills File SF 29 (S.145)
16./17.	Part C, 45	P 4–6		Skills File SF 17 (S.134)
18.	Part C, 46	P1–2		GAP 27, S. 194, GAP 14–15, S.168ff.
19./20.	Access to Words, 47	P1–3		SF 38, S.85
21./22.			BF 48f.	Task & home-work
23.	Study Skills, 50			SF 34, S.130
24./25.	Your Task, 51			SF 28, S.126

Who are you?

Storyline	Die S beschäftigen sich mit Fragen persönlicher Identität und der sie prägenden Elemente. Dabei analysieren sie literarische Texte und Songs (*Part A*) und setzen sich mit komplexen Themen wie der Geschlechterproblematik (*Part B*) auseinander. In *Part C* geht es um Nationalität und Herkunft als identitätsstiftende und -prägende Aspekte. Ziel ist die Formulierung individueller Standpunkte, die sprachlich adäquat und argumentativ grundlegend gesichert begründet werden können.
Kommunikativer Kompetenzschwerpunkt	Der Kommunikative Kompetenzschwerpunkt ist **Writing**. Die S können … ein kurzes persönliches *profile* verfassen (SB-Seite 16, Abschlussaufgabe) • ein *opinion piece* schreiben unter Beachtung der richtigen Struktur und des inneren sowie äußeren Aufbaus, der korrekten Verwendung der *tenses, modals, persuasion techniques* und des korrekten Layouts (SB-Seite 17; 19–21) • Beiträge zu einem *class magazine* verfassen und dies zusammenstellen (SB-Seite 28/29, *Your task*)
Sprechabsichten	über Personen und ihre Eigenschaften und Motive sprechen (SB-Seite 11, 1; SB-Seite 12, 1c)) • Kriterien für die Profilbildwahl benennen (SB-Seite 11, 2) • ihre Reaktion auf ein Gedicht beschreiben (SB-Seite 13, 2b); SB-Seite 14, 3) • Bildsprache in Gedichten ansatzweise erläutern (SB-Seite 15, 5b)) • über Inhalt und Struktur eines Modelltextes diskutieren (SB-Seiten 18/19) • Feedback geben (SB-Seiten 20 und SB-Seite 28/29 *Your task*) • den Unterschied von persönlicher und genetischer Identität erklären (SB-Seite 22, 3b)) • sich zur Bedeutung von nationalen Symbolen äußern (SB-Seite 24) • zu einem Medienbeitrag Stellung nehmen (SB-Seite 25) • sich zu Vor- und Nachteilen moderner Technologien äußern (SB-Seite 26) • sich zu einem Meinungsartikel positionieren (SB-Seite 29, *Your task*, STEP 4 EXTRA)
Language skills	**Grammatische Strukturen**: *REVISION simple present, simple past, modal verbs • the passive: present progressive form* **Listening course:** *Connected speech* (SB-Seite 27) **Access to words:** *Word field: Talking about identity* (SB-Seite 16, 1) • *Collocations (Adverbs and adjectives as modifiers)* (SB-Seite 16, 2)
Study skills	**Improving your electronic texts.** Grundsätzliche Regeln für das Layout, Formatieren und Überprüfen eines elektronischen Texts verstehen und anwenden (SB-Seite 17)
Kooperative Lernformen	*double circle* (SB-Seite 12, 1c)) • *poetry circle* (SB-Seite 14, 4) • *jigsaw* (SB-Seite 24, 2; 25, 1c)) • *think-pair-share* (SB-Seite 26) • *correcting circle* (SB-Seite 28/29)
Hör-/Sehverstehen: The world behind the picture	**The DNA journey.** Inhalt und Intention eines Filmbeitrages erkennen (SB-Seiten 25, 1) **Making the film: Influencing an audience.** Botschaft und Werbewirksamkeit eines Spots analysieren (SB-Seiten 25, 2)
Access to cultures	**Flags and identity.** Sich zur Bedeutung von Flaggen für persönliche und nationale Identitäten äußern (SB-Seite 24)
Portfolioarbeit: MyBook	**Write an opinion piece.** (SB-Seite 28, *Your task*)
Lernaufgabe: Your task	**A class magazine.** Eine (elektronische) Klassenzeitschrift aus Meinungsartikeln zusammenstellen, den Prozess der Erarbeitung evaluieren und die dargestellten Standpunkte diskutieren (SB-Seite 28–29)

KOMMUNIKATIVE KOMPETENZEN
Die S können …
Sprechen: Personen anhand von Fotos beschreiben und Vermutungen über ihr Auftreten und Image anstellen (SB-Seite 11, 1) • diskutieren, nach welchen Kriterien sie selbst Fotos von sich selbst posten (würden) (SB-Seite 11, 2)

S. 10–11

TIPPS FÜR IHRE PLANUNG
Das *Lead-in* steigt über neun Portraitfotos junger Menschen, die etwa dem Alter der S entsprechen, niederschwellig in das komplexe Thema Identität ein. In **(1)** setzen sich die S mit den Bildern auseinander, wobei die Aufgaben dem methodischen Dreischritt der Anforderungsbereiche (Beschreibung/ Analyse/Wertung) folgen. Danach erarbeiten die S Aspekte, die für sie wichtig sind, wenn sie ein Bild von sich posten **(2)**. Es empfiehlt sich, für die Bearbeitung der Doppelseite mindestens eine Schulstunde zu reservieren.

➜ FöFo 1.1
➜ Interaktive Übungen zum Workbook 1.1

INFO-BOX
Identity is what makes an individual or a group who they are, including the characteristics, beliefs, customs, etc. that distinguish them from others. Questions of identity extend beyond names and other basic, designating information to issues of self-awareness and self-reflection, gender, group membership and social belonging in all their complexity. The process of identity formation can be both productive/creative as well as harmful, with beneficial and/or detrimental individual and social effects.
An **opinion piece** is a type of article in newspapers or (electronic) magazines, the purpose of which is to express the author's opinion on a particular, often controversial, topic. It may be printed as an editorial or in a regular column in a given publication, or may take the form of a letter to the editor.

EINSTIEG
SB geschlossen. L fordert die S auf, auf Flashcards die Frage *Who are you?* mit mindestens zwei Antworten in Satzform zu versehen, ohne nur ihren Namen als Antwort zu geben.
L: You have been given an index card and I would like you to answer the question "Who are you?" with at least two statements that say more than just your name.
Im Anschluss lesen die S ihre Antworten vor oder heften sie einfach an die Tafel. Dabei können sie ihre Äußerungen vergleichend besprechen.

Weitere Differenzierung
L gibt Beispiele vor:
I am a middle-aged teacher.
I am a proud mother of two.
I am a dedicated football supporter.

ÜBERLEITUNG
SB geöffnet. Die S erhalten Zeit, sich einen Überblick über die Bilder zu verschaffen. Dann verbalisieren sie ihren ersten Eindruck.
L: Look at the photos. Who are they?

Hinweis
L sollte vorher unbekannte Wörter semantisieren, hier v.a.: °wheelchair, °(to) wear a brace on one's teeth (BE) +°(to) wear braces (AE, pl), Muslim, curly, (to) be dressed casually, °face paint, headscarf, tie, patriotic, (to) suggest sth., thoughtful, conservative

1 Profile pictures

NEUER WORTSCHATZ
°wheelchair · °(to) wear a brace on your teeth *(BE)* +°(to) wear braces *(AE, pl)* · °encyclopedia · Muslim *(adj.)* · **in their (late) teens** · **dreadlocks** *(pl)* · **curly +curl** · **kinky** · (to) **be dressed** · **casually** · **blazer** · **denim** · **paint** · °face paint · **headscarf**, *pl* **headscarves** · **tie** · **unlike** · **mysterious** · **patriotic** · **hairstyle** · (to) **suggest** sth. · **thoughtful** · **conservative**

ERARBEITUNG
a) SB geöffnet. Die S beschäftigen sich näher mit den individuellen Fotos. Sie können ggf. arbeitsteilig vorgehen, sollten sich jedoch mit mindestens drei verschiedenen Fotos näher beschäftigen. Danach vergleichen sie im UG ihre Beschreibungen der Fotos. Dies kann auch bereits in der Gruppe geschehen.
L: Now, look at the photos in detail. You are going to work in groups of three later on, so make sure you know who is in your group and distribute the photos among yourselves so that everybody focuses on at least three.

➜ SF 31: Describing and interpreting images (p. 128)

MUSTERLÖSUNG
1: The person in photo number 1 looks like a football fan and I think the red cross on his face stands for the English flag. You can also see another flag in the background. So maybe he supports the English football team. The boy, or young man, seems to be having fun. The photo could have been taken in the stadium.
2: Photo number 2 shows a young man, or rather a boy in his late teens, who seems to be very sad or at least thinking about something. Unlike the people in the other pictures, he isn't looking directly at the camera. In the background you can see a white wall and the colours in the photo are very cool.
3: Photo number 3 looks as if it was taken in a kitchen, because you can see cupboards and kitchen things like knives in the background. It shows a boy about our age in a wheelchair. He has long dreadlocks, and he's wearing jeans, a T-shirt, a denim jacket and a hat. I think he's preparing a meal, as he has a pan filled with vegetables on his knees. He might be interested in music, because you can see headphones around his neck. He's looking directly at the camera with a big smile.
4: The young man in photo number 4 is looking directly at the camera and seems to be about to break into a smile. He's dressed quite formally in a jacket, shirt and tie, but in rather dark colours. He's also wearing dark glasses and his hair is quite kinky.
5: The young woman in photo number 5 is looking directly at the camera, like most of the others. She's somewhere outside. It seems to be cold since she's wearing a winter coat. Maybe she's upset because of this, because she's sticking out her tongue as if she were saying "Ugh!"
6: The girl in photo number 6 is outside; you can see something green in the background. The sun must be shining, because her eyes are half-closed. Her kinky hair is tied back with a scarf. She seems to be relaxed. It could be a selfie she's taking.
7: In photo number 7 you can see a girl with a colourful headscarf and a white shirt. The headscarf suggests that she might be Muslim. She's also holding something in front of her that looks like either a laptop or a huge black book. She looks like a student on her way to or from school or university.
8: In this photo, a girl is shown in front of shelves of books. It could be in a library, and the books look like an encyclopedia or something like that. She seems to be having a lot of fun, because she's smiling happily with her eyes

closed. You can see her braces, but she doesn't seem to care about that. She has dark hair and she's wearing a pair of green glasses.
9: Photo number 9 doesn't show a real person, only a symbol for a person and a question mark. Unlike the other young people in the photos, this person obviously doesn't want to post a photo of herself or himself.

ERARBEITUNG

b) SB geöffnet. In der Gruppe spekulieren die S darüber, wie die dargestellten Jugendlichen auf der Basis dieser „Profilfotos" von ihrer Umwelt wahrgenommen werden möchten.

MUSTERLÖSUNG

1: I think he wants to come across as patriotic, or at least as a dedicated fan of his team and country. That's what his make-up suggests.
2: He wants to look thoughtful and probably also cool, like someone who knows fashion and style.
3: He seems to be quite open and relaxed. He wants people to see that he's a friendly person since he's preparing a lot of food, presumably for a group of people, perhaps his family or friends. He comes across as unconventional – at least his hairstyle and clothes suggest this.
4: I think this person would like to be seen as reliable, as someone who knows what is expected of him and is good at what he does. He might have just given an important presentation or applied for a job.
5: I think she wants to come across as funny, unconventional, as someone who doesn't care much about what others think.
6: Her expression and style are supposed to show that she's a modern girl and friendly, but also self-confident.
7: Her choice of clothes suggests that, on the one hand, she respects the traditions of her ancestors and culture. On the other hand, her make-up and her expression make her appear modern, quite self-confident and not overly shy.
8: I'm not sure about how this girl wants to be seen. She could be a nerd, as the photo is taken in a "serious" library, but, on the other hand, she's laughing her head off and seems like a fun person.
9: I think the person behind the image wants to be seen for what they do, for their actions and not their looks, cultural background, choice of clothes, etc.

ERARBEITUNG

c) SB geöffnet. In der Gruppe wählen die S je eine Person aus, die sie gerne kennen lernen würden und geben dafür Gründe an.

➜ FöFo 1.1
➜ Interaktive Übungen zum Workbook 1.1

MUSTERLÖSUNG

I'd like to meet the boy in picture 3. I think I'd like to meet him to learn about his interests and hobbies, for example what kind of music he likes.
I would certainly ask him about his everyday life and whether being in a wheelchair makes life especially hard for him. If he wanted to tell me about it, I'd also be interested in why he has to use a wheelchair, but of course I don't want to come across as nosy. I'd like to know whether we have anything in common.

Weitere Differenzierung

Im Sinne eines *scaffoldings* in der Erarbeitungsphase kann die komplette Aufgabe als GA von je vier S erledigt werden. Die S bearbeiten in der Gruppe mindestens vier Fotos und unterstützen und korrigieren sich in der Erarbeitung.

2 Choosing your profile picture

NEUER WORTSCHATZ
original · (to) **prefer sb. to do** sth.

ERARBEITUNG
SB geöffnet. Die S erarbeiten Aspekte, die für sie bei der Veröffentlichung von Bildern wichtig sind. Dies kann mündlich oder schriftlich erfolgen, sollte jedoch im UG besprochen, ggf. an der Tafel stichwortartig festgehalten werden.

MUSTERLÖSUNG
I don't post many photos, but when I do, I like to use one that was taken outside rather than in a room. I want people to see me as friendly and open, but I think it's really hard to smile for a photo without it looking stiff or ridiculous. So, what I sometimes do is post a photo of a thing or a funny situation rather than a real profile photo of myself.

➔ Workbook 2 (p. 2), Wordbank 1
➔ Interaktive Übungen zum Workbook 1.1

AUSWERTUNG
Die S sammeln gemeinsam nochmals Kategorien und Sprachmaterial, die sie zur Beschreibung der Personen herangezogen haben. Die KV kann als HA und im Laufe der Unit weiter komplettiert werden.

KV 1: Mindmap – Describing a person: from looks to identity.
Die differenzierte KV bietet eine vorstrukturierte Mindmap und sollte nach Möglichkeit auf DIN-A3-Format kopiert werden, damit die S genug Platz zum Schreiben haben.

Alternative
Die S nutzen eine (kostenfreie) App wie z. B. *Popplet Lite*, *Simple Mind* oder *M8* und erstellen ihre Mindmap digital.

YOUR TASK
L kann zum Abschluss des *Lead-in* zur Unit 1 im Sinne der Lernzieltransparenz auf die Lernaufgabe am Ende der Unit hinweisen, bei der die S einen Meinungsartikel (*opinion piece*) zu einem (kontroversen) Thema ihrer Wahl, den sie im Laufe der Arbeit an der Unit verfassen, für eine Klassenzeitschrift überarbeiten sollen.
L: In the course of the unit, you are going to write an article discussing an issue you think is important. At the end of this unit, you will revise your article as a contribution to a class magazine and explain your opinion on the issue.

➔ Your task, SB-Seiten 28–29

KOMMUNIKATIVE KOMPETENZEN
Die S können ...

Lesen: Gedichte verstehen (SB-Seite 12, 1; 13, 2; 14,3) • Gedichte analysieren, indem sie sich Fragen zum Protagonisten, Lyrischen Ich und Autor stellen sowie die Wortwahl untersuchen oder mit Hilfe eines *poetry circles* auf verschiedene Weise erschließen (SB-Seite 12, 1; 13, 2 und 14, 4) • Sachtexte über Langston Hughes verstehen (SB-Seite 13, 2 EXTRA; www) • kreativ mit Gedichten umgehen, indem sie den Inhalt in ein Bild oder ein Diagramm übersetzen (SB-Seite 14, 4) • *imagery* (*similes, metaphors*) in Gedichten erkennen und ihre Wirkung beschreiben (SB-Seite 15, 5 + 6)

Sprechen: Portraitfotos beschreiben und Vermutungen über das Auftreten der dargestellten Person und ihr Image anstellen (SB-Seite 12, 1) • Wandel von Lebenssituationen vorheriger Generationen und der eigenen reflektieren und diskutieren (z.B. Medienkonsum, Zugang zu Wissen, Verbote und Erlaubnisse) (SB-Seite 13, 2c))

Hör-/Sehverstehen: die Liveperformance eines Gedichtes verstehen und diese mit der eigenen Leseerfahrung vergleichen (SB-Seite 12, 1d))

S. 12–15

TIPPS FÜR IHRE PLANUNG
In *Part A* beschäftigen sich die S mit literarischen Texten und der Art und Weise, wie über Gedichte, *live performances* und die dort verwendete Sprache und Ausdrucksmittel Identitäten geschaffen werden. Dabei wird über das inhaltliche und sprachliche Verständnis hinaus die eigene Lebenswelt der S mit einbezogen und die S werden – thematisch bezogen – zu eigener Sprachproduktion animiert.

➜ FöFo 1.1, 1.2
➜ Interaktive Übungen zum Workbook 1.2

S. 12

1 Tiresias (by Kate Tempest, excerpt)

INFO-BOX
Kate Tempest (born 1985 in London) is a British musician, poet, novelist and playwright. She began her career as a rap musician at 16 and went on to earn a degree in English literature. She has received high international acclaim as a performance artist and writer, winning the Ted Hughes Award in 2013 for *Brand New Ancients* (spoken word performance) and a nomination for the Mercury Prize in 2017 for her album *Let Them Eat Chaos*.
Tiresias is a prophet from Greek mythology. According to one account, he is condemned by Hera to live in blindness following a dispute. In addition to his ability to predict the future, he possesses the power to change between male and female identities, affording him a direct understanding of contrasting life experiences.
Wu-Tang Clan is a hip-hop group from New York City. They debuted in the 1990s, cultivating a dark, pessimistic style. Their initial album, *Enter the Wu-Tang (36 Chambers)*, enjoys enduring acclaim as one of hip-hop's seminal works. The group released its most recent album in 2014.

NEUER WORTSCHATZ
poet • (to) **picture** sb./sth. • **routine** • **desire** • **painfully +pain** • (to) **cope** • **alarm** (*kurz für:* alarm clock) • (to) **wink** (at sb.) • **headphones** *(pl)* • (to) **ignore** • **hood**

EINSTIEG
SB geschlossen. Aktivierung von Vorwissen/Einstimmung:
L: Do you remember the last presentation you had to give in front of an audience, for example at school, a concert or somewhere else? What was the situation like? How did you feel?

ERARBEITUNG

a) SB geöffnet. Die S beschreiben anhand der Fotos von Kate Tempest, wie sie sich in einer Performance gibt. Sie nutzen dabei das Vorwissen aus dem *Lead-in*, können ggf. die Mindmap auf der KV miteinbeziehen und kontrastieren dies mit dem eigenen Erleben (vgl. Einstieg).

KV 1: Mindmap – Describing a person: from looks to identity.

MUSTERLÖSUNG

She seems confident and full of energy. She seems to have very expressive body language, as she obviously moves her arms a lot.

ERARBEITUNG

b) SB geöffnet. Die S lesen den Gedichtauszug in EA und arbeiten Informationen zum Protagonisten heraus. Sie erstellen dazu ggf. Notizen.

MUSTERLÖSUNG

The protagonist

- is a fifteen-year-old boy (l. 2),
- goes to school (l. 5)
- feels "a dullness inside", because his desires are not satisfied ("borne of desires left unsatisfied" (l. 5–6))
- We don't know whether he feels this dullness because someone (school? society? his family?) is stifling him or pressuring him to behave in a particular way, or because he himself is trying to fit in ("Is he stifled or is he just learning the ways of his times?" (ll. 7–8))
- doesn't "know how to climb", i.e. how to actively reach for something he wants, maybe goals in life, … (l. 10)
- doesn't have hope (l. 12)
- is bored ("His days are painfully slow" (l. 13)). Nothing interesting is happening or maybe he isn't actively making things happen.
- is dealing (successfully) with his difficult situation, i.e. the painfully slow days ("But he copes" (l. 14))
- doesn't seem to be active, doesn't have any youthful enthusiasm or energy. Instead, he "wakes to the same old alarm. Slumps in the shower like a frog in the rain" (ll. 15–18). He seems more like an old man who has given up on life.
- is already striving for the hyper-masculinity as defined by the Western world ("winks at the mirror – does cool, does charm" (l. 19)), but still his skin is soft (l. 20) and there's "no hair yet" (l. 22), because he's a teenager and not quite an adult
- "nods at the pain" (l. 21), i.e. he's tough, and nodding at pain is manly
- seems to mimic film / popular culture "Headphones on. Last half of last night's joint in his lips. Bass so loud it feels like a movie." (ll. 23–25)
- is "scuffing his trainers. Swinging his hips." (ll. 26–27) On the one hand he tries not to get noticed, on the other he's full of life.
- is always being laughed at by the other kids (ll. 28–29). Maybe the others laugh at him because he tries to fit in but doesn't yet.
- hates himself (l. 35). Because he doesn't fit in yet? Or because he knows that he has to change to fit in?

ERARBEITUNG

c) SB geöffnet. Die S tauschen sich im ▸ *double circle* (▸ *Kugellager)* zu den Ergebnissen aus **1b)** aus und ziehen dazu Gedichtzeilen als Beleg heran. Mindestens ein S, der nach dem Zufallsprinzip bestimmt wurde, sollte nach Beenden des Kugellagers die Ergebnisse im Zusammenhang präsentieren.

Weitere Differenzierung

Zur Unterstützung kann L Wortmaterial bereitstellen.

You can see that in line …

I think the phrase XYZ in line XX shows …

Line XX reads … and that means that …

MUSTERLÖSUNG
It seems that he's between everything and doesn't like himself very much. He's trying out different roles. I think you can best see that in the fifth and last verses when he does his performance in front of the mirror and checks his looks but doesn't seem to be very satisfied with everything he sees. He would like to have a beard but there isn't any hair. In the last verse, he tries to play cool while the others are laughing at him, but the poem ends with the very straightforward line "Hating himself." That tells the reader what he thinks and feels about himself at the moment, and that's quite tough if you say that to yourself.

ERARBEITUNG
d) SB geöffnet. 1. Sehen. Gemäß SB.

➔ DVD; Dauer: 1:26 min
➔ FöFo 1.1, 1.2

S. 13

2 Theme for English B (by Langston Hughes)

INFO-BOX
Langston Hughes (1902–1967) was an African-American poet, writer and social activist. He had a strong literary influence as the leader of the poetic movement *Harlem Renaissance* in the 1920s and as the author of novels, short stories, operas and essays. Themes of the identity, cultural diversity and social and political struggle of African-Americans were central to his work.
In the **poem "Theme for English B"** (1951) the speaker, a black 22-year-old student in New York City describes his situation at college as the only black person among all of his fellow students and instructors. Given the assignment of writing a "true" statement as a one-page essay for his English class, the narrator examines the meaning of truth and the similarities and differences among the people in question, in particular between his instructor and himself. The speaker concludes that he sees truth as something he can experience around him, and that blacks and whites share more than they would appear to, and in fact both make up part of America's identity.
The poem's ideas are delivered in a direct, inquisitive narrative voice through clear, unadorned language that makes use of word repetition (e.g. the personal pronouns) to convey a sense of careful consideration. Some passages assume the form of a dialogue between the speaker and the instructor (or reader). Except for limited rhyming at the end (*you/true, me/free*), the poem is written in free verse in a rhythm that suggests musical improvization.

NEUER WORTSCHATZ
instructor · **simple** · °the Y · **branch** · **record** · °Bessie · °bop · °race · (to) **make sb. do sth.** · **Box "(to) make sb. do sth. – (to) let sb. do sth."**, *Voc.*, SB-Seite 198 · **yet** · **nor do I want to …** · **Box English "nor" – German "auch nicht"**, *Voc.*, SB-Seite 199 · **somewhat** *(adv)*

EINSTIEG
SB geschlossen. L präsentiert die Zeilen 2–5 des Gedichts (Tafel/Folie) und fragt: What could these lines be about? Where would you encounter them?

ERARBEITUNG
a) SB geöffnet. L: Read the poem while listening to the recording. Afterwards, tell the class what you felt, what struck you as interesting or strange while listening.

02

ERARBEITUNG
b) SB geöffnet. Gemäß SB.

KV 2: Working with poetry: Langston Hughes: "Theme for English B".

MUSTERLÖSUNG
I think this poem is about what the young man feels like at the moment. He lives in New York now, had to move away from home and is confronted with a new situation in life and new people. He is the only black person at his college or university and has to do a homework assignment of about a page, which has to be true. I think that means that it should come straight from his heart. While trying to do the assignment, he thinks about the meaning of truth and possible differences between black and white.

ERARBEITUNG EXTRA (www)
Über buchexterne Quellen (*Internet, Follow the link*) erarbeiten die S weitere Informationen zu Gedicht und Dichter, auf deren Basis sie ein vertieftes Verständnis des Gedichtes erlangen sollen.

➔ www.englishg.de/access
➔ FöFo 1.2

ERARBEITUNG
c) SB geöffnet. Die S erarbeiten gemeinsam, welche bedeutsamen Veränderungen im Alter zwischen 15 und 22 Jahren eintreten. Die wichtigsten Aspekte werden in einem Tafelbild festgehalten. Zum Abschluss bewerten die S die Bedeutsamkeit dieser Aspekte für die Erschließung des Gedichts.

MUSTERLÖSUNG
- growing up, from teenager to adult
- finding friends and new relationships
- falling in love
- moving out or moving to a different area/country
- finishing/leaving school, taking up a job, going to university
- adopting new perspectives on important matters, lifestyles, politics, etc.
- finding yourself, having problems doing that

→ Finding yourself and your way through life is equally hard for nearly everybody, but may be especially hard if you are discriminated against or belong to an ethnic or other minority.

➔ FöFo 1.1, 1.2

Tipp
Die S erstellen mit Tablet und beispielsweise der App *Book Creator* ein digitales Buch über Langston Hughes.

S. 14

INFO-BOX
Sherman Alexie (born 1966 in Wellpinit, Washington, USA) is a Native American author, poet, screenwriter and filmmaker. His writing draws heavily from and explores his ethnic and cultural background. His screenplay for his film *Smoke Signals* (1998) is based on a collection of his own short stories. Among young people, he is perhaps best known for his novel *The Absolutely True Diary of a Part-Time Indian* (2007), available in the Cornelsen Senior English Library, ISBN 9783060312634.
Hugh McMillan (born 1955) is a poet from Penpont in south-western Scotland. The history and culture of his native region of Dumfries and Galloway figure prominently in his work.

3 Identity – two perspectives

NEUER WORTSCHATZ
identity · **perspective** · °bestiary · **circa (c)** · °(to) pose · **obvious** · °(to) be shaped · (to) **appeal to** sb.

ERARBEITUNG
SB geöffnet. Gemäß SB.

03–04
➔ Interaktive Übungen zum Workbook 1.2

4 A poetry circle

NEUER WORTSCHATZ
(to) **reflect**

ERARBEITUNG
a) *Poetry circle.* **SB geöffnet.** Die S arbeiten arbeitsteilig zu jeweils einem Gedicht in Gruppen in den Rollen *word expert, artist* und *questioner*.

ERARBEITUNG
b) **SB geöffnet.** Gemäß SB.

MUSTERLÖSUNG
"Bestiary"
Word expert: bestiary (medieval book about (wild) animals → Why did the poet use that as a title? Who is the wild animal in the poem?); Indian men (Didn't we learn that we shouldn't use the term Indian? Aren't they called Native American? Why are they strange?); bird shaped like a question mark (That's a strange phrase. What could it mean? He doesn't understand what his mum wants to express or who he is in reference to the two Native Americans.)
Artist: could refer to: book, photo, some stick figures, something of Native American origin, a bird, a question mark
Questioner: Who is more important, his parents or the two Native Americans? What role does nature play in this poem? What is the speaker's relationship to his parents and to his background?
Identity: is left as a question mark; the speaker seems to be very insecure; his parents don't seem to have given him that; his different ethnic background is present but doesn't help in that question
"Lochinver"
Word expert: "Lochinver. The end of the track. Black swallows black ..." → Lochinver seems to be "at the end of the world", somewhere remote
Artist: could draw the narrator in the phone box and focus on his emotions (facial expression)
Questioner: Who is Hugh McMillan? Where is Lochinver? What is the speaker's relationship to the person he or she is talking to on the phone?
Identity:
At first, it is more difficult to understand what this poem is saying about identity.But when you think about it, you realise that its two main topics are very important in making us who we are: our relationship to place and our relationship with other people.
The poet, who is Scottish, describes a dramatic landscape on the north-west coast of Scotland. The strong imagery he uses to paint a picture of a small fishing village in stormy weather reflects his strong emotions. You can tell that he loves this place and maybe, in a wider way, he is also expressing his love of his Scottish homeland.
The poet is making a phone call to a person who is obviously his partner. They are talking about their relationship – "picking at the bones of my latest lunacy", which means perhaps that the poet has done something that the partner considers stupid. But his thoughts also wander while he is distracted by his surroundings. You wonder how strong the relationship is, but when he apologises and says it won't happen again, you get the sense that this is the most important person in his life, and that he couldn't imagine living without her or him. He is really saying "You are part of who I am" and that is something that will not change.

AUSWERTUNG
Fragen, die in der Gruppe nicht geklärt werden können, müssen im UG gemeinsam besprochen werden, ohne dass es zu einer Simplifizierung hin zur alleinig möglichen Interpretation des Gedichtes kommt.

ERARBEITUNG
c) SB geöffnet. Die S vergleichen die Ergebnisse der Diskussion mit ihrem Ersteindruck.

MUSTERLÖSUNG
When I first read the poems, I thought that I wouldn't like the first one, because it was hard to understand. I was glad to hear that some of you had the same difficulties, but together we could at least try and explain things to each other, and now I understand that the speaker is quite insecure about himself and his identity and that's why he uses questions, the question mark and the strange bird in his poem.

➜ FöFo 1.2
➜ Interaktive Übungen zum Workbook 1.2

S. 15

5 Painting with words

NEUER WORTSCHATZ
imagery · **type (of)** · **simile** · **metaphor** · **device** · **gentle** · **dove** · (to) **be considered** sth. + (to) **consider** · **hawk** · **owl**

EINSTIEG
L zeichnet Smiley und Herz an die Tafel und fragt die S:
L: Look at the blackboard. What are these and what do they stand for?
S: The first one is a smiley. The emoji is smiling happily. It shows that the chat partner is in a very good mood and laughing cheerfully. The second one is a heart. It stands for love and passion.
L: So things, but also words, can stand for something besides their objective meaning. Let's have a closer look at that.

Alternative
L arbeitet mit Realien, z.B. Rose, herzförmiger Gegenstand (z.B. Kissen, Spielzeug, Radiergummi), Ehering etc. und gleichem Vorgehen.

ERARBEITUNG
a) SB geöffnet. Die S erklären die Sprachbilder mit eigenen Worten.
Sie vergleichen ihre Deutungsansätze.

MUSTERLÖSUNG
1 "Above them, a bird shaped like a question mark." (ll. 11–12)
I think the bird that is shaped like a question mark is something that you cannot understand straight away. A bird is something from nature, so it is easy to understand, but being shaped like a question mark makes it strange. And since the man in the picture is pointing to it, it must be important, as if everything in the picture is a question that is left unexplained. And that is exactly what the speaker says: there are more questions than answers in the photo, and not even a simple, natural being like a bird provides you with an answer.
Does the bird give you the answer, or is it a symbol suggesting that the answer that you are looking for is always out of reach, impossible to catch, moving away?
2 "phonebox on its outcrop of scree" (l. 11) + "and the rain sounds like drums in this bubble of yellow light, emptiness everywhere like the tide." (ll. 18–20)
I think the image means that the phone box is at very remote place geographically. There's no one around except the person in the phone box.

ERARBEITUNG
b) SB geöffnet. Die S lesen (gemeinsam oder in EA) den Tipp zur Bildsprache, identifizieren weitere Sprachvergleiche in den beiden Texten (SB-Seite 14) und beschreiben ihre Deutungsversuche.

DIFFERENZIERUNG More help
Leistungsschwächere S arbeiten auf SB-Seite 85. Dort finden sie Beispiele aus dem Text, die sie mit Hilfe der Tipp-Box entweder als *similes* oder *metaphors* identifizieren.

MUSTERLÖSUNG
Imagery is used much more often in "Lochinver" than in the excerpt from "Bestiary".
From "Bestiary":
- shaped like a question mark = simile

From "Lochinver":
- "howls like a dog" = metaphor ("howls"), simile ("like a dog") → You can hear the wind very loudly.
- "a ship spews out whiskery fish" = metaphor → The ship unloads fish with whiskers.
- "you are crackling over the phone" = metaphor → The line is bad and the voice can't be heard properly.
- "schooner crewed by dead sailors" = metaphor → very old ship that is falling apart and/or looks very scary
- "bubble of yellow light" = metaphor → It is a metaphor for the phone box.
- "Lochinver. The end of the track." = metaphor → Lochinver is somewhere very remote geographically.
- "Black swallows black." = metaphor → It is very dark. There are no lights to be seen in the night.
- "Picking at the bones of my latest lunacy." = metaphor → The narrator did sth. stupid and the other person on the phone is criticizing him/her heavily, as if taking him/her apart.
- "rain sounds like drums" = simile → The rain is very loud. / It's raining heavily.

Alternative
Die S arbeiten an einer vergrößerten Kopie der Gedichte und annotieren ihre Gedanken direkt zu den jeweiligen Gedichtzeilen (in Kleingruppen oder an der Tafel). Dies kann auch durch Zeichnungen und Skizzen geschehen.

KV 3A/B/C: Working with imagery. Bei der KV handelt es sich um eine auf drei Ebenen differenzierte KV zu Bildsprache.

➔ FöFo 1.2
➔ Interaktive Übungen zum Workbook 1.2

AUSWERTUNG
Die S vergleichen ihre Erkenntnisse und diskutieren Deutungsansätze. L macht dabei deutlich, dass es nicht „die eine richtige" Lösung gibt.

6 Create your own images

NEUER WORTSCHATZ
owl

ERARBEITUNG You choose
a) SB geöffnet. Die S erarbeiten entweder auf der Basis der vorgegebenen Adjektive oder selbstständig Sprachvergleiche (*similes*) zur Beschreibung von Personen oder Erscheinungsformen.
b) SB geöffnet. Die S beschreiben anhand eines Fotos eine Person unter Verwendung von Bildsprache.

DIFFERENZIERUNG Early finisher
Leistungsstärkere S arbeiten auf SB-Seite 88 weiter. Dort stellen sie idiomatische Similes aus vorgegebenem Sprachmaterial zusammen und ordnen sie Definitionen zu.

MUSTERLÖSUNG
a) She was as wise as an owl / as white as a ghost / as angry as hell/ a bull/a bear / as blind as a bat/mole / as brave as a lion/Superman / as clever as a fox/Einstein / as fast as lightning / as hungry as a bear/ wolf / as large as a house/skyscraper/tower / as mad as a hatter/box of frogs / as peaceful as sleep/summer woods / as pretty as candy/ a picture / as proud as a peacock / as tall as a giraffe
b) vgl. Musterlösung auf SB-Seite 15

➜ Workbook 4–5 (pp. 3–4)
➜ FöFo 1.2
➜ Interaktive Übungen zum Workbook 1.2

S. 16

TIPPS FÜR IHRE PLANUNG
Die S erweitern ihr *topic vocabulary* zum Thema *talking about identity.* Bei Zeitmangel können alle Aufgaben oder Teile in die HA verlegt werden, jedoch nicht die abschließende Anreicherungsaufgabe.

➜ FöFo 1.1
➜ Interaktive Übungen zum Workbook 1.3

INFO-BOX
Discussing identity. The exercises on this page require accompanying explanation by the teacher of the difference between describing appearance and identity. While there may be a correlation between the two, what a person holds to be their identity may be seemingly contradicted by their public behaviour.
When describing a person's identity, students should consider the following:
- Avoid stereotypes (not all Germans are serious and not all Italians are fun-loving!).
- Show respect for the person you are describing.
- When describing yourself, try to neither exaggerate nor underestimate yourself.

Follow these three steps:
1. Describe the person's outward appearance neutrally.
2. State what you know about their background, values, behaviour, likes and dislikes, hobbies, role models and plans.
3. From this information, try to draw an objective conclusion about their character traits. Taken together, these steps may yield an accurate description of their identity.

Note: the German "jdn. charakterisieren" is not the same as "to characterize sb.".

1 Word field: Talking about identity

NEUER WORTSCHATZ
space · (to) **influence** · (to) **value** sth. · **athletic** · **gay** · **straight** · **aggressive** · **ambitious** · **reliable** · **musical** · **passionate** · **conventional** · **liberal** · **African-American** · **upbringing** · **dialect**

EINSTIEG
SB geschlossen. Die S beenden in EA für sich die drei Sätze: *My friends say I'm … / I'm proud of/proud to be … / One person/place that has influenced me is …* Die S stellen die Ergebnisse einem Partner vor.

Alternative
Die S erarbeiten sich die drei Sätze (und ggf. weitere) und deren Austausch im Rahmen eines ▸ *appointment*. Einzelne S stellen einige der gesammelten Informationen und Sätze vor.

ERARBEITUNG
SB geöffnet. Die S erstellen auf der Basis der Fotos und unter möglicher Verwendung des Impulsvokabulars Kurzprofile der beiden Personen.

MUSTERLÖSUNG
I'm the sort of person who wants to achieve something in life. I'm Scottish and proud of it. I'm also gay and proud of it. That's why I have the pink symbol on my rucksack. My friends say that I'm weird, because I like to wear a Kilt and love to read books, and it's important to me to be open to new ideas, people and impressions. Fashion is a big part of my life, and I'd like to create my own fashion. I hope to be able to contribute something, to make a difference.
I'm the sort of person that comes across as normal. My friends say that I'm ambitious, but I'm proud to be hard-working, because I want to achieve something. I hope to be a good musician and see the world, as music is a big part of my life. Things I value are my dog and the environment. Nature and animals should be much more important to everybody.

Weitere Differenzierung
Die S, die es sich zutrauen, verfassen anhand der vorgegebenen Satzanfänge oder frei erste Ansätze zu einem eigenem Profil.

➜ Your task, SB-Seiten 28–29
➜ FöFo 1.1
➜ Interaktive Übungen zum Workbook 1.3

AUSWERTUNG
Die S tragen sich in PA oder im UG ihre Ergebnisse vor und korrigieren ihre Profile. Dabei ergänzen sie diese jeweils um mindestens zwei Sätze.

2 Collocations (Adverbs and adjectives as modifiers)

Neuer WORTSCHATZ
particularly · °modifier · **Box "Intensifying adverbs (Verstärkende Adverbien)"**, *Voc.*, SB-Seite 200 · (to) **modify** · **weak** · **search engine**

➔ GAP 27: Emphasis (p. 194)

ERARBEITUNG
SB geöffnet. Die S differenzieren ihre Texte durch das Einfügen von Gradpartikeln sprachlich aus. Nach Leistungsstand der Lerngruppe sollte eine Vokabelklärung/Wiederholung der Übung vorangehen.

Alternative
Die S arbeiten in PA an den Texten ihrer Mit-S, fügen *modifiers* ein und schlagen gleichzeitig Korrekturen und Erweiterungen vor.

MUSTERLÖSUNG
I'm the sort of person who wants to achieve something *big* in life. I'm Scottish and *extremely* proud of it. My friends say that I'm *quite* conservative, because I like to wear tartan and love to read *great* books, but it is also *particularly* important to me to be open to new ideas, people and impressions. Football is a *really* big part of my life. I'm hoping to be able to contribute something, to make a difference.
I'm the sort of person that comes across as *fairly* normal. My friends say that I'm *quite* ambitious, but I'm proud to be *somewhat* hard-working because I want to achieve something *great*. I'm hoping to be an *extremely* good musician and see the world, as music is a *very* big part of my life. Things I *particularly* value are my dog and the environment. Nature and animals should be much more important to everybody.

DIFFERENZIERUNG More help
Leistungsschwächere S bearbeiten die Aufgabe auf SB-Seite 82.

ERARBEITUNG ABSCHLUSSAUFGABE
Die S arbeiten in EA und schreiben einen kurzen Text gemäß SB.

Weitere Differenzierung
Leistungsschwächere S suchen sich einen Lernpartner, der sie bei der Erstellung ihrer Texte unterstützt.

MUSTERLÖSUNG
I'm the sort of person who's still trying to find my very special goal in life. My friends say I'm really talented at a number of things, like sports, music and communication. What I'm extremely proud of is my family and little brothers and sisters, and I hope to always be a good older brother. Apart from my family, sports and my football team are particularly important to me and I'm quite passionate about this hobby of mine. I quite like being competitive and successful: it gives me a fairly good feeling to win. But I don't want to be seen as too ambitious. I just want to be a good teammate and reliable friend. For the future, I would like to reach my goals and make a difference.

➔ Workbook 6 (p. 4), Wordbank 1
➔ Your task, SB-Seiten 28–29
➔ FöFo 1.1

AUSWERTUNG
Die Arbeitsergebnisse können in einem ▸ *gallery walk* ausgestellt werden und für respektvolle (mündliche und schriftliche) Kommentare und Ergänzungen der anderen S geöffnet werden.

Tipp
Die S stellen ihre Arbeitsergebnisse auf einem von L für diese Lerngruppe eingerichteten *online noticeboard* ein (z. B. www.padlet.com). Sie ergänzen diese um visuelle Elemente (Bilder, Zeichnungen, Fotos) unter Beachtung des Urheberrechts. In einem 2. Schritt kommentieren die S je drei Beiträge der anderen S.

S. 17

TIPPS FÜR IHRE PLANUNG

Auf der *Study skills*-Seite setzen sich die S mit der Formatierung, dem Layout und der Korrektur elektronisch verfasster Texte auseinander. Dabei sollen sie lernen, grundlegenden Leitlinien zu folgen und (Auto-)Korrekturvorschläge kritisch zu nutzen.

NEUER WORTSCHATZ

basic · (to) **format** · **visual** · **proper** · **margin** · (to) **indent** · **in relation to** · **font** · **italics** · **bold (type)** · **clarity** · **untidy** · **legible** · **pt** (*Abkürzung für* **point**) · **function** · (to) **type**

EINSTIEG

L: What do you remember about Kate Tempest? (S: …) If you looked for more information on her, you would certainly find it on the internet, but sometimes these online texts aren't exactly brilliantly written. As you also sometimes write or publish texts electronically, I would like us to work out certain basic guidelines for them.

ERARBEITUNG

a) SB geöffnet. Die S lesen die jeweiligen Grundregeln zu Layout und Formatierung und schlagen dem Partner Korrekturen des Textes vor.

MUSTERLÖSUNG

Partner A (layout)

- Increase the margins (top, bottom, left and right).
- Leave an empty line after the heading.
- Put in an extra heading (e.g. *Texts*) after the first paragraph.
- Decide whether to rearrange the structure; put the part about her novel with the paragraph about her texts/writing.
- Put in another paragraph and heading for "International reception".
- Blow up the image of Kate Tempest and put it directly under the heading, either on the left or right side. Give its source.

Partner B (format)

- Change the font (e.g. Arial) and font size (→ bigger).
- All her song and book titles should be in italics.

ERARBEITUNG

b) SB geöffnet. Die S überprüfen die als Fehler markierten Stellen und suchen nach weiteren, nicht markierten Fehlern.

MUSTERLÖSUNG

KATE TEMPEST

Kate Tempest is a British poet, spoken-word performer, rap singer, playwright and novelist. Her real name is Kate Calvert. She was born in 1985 and grew up in south London. She is widely seen as Britain's leading spoken-word poet. Kate Tempest started performing when she was only 16 years old, going to open mic nights, but has since worked with the Royal Shakespeare Company and performed at festivals like Glastonbury and Edinburgh. Across the Atlantic, she has won two poetry slams in New York.

Weitere Differenzierung

Für leistungsschwächere S kann es hilfreich sein, ein Glossar mit relevanten Begriffen (*bold / caption / font size / heading / indent / italics / margin / paragraph / pt / source* anzulegen und an prominenter Stelle im Klassenzimmer verfügbar zu machen.

Alternative

In leistungsstärkeren Lerngruppen sammeln die S im UG zunächst selbst Kriterien für ein gutes Layout für einen elektronischen Text. Anschließend überprüfen und ergänzen sie diese mit Hilfe des SB und bearbeiten a) gemäß SB.

➜ Your task, SB-Seiten 28–29
➜ FöFo 1.3

Writing
Kate Tempest's poetry collections *Hold your own* and *Everything speaks in its own way* mix word play and street slang and are so full of emotion that they must touch the heart of any reader. *Hold your own* is a series of connected poems which use the figure of the gender-changing, blind prophet Tiresias from Greek mythology. Tempest has also written several pieces for the stage, including the award-winning *Brand new ancients*.
However, poetry, theatre and hip-hop aren't enough for this multi-talent. She has also written a novel, *The bricks that built the houses*, which retells the story told in the songs of her album *Everybody down*.

Music
Of course, it is through her music that Kate Tempest reaches the most people, and she has toured the world with her hip hop band *Sound of Rum*. Her first album, *Everybody down* (2014), was shortlisted for the Mercury music prize and *Let them eat chaos* (2016) has been called an incomparable musical novel in 13 chapters.

International reception
Kate Tempest has received much acclaim for her work in all these fields. The *Huffington Post* called her "Britain's leading young poet, playwright and rapper ... – the complete package of lyrics and delivery. She is also one of the most exciting young writers working in Britain today."
Above all, Kate Tempest is a performer and these lines from one of her poems could be her motto: "Language lives when you speak it. / Let it be heard."

ERARBEITUNG EXTRA
SB geöffnet. Die S nehmen an einer elektronischen Version des Ausgangstextes auf der Website www.englishg.de/access die Korrektur der festgestellten Fehler tatsächlich vor und evaluieren gemeinsam die Veränderung.

➜ www.englishg.de/access
➜ SF 15: Revising and improving electronic texts (p. 116)
➜ SF 33: Creating a good layout for a page or poster (p. 130)
➜ Workbook 7 (p. 5)
➜ FöFo 1.3

KOMMUNIKATIVE KOMPETENZEN
Die S können …
Lesen: die in einem Meinungsartikel geäußerten Standpunkte reflektiert betrachten und auf ihre sachliche Richtigkeit überprüfen (SB-Seite 18)

S. 18

TIPPS FÜR IHRE PLANUNG
In *Part B* verfassen die S im Wege des generischen Lernens auf der Basis eines Vorbildtextes einen eigenständigen Meinungsartikel zu einem kontroversen Thema. Über die Auseinandersetzung mit inhaltlichen Aspekten, der Argumentationsstruktur des Textes sowie der Analyse der verwendeten grammatischen und stilistischen Eigenheiten und unter Wahrnehmung wiederholender Übungen werden die S nach ihrem Leistungsstand differenziert an das selbstständige Verfassen der eigenen Texte zu Themen eigener Wahl herangeführt. Darüber hinaus sind Korrektur- und Feedbackschleifen eingebaut, die einer Profilierung der Produkte, aber auch Arbeit an einzelnen Teilkompetenzen ermöglicht.

➔ Your task, SB-Seiten 28–29
➔ FöFo 1.3

Gender and identity: An opinion piece

NEUER WORTSCHATZ
gender · **opinion piece** · (to) **recognize** · (to) **make** sth. **up** · °throughout time · **nonexistent** (*BE meist:* **non-existent**) + (to) **exist** · (to) **differ** · **biologically** · **when it comes to …** · **representation** · °academia · (to) **have** sb. **do** sth. · **Box "(to) have sb. do sth. – (to) have sth. done"**, *Voc.*, SB-Seite 202 · **recently** · **Box "recent (adj) – recently (adv)"**, *Voc.*, SB-Seite 202 · (to) **show up** *(infml)* · °(to) advocate (for) · °(to) overshadow sth. · °Constitutional Convention · °annals *(pl)* · counselor (*BE:* counsellor) · **ridiculous** · °(to) acknowledge · **contribution** · **entire** · **after all** · **constantly** · (to) **eliminate** · **in the meantime** · °(to) crack sth. open · **importance**

EINSTIEG
SB geschlossen. Die S spekulieren über Inhalt, Aussageabsicht und Entstehungszeitpunkt des Bildes/Posters von „Rosie the Riveter".

INFO-BOX
In 1942, the military contractor Westinghouse commissioned Pittsburgh artist J. Howard Miller to create promotional material for the US war effort. His famous poster bearing the slogan **"We can do it!"** later became associated with **"Rosie the Riveter"**. This figure assumed iconic status during World War II as a representation of the women who took industrial jobs in the place of men who entered the military. It became a symbol of feminism and women's independence. Later in the century the Miller poster was rediscovered and published under the title "Rosie the Riveter", reinforcing its link with feminism.

ERARBEITUNG
a) SB geöffnet. Gemäß SB. Anschließend lesen die S den Text.

MUSTERLÖSUNG
Famous women in history: Elizabeth I and Elizabeth II, Mata Hari, Rosa Luxemburg, Marie Curie, Margaret Thatcher, Hillary Clinton, Angela Merkel.

Hinweis
Die S werden vermutlich mehr Männer nennen.

ERARBEITUNG

b) SB geöffnet. Die S vergleichen die von ihnen genannten Namen mit dem Standpunkt der Verfasserin und begründen ihre Entscheidung.

Zusatz

Nach der Lektüre des Textes erhalten die S Gelegenheit zur spontanen Reaktion auf den Text.
L: What do you think about this text? Does it shout yes or no to you?

MUSTERLÖSUNG

Actually, we also named more men than women. This is quite surprising considering the fact that there are slightly more women than men. Shari wants women to be recognized and acknowledged by history and everybody. She even says that it isn't enough to have an International Women's Day or Women's History Month to make up for the discrimination, but claims that women should be acknowledged for their role in society every single day of the year and treated as complete equals, thus making special holidays irrelevant.
However, we probably still need those special days until women are really acknowledged as equals, in order to raise awareness of discrimination and unequal treatment.

Zusatz

Die S erstellen mit Tablet/PC und beispielsweise der App *Book Creator* ein digitales Buch zu interessanten Frauen der Geschichte.

KOMMUNIKATIVE KOMPETENZEN
Die S können …
Lesen: die Struktur eines Meinungsartikels (*opinion piece*) und die dort verwendeten grammatischen Aspekte auf ihre Funktion hin erschließen und verstehen (SB-Seite 19)
Schreiben: einen eigenen Meinungsartikel (*opinion piece)* unter Beachtung der richtigen Struktur, der korrekten Verwendung der *tenses (simple past* und *simple present), modals, persuasion techniques* und des korrekten Layouts schreiben und überarbeiten (SB-Seiten 19–21)

S. 19–21

TIPPS FÜR IHRE PLANUNG
Part B Practice beginnt mit der Bewusstmachung der im Beispieltext verwendeten strukturellen (Gliederung, Aufbau) und sprachlichen Mittel (verwendete Zeitformen und Modalitäten), die dann im Einzelnen mit wiederholenden und vertiefenden Übungen bearbeitet werden. Die S sollen dabei – differenziert nach ihrem Vorwissen und Leistungsstand – weitgehend selbstständig die Übungskette wahrnehmen und die daraus gewonnenen Erkenntnisse auf die eigene Produktion von Texten übertragen.

➔ Your task, SB-Seiten 28–29
➔ FöFo 1.3
➔ Interaktive Übungen zum Workbook 1.4

Writing an opinion piece

NEUER WORTSCHATZ
focus · (to) **examine** · (to) **receive** · **option** · **headline** · **attention** · **Box "attention"**, *Voc.*, SB-Seite 203 · **provocative** · **solution** (to) · (to) **back** sth. **up** · (to) **restate** sth. · (to) **call for** sth. · **sex** · **marriage**

STEP 1: EXAMINE THE TEXT STRUCTURE

ERARBEITUNG
SB geöffnet. Die S analysieren, inwieweit der Meinungsartikel den strukturellen Erwartungen an eine solche Textsorte folgt.

MUSTERLÖSUNG
- Headline: It catches the reader's attention to a certain extent, because it is an appeal and the article also ends with the same sentence, but I think it could be catchier and more powerful if it was shorter and more provocative.
- First paragraph: The first three sentences state the topic and Shari's opinion quite clearly and even underline it with some statistics.
- Supporting paragraphs: She mentions many examples, both from history and her personal experience, which support her opinion.
- Conclusion: She draws a conclusion in the last paragraph, in which she even includes some humour, and the last sentence is an appeal to her readers as well as a repetition of the headline she used for the article.
- In general: Shari follows the given tips quite closely.

STEP 2: FOCUS ON LANGUAGE

ERARBEITUNG
a) SB geöffnet. Die S identifizieren die im Text verwendeten Zeitformen *simple present* und *simple past* und analysieren den Gebrauch.

ERARBEITUNG
b) SB geöffnet. Die S verfolgen die Verwendung von *should* im Beispieltext.

MUSTERLÖSUNG
We have found out that the tense forms used in the text are simple past and simple present. This is because the author talks about things that happened in the past, in history, as well as about things that are present in modern society. Sometimes she also states facts and you do that in the simple present as well.

The paragraph with the many "shoulds" is towards the end of the article (ll. 54, 55, 68, 72), which means that this is where the author asks us to do or think something, or at least to agree with her opinion. She appeals to us for changes that *should* happen.

STEP 3: WRITE A FIRST DRAFT

ERARBEITUNG
a) **SB geöffnet.** Die S diskutieren, warum die angeführten Themen relevant für Identitätsfragen sind und stellen dadurch die Rückbindung zum Gesamtthema der Unit her.

ERARBEITUNG
b) **SB geöffnet.** Die S wählen ein Thema aus und formulieren auf der Basis ihrer Erkenntnisse aus STEP 1 und 2 erst zwei Sätze und dann einen ersten Absatz.

MUSTERLÖSUNG
a) All these topics deal with questions of your appearance and your state of mind. They are about how you see yourself and how you are seen or want to be seen by others. For example, fashion isn't only about wearing something to protect you from the weather and keep you warm and dry in winter, etc., but is a statement. It tells other people whether you are trendy or traditional, whether you like bright colours, etc. The same is true of things like language or sport, which often have more to them than their basic function or value.
b) Doping should be completely legalized in sports; only then will everybody have the same chance.
Dopers should be banned from sport for life.
It was about time that same-sex marriage was legalized.
Marriage should be reserved for heterosexual couples.
If you want to learn about another culture, you have to learn the language.
Social media is useless chit-chat and a waste of time.
Social media is the language of the 21st century.

➜ Workbook 8 (p. 5)

STEP 4: GIVE AND RECEIVE FEEDBACK

NEUER WORTSCHATZ
paragraph break

ERARBEITUNG
SB geöffnet. Die S lesen ihre Texte gegenseitig Korrektur und geben sich wechselseitig Rückmeldung.

KV 4: Giving feedback on a text.

➜ Giving feedback to your classmates, SB-Seiten 272–273

STEP 5: PRACTISE LANGUAGE STRUCTURES

1 REVISION Statements and arguments (Simple present, simple past)

NEUER WORTSCHATZ
general · **pay** · **workplace** · (to) **discriminate against** sb. · **sadly** · (to) **take time off** · (to) **raise your voice** · **fine**

ERARBEITUNG
a) SB geöffnet. Die S wiederholen anhand eines inhaltlich passenden Fehlertextes Grundregeln der Verwendung des *simple present* und *simple past*. Aufgrund ihres Leistungsvermögens erhalten sie weitere Angebote zur Vertiefung.

DIFFERENZIERUNG More help
Leistungsschwächere S arbeiten auf SB-Seite 82 weiter. Dort finden sie eine Auswahl von möglichen Fehlern, die sie als richtig oder falsch klassifizieren.

MUSTERLÖSUNG
1 (3rd person-s in present tense) Equal pay for equal work is a basic right. If a woman doesn't earn as much as a man doing the same job, this is discrimination. It exists in many countries.

2 (past tense) Here in the UK we have a long history of discrimination at the workplace. In 1970, the Equal Pay Act (has) made it illegal to discriminate on pay. But my grandma (has) worked in a factory in the 1970s and 80s. And she (don't earned) didn't earn as much as men in the same job.

3 (simple present) So is the situation better today? Sadly, discrimination against women (are) is still found. Today, the average woman earns 18.1 percent less than the average man. And the pay gap is even bigger for a woman who takes time off to have children. Twelve years after she (is having) has her first baby, the gap between her and a man (reaches) can reach 33 percent!

4 (past tense) Where (do) did I get (got) these facts? I didn't make (made) them up. I found them in a report from the Office of National Statistics that (has come) came out just last year, half a century after the Equal Pay Act (has) became law.

5 (simple present) So the question is: why does (exists) a pay gap between men and women still exist? If you think (you're thinking) this question is important, you should raise your voice in protest.

ERARBEITUNG
b) SB geöffnet. Die S leiten auf der Basis der korrigierten Sätze und ihrer Erklärungen für die Korrekturen Grundregeln für die Verwendung der Zeitformen ab.

➜ GAP 2: Talking about the present (p. 144); GAP 3: Talking about the past (I) (p. 146)

2 REVISION Stressing your point (Modals)

NEUER WORTSCHATZ
(to) **take** sth./sb. **seriously** · **unequal**

ERARBEITUNG
SB geöffnet. Die S wiederholen und vertiefen anhand dieser Übung ihr Wissen über *modals* und deren Verwendung zum Ausdruck von Möglichkeiten und Notwendigkeiten.

LÖSUNG
1 OK
2 We must not give up our protests against unequal pay.
3 Women should not/must not earn less than other workers.
4 We should take protests against unequal pay very seriously.
5 These are the facts – we need to/must/have to act on them.
6 OK
7 We shouldn't/mustn't accept the situation as it is.
8 OK

➔ GAP 11: Modal auxiliaries (p. 162)
➔ Workbook 9 (p. 6)

S. 21

STEP 6: IMPROVE YOUR STYLE Persuasion techniques

HINWEIS
Die S lernen Ausdrucksmittel und Argumentationstechniken zur Verstärkung der Überzeugungskraft kennen, belegen sie mit Textbeispielen und erklären ihre Wirkweise und Funktion.

NEUER WORTSCHATZ
persuasion + (to) **persuade** · **anecdote** · **factual** · **expressive** · **rhetorical** · (to) **deny** · **emphatic**

ERARBEITUNG
a) SB geöffnet. Die S erkennen, dass die Verwendung der Personalpronomen „*I*" und „*we*" eine überzeugende und inklusive Wirkung hat.

MUSTERLÖSUNG
Shari uses the pronoun *'I'* quite a lot in the course of her argumentation, either when she talks about her personal experience (with her sister and brother) or when she directly gives her personal opinion (I told her … / I believe … / I would also add …). *'We'* is only used once (We study men's history …), because she wants to show that her behaviour, and the behaviour she wishes for, is different from what *'we'* (i.e. society) are doing at the moment.

ERARBEITUNG
b) SB geöffnet. Die S erarbeiten sich am Beispiel des Textes die Wirkweise von Anekdoten und persönlicher Erfahrungen als überzeugende Belege innerhalb einer Argumentationsstruktur.

MUSTERLÖSUNG
Shari quotes two anecdotes from her personal experience. First, she introduces her little brother, who can easily name many men in history but is quite lost when it comes to historically important women. Then she discusses her sister, who was annoyed by a teacher when staying in Israel, because he denied the necessity of having an International Women's Day and a Women's History Month. By doing this, she makes her line of argument convincing and believable. We can share her experience, and her irritation becomes understandable.

ERARBEITUNG
c) SB geöffnet. Die S erkennen anhand der Auseinandersetzung mit Textbeispielen die Überzeugungskraft von Zahlen, Fakten und Zitaten.

MUSTERLÖSUNG
Right from the first paragraph, Shari uses statistics and facts to grab the reader's attention and make her appeal for women's recognition more convincing. In the third paragraph, she takes examples from history, giving the exact years and thus lending her argument credibility. Immediately after that, in the next paragraph, she quotes Abigail Adams, the wife of John Adams, one of the fathers of the United States' Constitution, who said "remember the ladies". All these devices support her point and give it a lot of objectivity, because it isn't just what she personally feels or believes in, but has been a general issue for quite some time and can be proven by facts and numbers.

ERARBEITUNG
d) SB geöffnet. Die S analysieren anhand einiger spezifischer verwendeter Wörter die Bedeutung von *style* und *register* für einen Text und seine Aussageabsicht.

MUSTERLÖSUNG
All the words express roughly the same meaning, which is "not important". By using lots of different words, Shari expresses how women are discriminated against in various ways and her anger at the fact, because most of the words carry a certain undertone.

ERARBEITUNG
e) SB geöffnet. Die S erkennen die Funktion von rhetorischen Fragen für die Argumentationsstruktur eines Meinungstextes.

MUSTERLÖSUNG
The rhetorical question in the second paragraph reads "Where are women in history?". On the one hand, there is really no answer to it, because they have always been there, but on the other, Shari gives the answer in the text herself and you can actually use the words from question d), because "non-existent", "dropped", "overshadowed", "forgotten" and "irrelevant" are what in her opinion should be changed.

STEP: 7 EDIT YOUR TEXT

ERARBEITUNG
a) SB geöffnet. Die S überarbeiten anhand des Partnerfeedbacks und der in STEP 5 und 6 geübten Aspekte ihren Text.

ERARBEITUNG
b) SB geöffnet. Die S tauschen die Texte nach der Überarbeitung für ein erneutes Feedback mit einem Partner aus.

➜ SF 9: Writing an opinion piece / a comment (p. 111)
➜ Workbook 10–12 (pp. 6–8)

KOMMUNIKATIVE KOMPETENZEN
Die S können ...
Lesen: einen Sachtext verstehen und eine Illustration dekodieren (SB-Seite 22, 1 + 2)
Sprechen: auf der Grundlage eines kurzen Textes und einer Illustration Begriffe und Inhalte diskutieren (SB-Seite 22, 3)

S. 22

TIPPS FÜR IHRE PLANUNG
In der Einleitungsseite des *Part C* werden die S mit weiteren Bedeutungsaspekten der Identität, der wissenschaftlich-technologischen Herangehensweise, vertraut gemacht, indem sie sich mit einem Ausschnitt aus einem (populär-)wissenschaftlichen Text auseinandersetzen.

➜ FöFo 1.4

1 Identity: A question of choice?

INFO-BOX
Bryan Sykes (born 1947) is Emeritus Professor of Human Genetics at Oxford University's Institute of Molecular Medicine. His bestselling book *The Seven Daughters of Eve* (2002) documents his research into human DNA and the human genetic code and evolution. From studying many DNA sequences, he learned that nearly all Caucasians in Europe and North America can trace their ancestry back along maternal lines to a group of just seven women, thus lending weight to the growing understanding of humans' shared genetic history.

NEUER WORTSCHATZ
beyond ... · **cell** · **genetics** +**gene** +**genetic** · **individual** · **human race** · **technology** · **ancient** · (to) **rust** · (to) **erode** · (to) **reduce** (to) · **earthquake** · **species** · **record** · (to) **be around** · **skeleton** · **astonishment** · **excitement** · **the ups and downs** · **comprehension**

EINSTIEG
SB geschlossen. Die S setzen sich mit ihrer eigenen Familiengeschichte auseinander und nähern sich so dem Thema *„nature vs. nurture"*.
L: Do you know who your ancestors are? How far back can you trace your family history? Do you have a family tree? Has that influenced you and your identity? Talk to at least three people in the class and report some important information back to the class as a whole.

Alternative
Zwei bis drei freiwillige S stellen sich für eine ▸ *hot seat activity* zur Verfügung. Sie benennen und erläutern jeweils zwei Fakten zu ihrer Familie und ggf. Ahnen und erfinden eine Information. Sie erläutern, wie diese sie beeinflusst hat. Die Mit-S müssen durch geschicktes Fragen, die erfundene Information herausfinden.

ERARBEITUNG
SB geöffnet. Die S spekulieren anhand von Illustration und Buchtitel *("The daughters of Eve")* über den möglichen Inhalt des Textes (*Pre-reading*).

MUSTERLÖSUNG
Eve might be the first woman on earth. The book might be about her daughters. It might be about science/biology/...

2 Comprehension

ERARBEITUNG
SB geöffnet. Die S lesen den Text und fertigen selbstständig Notizen zur dargestellten wissenschaftlichen Recherche an.

MUSTERLÖSUNG
Where do I come from?
parents, grandparents, great-grandparents, …
What is DNA, according to Sykes?
DNA carries a message from our ancestors in every cell of our body. It carries not only our individual history but the history of the whole human race. With the aid of genetic technology, we are now able to decipher the messages from the past.
What does Sykes' book tell us about our (genetic) history?
Sykes' research traces the history of the world as revealed by genetics. He discovered that every human being is connected through his/her mother to a handful of women living tens of thousands years ago.

Weitere Differenzierung
Für leistungsschwächere S strukturiert L das inhaltliche Verständnis des Textes durch folgende Leitfragen vor:
Where do you come from, in the most obvious way?
What is DNA, according to Sykes?
What does Sykes' book tell us about our (genetic) history? How far back can genetics trace somebody's DNA?

3 Discussion

ERARBEITUNG
a) **SB geöffnet.** Die S gleichen ihre Notizen zum Verständnis des Texts ab.

MUSTERLÖSUNG
His research is about human DNA, the genetic code. He found out that via certain genes you can trace somebody's DNA not only to their immediate ancestors, but about a hundred thousand years back. He discovered identical genes in his own friends as well as in skeletons thousands of years old. In the end, we are all connected through our mothers to a handful of women who lived tens of thousands of years ago (i.e. the seven daughters of Eve in the title of the book). The illustration shows how these genes are connected in a kind of family tree.

ERARBEITUNG
b) **SB geöffnet.** Die S diskutieren die aus dem Text abzuleitende Frage (vgl. auch Überschrift *Identity: A question of choice?*), ob Identität eher genetisch oder persönlich bedingt ist (*nature vs. nurture*).

➜ Your task, SB-Seiten 28–29
➜ FöFo 1.4

DIFFERENZIERUNG **More help**
Leistungsschwächere S arbeiten auf SB-Seite 83. Dort finden sie eine Reihe von lenkenden Stützimpulsen zur Bewältigung der Aufgabe.

MUSTERLÖSUNG
As Sykes' research shows, DNA has a big impact on identity. And obviously it doesn't only have this influence within the family, but over thousands of years. As we know from evolutionary biology, there are certain things that you inherit from your parents or predetermined nature, which can't be changed (sex, skin and eye colour, size, talents or predisposition to certain illnesses, etc.).
On the other hand, there is a lot that isn't fixed and that you can choose to influence. These are questions in developing your own identity, where education, experience, practice, hard work, etc. can make a difference. I may have similarities with my family members – closer with some of them and more distant with others – but I am still different or have developed in a different way for many reasons.

S. 23

TIPPS FÜR IHRE PLANUNG
In *Part C Practice* wird in der wiederholenden und vertiefenden Übung mit dem Passiv ein kommunikatives Mittel fokussiert, das in enger funktionaler Verbindung mit dem Thema Wissenschaft und Technik steht und dort häufig Anwendung findet. Gleiches gilt für die Mediation, die sich ebenfalls diesem Thema widmet.

➜ FöFo 1.4
➜ Interaktive Übungen zum Workbook 1.5

Language help

ERARBEITUNG
a) SB geöffnet. Die S lesen die *Language help*-Box und finden weitere Belege zum *simple present passive* im Text.

LÖSUNG
is written (l. 9) • is not eroded (l. 17) • (is not) reduced to (l. 17) • are hidden (l. 27) • are connected (ll. 36/37)

ERARBEITUNG
b) SB geöffnet. Die S kontrastieren die Formen des *passive simple* mit denen des *present progressive passive*. Sie finden die Belegstelle im Text, begründen die Verwendung und beziehen ggf. die weiteren GAP-Übungen und Informationen mit ein.

LÖSUNG
ll. 11–13: With the aid of recent advances in genetic technology, this history is now being revealed.

→ The author uses the progressive form to express that the process of revealing is (still) happening now.

➜ GAP 9–10: The passive (pp. 158/160)
➜ Your task, SB-Seiten 28–29

1 On the radio (The passive: present progressive form)

NEUER WORTSCHATZ
power line • **repair** • **high winds** *(pl)* • (to) **complete**

ERARBEITUNG
a) SB geöffnet. Die S üben die Form des *present progressive passive*, indem sie gerade stattfindende Prozesse damit beschreiben.

LÖSUNG
2 And now the mummy is being weighed.
3 Hundreds of photos are being taken as I talk to you.
4 A scanner is being set up next to the mummy.
5 The mummy is being scanned now.
6 It is being carried into the next room as we watch.
7 An MRI of the body is being made in there.
8 The images on the monitors are being examined by scientists.

ERARBEITUNG
b) SB geöffnet. Die S unterscheiden zwischen *present progressive active* und *passive*.

LÖSUNG

1 1,000 homes are still without power after last night's storm, as power lines are still being repaired.
2 The power company is hoping to finish the repairs by mid-afternoon.
3 Work is difficult, since the area is still being hit by high winds.
4 The new rail link to Dorking has not opened yet, as a bridge over the River Mole is still being completed.
5 Railway engineers are planning to finish the work by next weekend.
6 New rail links are also being planned to Guildford and Haslemere.

➔ Your task, SB-Seiten 28–29
➔ FöFo 1.4

DIFFERENZIERUNG Early finisher

Leistungsstärkere S arbeiten auf SB-Seite 89 weiter. Dort finden sie weitere Übungen zum Passiv.

2 You are your phone

ERARBEITUNG

a) SB geöffnet. Die S sprachmitteln Informationen aus einem deutschen Hörtext ins Englische. Vorbereitend übertragen sie zentrale Begriffe des Hörtextes paraphrasierend ins Englische und erklären sie sich gegenseitig.

Weitere Differenzierung
Zur Vorentlastung kann die Paraphrasierung und eine vorhergehende Online-Recherche, was die (deutsche) Bedeutung dieser Begriffe ist, in die HA verlagert werden.

LÖSUNG

chemische Signatur: the special chemical character of a substance which, like one's signature, is more or less unique
Indizien: facts or pieces of evidence that help you discover the answer to a problem; objects, pieces of evidence or information that can help the police solve a crime
Massenspektrometer: a machine or device which can measure or weigh the mass of particles and molecules
Pharmazeut: somebody who has studied a combination of different natural sciences in order to work on, develop, check and produce medical substances, pills and potions

ERARBEITUNG

1. Hören. Die S hören den Text und machen sich Notizen zu den Informationen, die ein Telefon über seinen Nutzer verraten kann.

05 Transkript online

LÖSUNG

A phone, even when it's locked, can tell or give away a lot about its owner. A swab of its surface works as a kind of chemical fingerprint that outlines a profile of its user's lifestyle. Examining the chemical substances from the surface, you can find out about the area the user comes from, the food he or she eats most often, the perfumes or make-up the person uses, etc. Even police can use it instead of DNA or a fingerprint, and it provides just as much information.

Weitere Differenzierung
Notizen können gerade von den etwas langsamer arbeitenden oder leistungsschwächeren S auch in Deutsch angefertigt werden und erst in einem nächsten Schritt ins Englische zusammengefasst werden.

ERARBEITUNG

b) SB geöffnet. Die S nutzen die in **a)** gewonnenen Information und integrieren sie in eine mündliche (oder schriftliche) Nachricht an eine britische Freundin/einen britischen Freund. Daraus leiten die S ab, dass es sich um ein balanciertes Gespräch auf Augenhöhe handelt, wobei die notwendige Sachinformation korrekt und verlässlich wiedergegeben werden muss, ohne dass stilistische Freiheiten dies beeinträchtigen.

MUSTERLÖSUNG

Hey, I heard that you lost your phone and you're quite worried about security. Now, a lot of people will tell you that as long as you kept it locked, there is no any problem. And there isn't, really, unless you've committed a crime and the police are after you. See, I recently heard a feature on the radio about how a chemical fingerprint can be taken from a swipe of your phone's surface, which can tell people quite a lot about you. It can give information on the food you like to eat, where you live, whether you use organic products or artificial stuff a lot, what kind of perfume and make-up you use, etc. That sounds cool and also a little scary, doesn't it? The police can use this chemical information from your phone instead of DNA or real fingerprints, and they can distinguish between different people quite accurately.

AUSWERTUNG

Einzelne S präsentieren ihre Ergebnisse im Plenum, während die anderen darauf achten, inwiefern der Radiobericht inhaltlich korrekt und situations-/adressatengerecht gemittelt wurde.

➜ Workbook 13–14 (p. 8–9)
➜ FöFo 1.4

KOMMUNIKATIVE KOMPETENZEN
Die S können ...

Lesen: Fotos dekodieren (SB-Seite 24,1) • informative Texte dekodieren und relevante Informationen auswählen (SB-Seite 24, 2)

Sprechen: Fotos beschreiben und die Situationen erläutern (SB-Seite 24, 1) • Flaggen beschreiben, ihre Bedeutung analysieren und ihren Einsatz darstellen (SB-Seite 24, 2 + 3)

Sprachmittlung: einem amerikanischen Austauschstudenten angeleitet wesentliche Informationen zur deutschen Flagge in Englisch vermitteln und deutsche und amerikanische Traditionen im Hinblick auf Flaggen miteinander vergleichen (SB-Seite 24, 3)

S. 24

EINSTIEG
L: The German flag and the German national anthem – can you remember when you last had a flag in your hands, saw one being hoisted or even sang the national anthem? Do you know all the words?

1 Flying flags

NEUER WORTSCHATZ
°flying flags

ERARBEITUNG
SB geöffnet. Die S beschreiben die Flagge in der jeweiligen Situation.

MUSTERLÖSUNG
A The Union Jack looks like street decoration for a parade, because it is hanging down from ropes across the street and there are a lot of people, some booths and sunshades.
B The blue flag with the stars on it is the European Union flag. It looks as if it is flying in front an official building where people are visiting. Maybe it is in Brussels or another city where the European Union has official meetings.
C The American flag (the "Stars and Stripes") is being held by one person in a crowd of people. Most of the people whose faces can be seen look quite serious; maybe it's a political demonstration where people are protesting for or against something. They might be using the flag to show that they're Americans or fighting for an American issue. The flag is upside down. Perhaps the US government has done something to annoy the people, who are almost all African-American.
D The last picture shows a lot of German flags. Some people are clapping and cheering. Possibly, this is a picture taken at a sports event, maybe at a football stadium.

Weitere Differenzierung
Notizen können gerade von den etwas langsamer arbeitenden oder leistungsschwächeren S auch in Deutsch angefertigt werden und erst in einem nächsten Schritt ins Englische zusammengefasst werden.

2 What do flags mean?

ERARBEITUNG
a)–d) ▸ *Jigsaw*. **SB geöffnet.** Die S tauschen in der Gruppe ihr Wissen über den Hintergrund, die Bedeutung und Entwicklung verschiedener Fahnen aus. Sie recherchieren dazu weitere Fakten und nutzen dieses Wissen, um in eine Diskussion über die Bedeutung und das Aufkommen von Flaggen in ihrem Land zu diskutieren.
Dazu arbeiten sie im Rahmen einer *jigsaw activity* (▸ *jigsaw*) zunächst allein an einer der vier Flaggen (**2a)**, **2b)**), tragen ihr Wissen anschließend zusammen (**2c)** und diskutieren die Abschlussfrage gemeinsam in der Kleingruppe. Es bietet sich an, **2d)** abschließend im Plenum zu thematisieren.

MUSTERLÖSUNG
c)

What do flags mean?				
	UK	EU	USA	GER
stars	-	yes	yes	-
stripes	-	-	yes: 13	yes: 3
symbolism	unity (three flags together)	unity	States (original and now)	not clear what the colours stand for
used publicly	20 days a year	yes: - with national flags - car number plates - Euro coins	yes: every day	10 days a year
used privately	unusual, except in fashion	by supporters of European integration	by many people and in demonstrations	unusual, except football

MUSTERLÖSUNG

d) In Germany, we aren't very easy-going about flags. This is because of Germany's national history in the first half of the 20th century, where Germans committed terrible crimes because they felt that they were better than everybody else in the world. For a lot of people in Germany, it is difficult to feel and show pride in their nation after "Nationalsozialismus".
Only official and state buildings have regular flagpoles. Not many private houses have them. Sometimes people who fly the German flag are seen as nationalistic.
Since the football World Cup in Germany in 2006, however, the situation has changed a bit. During the World Cup, Germany presented itself as a liberal, open and welcoming country and the national football team was quite successful. A lot of people started using the flag then as a symbol of pride, which seems to be OK during sports events. But as soon as people use it for political demonstrations, a lot of Germans feel very uncomfortable.

3 Germany and the USA

Neuer WORTSCHATZ
yard *(AE) (= BE garden)*

ERARBEITUNG

a) 👥 **SB geöffnet.** Die S erarbeiten anhand der Leitfragen einen Dialog; sie können sich dabei auf Notizen stützen, sollten jedoch weitgehend frei sprechen.

MUSTERLÖSUNG

Am: How come you never seem to have flags here in Germany?
Ger: That's true. If you compare us to the US, we rarely use flags and usually don't have flagpoles in gardens.
Am: In the US, we pledge allegiance to the flag every morning at school. Do you do that over here as well?
Ger: No, never. Only some state buildings have flags up when there is a national holiday. And at sports events we use them, especially in football.
Am: Oh yes, soccer, I remember the World Cup.

Ger: During the World Cup, it's quite common for people in Germany to cheer using the flag and it's also more common to sing along with the national anthem then.

Am: What do the colours stand for? Do you know that?

Ger: Actually, we learned that in history at school. By the way, did you know that the colours are black, red and gold, and not yellow?

Am: Oh, I didn't know that – but now I do. And what about their meaning?

Ger: The colours date back to the early 19th century and symbolize unity against the many small areas of Germany that were fighting at that time, because those colours were worn by the people who were in favour of a republic rather than the many little kingdoms and dukedoms. So it also became a symbol for democracy in Germany.

ERARBEITUNG

b) SB geöffnet. Die S übernehmen jeweils einmal die Rolle des deutschen und des amerikanischen Schülers.

AUSWERTUNG

Abschließend präsentieren einzelne Paare ihren Dialog im Plenum. Anhand des Feedbackbogens auf der inneren Umschlagseite bewerten die S gegenseitig ihre Leistungen im Dialog, wobei inhaltliche Passgenauigkeit, kommunikative Reichweite und Flüssigkeit im Vordergrund stehen sollten und nicht auf einzelne Fehler abgehoben werden darf.

Erweiterung

Passend zum Unit-Thema können die S individuell oder als ganze Klasse eine mit Slogans, Cartoons, Abkürzungen und Illustrationen versehene Klassenfahne oder „Individualfahne" erstellen oder beschreiben, die versucht, Aspekte ihrer Identität oder die ihrer Gruppe darzustellen.

➔ Workbook 15–16 (pp. 9–10)

KOMMUNIKATIVE KOMPETENZEN

Die S können …

Hör-/Seh-verstehen: mit Hilfe von *film stills* Vermutungen zum Inhalt eines Films anstellen (SB-Seite 25, 1) • die (politischen) Einstellungen von Personen in einem Videoclip beschreiben und die Aussage des Videoclips erläutern (SB-Seite 25, 1) • sagen, für welche Zuschauergruppe bestimmte Filme (hier Werbeclip) gemacht werden und wie *music* und *sound* die Wahrnehmung der Zuschauer beeinflussen (SB-Seite 25, 2)

S. 25

1 The DNA journey

INFO-BOX

Momondo, developed in Denmark and launched in 2006, is a global travel search site. It additionally features a travel information blog.

In 2016, Momondo launched **"The DNA Journey"**, a new global advertising campaign that registered over 300 million views on various platforms. The campaign went viral and spread across the social-media landscape like wildfire. Momondo gathered 67 individuals from different countries to take part in the project. After discussing their national and ethnic backgrounds and their attitudes on these matters, the participants were invited to take a DNA test to learn more about their ancestry. They were later invited back to find out the results of the test, which were taken up in an emotional, arresting video. Following its release, more than 175,000 people worldwide entered the original competition held in connection with the video. A DNA kit was awarded to the first round of winners. The grand prize winner received a "DNA Journey" to a number of the countries or regions of their genetic origins, as indicated by their DNA test.

The successful campaign subsequently became a target of criticism, including allegations that the scientific technique used to create the DNA profile was flawed, or that the project employed actors in place of "normal people" and the dialogues weren't genuine but scripted. Momondo has consistently denied these accusations.

EINSTIEG

L: How would you describe yourself? Are you German, Turkish, Syrian, of mixed background, European… or nothing like that, but just yourself? (S: …) These questions will be important in this lesson.

ERARBEITUNG

a) SB geöffnet. *Pre-viewing.* Die S spekulieren anhand der vier vorgegebenen Bilder über Inhalt und ggf. Genre des Videos.

MUSTERLÖSUNG

Picture A seems to be some kind of interview situation. There's a young man in the centre talking to a woman and a man, both of whom can only be seen from behind. In picture B, you can see a man drinking from or spitting into a small glass, while picture C shows a young woman reading a card. It's the same card you can see in picture D. It shows a map of the world with large parts marked in different colours. The title is "Your DNA world map". Obviously, it has something to do with DNA. The film is about DNA and biology and/or is some sort of police or crime story.

ERARBEITUNG

b) 1. Sehen (Globalverstehen). Die S sehen den Clip im Plenum in ganzer Länge, um den Inhalt auf einer Globalebene zu erfassen.

➔ DVD; Dauer: 05:27 min

MUSTERLÖSUNG

The clip is about a project called "The DNA Journey". In the project, people were asked what they thought and knew about their heritage and ancestry. Some of them said things that were very self-confident ("I'm proud to be English"), often patriotic ("I'm 100% Icelandic, definitely") or even nationalistic ("We [French] are just the best, that's a fact" or "[I'm from Iceland, so] I'm more important than you"). When they were asked to think about other countries and nationalities in the world that they didn't like particularly, most of them had very strong feelings, making statements like "I'm not a fan of the Germans" or "I have this side of me that (...) hates Turkish people – not the people, but the government!".
Then all of them took a DNA test and found out that in fact they were of a very mixed cultural background. It was interesting and at times moving to see how they reacted when faced with their DNA results after two weeks. They showed disbelief, they were utterly shocked and, surprisingly, they reflected on the strong views they had expressed earlier: "This should be compulsory. There would be no such thing as (...) extremism in the world if people knew their heritage like that. Who would be stupid enough to think of such a thing as (...) a pure race?".

ERARBEITUNG

c) 2. Sehen (Detailverstehen). Die S arbeiten in Gruppen à 3 S und konzentrieren sich auf jeweils eine in den *stills* dargestellte Person.

→ DVD; Dauer: 05:27 min

MUSTERLÖSUNG

Picture A: The young man in this picture is from Iceland and feels very comfortable about that, because he says that he is "100% Icelandic". He adds that he is strong and more important than other people, even the people interviewing him, just because he is from Iceland.
Picture B: The young man you see spitting in the tube is Jay from England, who is rather nationalistic and proud to be English, among other things because his family served in the army. He considers England to be probably the best country in the world. He says that Germany is a country he dislikes. Later on, he learns that according to his DNA he is 5% German and comes to the conclusion that he isn't only English, but that he is "Jay from everywhere".
Picture C: The young woman is from France, and also thinks that the French are the best and isn't very keen on the Germans (or British?), because she considers them narrow-minded (gesture!). She believes she is totally French from generations back, but then turns out to be more than 30% British. She finally comes to the conclusion that everybody should do something like that to find out that racism is stupid and such things as "a pure race" are ignorant.

ERARBEITUNG

d) SB geöffnet. Die S versuchen gemeinsam eine Botschaft des Filmes abzuleiten und diese mit Aussagen bzw. Szenen des Films zu begründen.

Alternative
Zur Einhaltung der für den Übergang zur Sek II notwendigen Stufung in die Anforderungsbereiche (AFB) I bis III könnte hier direkt in die Aufgabe **2a)** und **2b)** gesprungen werden (Inhalt – Analyse der Mittel), um erst dann zu einer Diskussion der Aussage zu kommen.

MUSTERLÖSUNG

I think you can sum up the message of the film by quoting some of the things the people in the film say, e.g. "we are all cousins", ideas like "a pure race" are stupid and you shouldn't say you hate another group or nation. In some ways that would mean you hate yourself and your heritage, because according to our DNA, everybody is related to nearly everybody else by heritage.

ERARBEITUNG
e) SB geöffnet. Die S diskutieren, ob die (berechtigte) Kritik die Bedeutung und Botschaft des Filmes entwerten.

MUSTERLÖSUNG
For one thing, I can't decide whether these points of criticism are really valid, because I don't know enough about DNA and the technology used in examining and explaining one's genetic code. I also can't say whether these people are actors or not, but the message of the film is still true: that you shouldn't be prejudiced, and that nobody, let alone a whole nation, can consider themselves better than others in the world. All people should have the right to be proud of themselves and their countries for the good or even excellent things they have done, but not proud of the fact that they come from a certain area in the world, because that is just luck.

Zusatz/Alternative
Für den Fall, dass S der Clip (als Werbung) bekannt ist, muss unter anderen Vorzeichen diskutiert werden: If you know that the clip is an advertisement, does this change the message of the film and make it less credible?

2 Making the film: Influencing an audience

NEUER WORTSCHATZ
applause · **climax** · **single** · **advertisement** (*in BE auch kurz:* **advert**) · °crescendo

ERARBEITUNG
a) Die S sehen die kurze Szene erneut und versuchen, die Zielgruppe des Filmes einzugrenzen.

➜ DVD; Dauer: 05:27 min

MUSTERLÖSUNG
The ad is probably aimed at younger people, because apart from the interviewers, there are mainly people in their 20s in the clip. Many of them are very proud of their origin and country and probably aren't very open to intercultural experiences. On the one hand, that compliments people who are more liberal and believe that it's good to travel in order to open your mind and heart to other cultures, and on the other hand, it reminds people that travelling also has something to do with finding out things about yourself and your identity.

ERARBEITUNG
b) Die S vergleichen zwei Szenen im Hinblick auf die Wirkung der filmischen Mittel *music* und *sound*.

➜ DVD; Dauer: 05:27 min

DIFFERENZIERUNG **More help**
Leistungsschwächere S bearbeiten die Aufgabe auf SB-Seite 83.

MUSTERLÖSUNG

The DNA journey Making the film: Influencing an audience		
	Sound and music	**Effect**
Scene 1	You don't really notice the background. The music is quiet, simple and slow. We hear a single instrument, perhaps a synthesizer. The music is relaxed, but it still creates tension.	The music reflects the mood of the people. Even though it seems relaxed, it creates a certain tension.
Scene 2	We hear/see whistling, applause, cheering, laughter. We see happy faces. We hear the same slow music. It grows louder in a crescendo and reaches a climax. It's quieter again when the people speak.	The stress is over, the tension released, when we hear the whistling, the applause, the cheering. The musical crescendo leads up to the slogan at the end of the clip: "An open world begins with an open mind."

ERARBEITUNG

c) Die S beschreiben die Wirkung des Clips, die dazu geführt hat, dass er von einem großen Publikum rezipiert und weiterempfohlen wurde.

MUSTERLÖSUNG

I think the link has been shared so many times because the video carries an important message: there is no point in racism, since we basically all share the same (genetic) heritage. In times when nationalism is on the rise again, people who feel threatened by this development might feel compelled to share a message that says that this is wrong. Also, with its powerful message, the video really gets to the viewer on an emotional level.

As far as the making of the film is concerned, one can say that it is so well done that even people who aren't so interested in the issues that it raises might have felt the need to share it.

Even the fact that the video was widely criticized might have contributed to its going viral, because people want to see for themselves what all the fuss is about.

ERARBEITUNG

d) Die S ziehen weitere Werbungen ihrer Kenntnis zum Vergleich heran.

DIFFERENZIERUNG Early finisher

Leistungsstärkere S arbeiten auf SB-Seite 89 weiter und vertiefen das Thema Werbung im Hinblick auf die Verbindung von Bild und Slogan.

AUSWERTUNG

Die Auswertung erfolgt im Plenum, wobei die S darauf hingewiesen werden sollten, dass sie auch hier ihre Aussagen stets begründen.

S. 26

NEUER WORTSCHATZ

°(to) prove · °progress · °molecule · °code · °unique · °(to) be involved in sth. · °crime · °sample · °saliva (*no pl*) · °victim · °fingernail · °upload sth. · °(to) tag sth. · °facial recognition · °deep learning · °artificial · °accuracy (*no pl*) · °creepy (*infml*) · °(to) track sth. · °gadget · °lifestyle · °measure · °bike · °calorie · °rate · °medical · °data · °insurance · °consequence · °enormous · °wrist · °(to) swipe (a card) · °destination · °transport · °confirm · °sensor · °capture

ERARBEITUNG

a) SB geöffnet. ▸ *Think-Pair-Share*. **Think:** Die S leiten in der individuellen Arbeitsphase anhand des Textes Vorteile und Nachteile der genannten Technologien ab.

MUSTERLÖSUNG

Advantages: DNA can help the police in their activities to identify somebody who committed a crime. Facial recognition can help you to find a person who is missing. It can also help the police to find someone. A fitness tracker supports your healthy lifestyle and can put your medical information online for your doctors or insurance to support your treatment or give you cheaper healthcare. Devices like smart cards can help you in your everyday life: to pay quickly, to get easy access to public transport or …

Disadvantages: You, your data and your presence in certain areas can be tracked easily. Your data and even identity could be stolen, sold illegally or misused. Insurance companies, for example, could refuse to pay for certain medical treatments, claiming that you didn't live healthily enough. Companies could bombard you with adverts because they have tracked your online (shopping) activities and know everything about your likes and dislikes.

ERARBEITUNG

b) SB geöffnet. ▸ *Think-Pair-Share*. **Pair:** Die S vergleichen und ergänzen Ergebnisse mit einem Partner.

ERARBEITUNG

c) SB geöffnet. ▸ *Think-Pair-Share*. **Share:** Die angereicherten Ergebnisse werden mit einem weiteren Paar gespiegelt und dann präsentiert. Die S tauschen sich auch darüber aus, ob und, wenn ja, inwiefern diese Entwicklung sie besorgt.

MUSTERLÖSUNG

In our group, many aren't worried about it, because they feel more or less confident that the police won't abuse their power. Some of us also take steps like not logging in to open wireless LANs or leaving our computers unprotected. We are all also very careful about uploading and tagging photos. But sometimes we forget about it and just hope for the best.

➜ Workbook 17–18 (pp. 10–11)
➜ FöFo 1.5
➜ Interaktive Übungen zum Workbook 1.6

S. 27

EINSTIEG

L präsentiert sogenannte *mondegreens* oder deutsche "Agathe Bauer-Falschversteher", z.B.

- All the leaves are brown → Anneliese Braun
- I've got the power → Agathe Bauer

oder schreibt die folgenden zwei Sätze an die Tafel:

- How to recognize speech
- How to wreck a nice beach

und überlegt im UG mit den S, warum es zu diesen Verhörern kommt. Ein Grund liegt in der sogenannten *connected speech* im Englischen, die dazu führt, dass Einzelwörter nicht als solche erkannt werden und es dadurch zu Verwechslungen kommen kann.

ERARBEITUNG STEP 1

→ 06

a) SB geöffnet. 1. Hören. Die S lesen die in einer Art Lautschrift unter die Bilder geschriebenen Sätze und wiederholen sie mehrmals. Dabei erkennen sie das Phänomen der Bindung, mit der in der gesprochenen Sprache Einzelwörter nur noch sehr undeutlich zu erkennen sind.

b) SB geöffnet. Die S schreiben die Sätze in korrekter Schreibweise auf und sprechen sie nach erneutem Hören **(2. Hören)** nochmals aus.

MUSTERLÖSUNG

A pair of shoes and a bag
Try and eat more fruit!
Why has he grown a beard?
Is her hair black or brown?

ERARBEITUNG STEP 2

→ 07
→ 08

a) SB geöffnet. Die S hören zwei Sätze und konzentrieren sich auf die Wiedergabe der unterstrichenen Wörter in der entsprechenden Aussprache.

b) SB geöffnet. Die S hören Wortgruppen aus zwei bis vier Wörtern ausgesprochen als Individualwörter oder in Bindung, um den Unterschied deutlich vor Augen geführt zu bekommen. Dabei erkennen sie, dass es dadurch zu Verständnisschwierigkeiten kommen kann, sie aber dennoch bereits mit diesem Phänomen zurechtkommen (Bewusstmachung), ohne dass es beständig zu Missverständnissen kommt.

c) SB geöffnet. . Die S sprechen sich nach erneutem Hören die Sätze gegenseitig vor.

ERARBEITUNG STEP 3

SB geöffnet. Aus einem Hörimpuls erkennen die S die fehlenden Wörter und ergänzen schriftlich die vorliegenden Sätze.

MUSTERLÖSUNG

1 <u>I was</u> much too tired to go out.
2 <u>We were</u> late for class.
3 And he was so helpful – <u>Was he</u> really?
4 I'll <u>write to you</u>, I promise.
5 <u>I was only two</u> when we left Scotland.
6 <u>And I</u> was so upset about it.
7 Are you going <u>to tell her</u> or am I?
8 He's late – he <u>must have missed</u> the bus.

Hinweis
Generell sollte für die S die ermutigende Botschaft erkennbar bleiben, dass trotz der gebundenen Aussprache eine Vielzahl von Äußerungen verstanden wird und dass sie selbst vielfach diese korrekte Bindung anwenden.

REFLECTION
Die S sammeln Eindrücke und Erkenntnisse aus dem *Listening course*. Später vergleichen und überprüfen sie diese Erkenntnisse anhand des letzten Tracks des *Listening course*.

➜ SF 27: Listening strategies (p. 125)
➜ Workbook 19 (p. 11)
➜ 11 Transkript online

MUSTERLÖSUNG
I think short words like prepositions, articles and conjunctions often aren't pronounced clearly, for example "of", "and", "the" or "a", because they are added to or connected with other words. When there is an s or d at the end of a word, something happens to the next word, for example when you look at "does he" or "and a". The verb "have" often nearly disappears, as in "should have been". The "h" is often nearly mute, as in "we'll have to go".

➜ VAS 1.1, 1.2
➜ Interaktive Übungen zum Workbook 1.7
➜ LM Unit 1

S. 28–29

A class magazine

TIPPS FÜR IHRE PLANUNG
Die bereits im *Lead-in* angekündigte Lernaufgabe (*Your task*) dieser Unit fordert die S auf, ihre im Laufe der Unit erstellten *opinion pieces* nun in einem (elektronischen) *magazine* zu sammeln und zu „veröffentlichen".

ERARBEITUNG STEP 1
a)–c) SB geöffnet. Die S überarbeiten ihren Meinungsartikel ein letztes Mal, fügen ein Foto oder eine Illustration hinzu, verfassen eine kurze Zusammenfassung und hinterlegen eine Kopie ihres Artikels im *MyBook*.

➜ My Book

ERARBEITUNG STEP 2
SB geöffnet. Die S teilen sich in die Gruppen ein, machen sich mit ihrer Aufgabe im Gruppenprozess vertraut und strukturieren ihre Aufgaben auch im Sinne eines Ablaufplanes.

Tipp
Die S erstellen mit Tablet/PC und der App *Book Creator* oder *Padlet* ein digitales *class magazine*, das nicht online, sondern nur im geschützten Rahmen veröffentlicht wird.

Zusatz
Sollten einzelne S berechtigte Gründe (Rücksprache mit Klasse!) gegen eine Veröffentlichung ihres Meinungsartikels vorbringen, können diese z.B. mit einer Sonderaufgabe versehen werden: Beschreibung des Redaktionsteams, d.h. der Klasse, Werbeposter für Klassenmagazin, Recherche für weitere Illustrationen etc.

ERARBEITUNG STEP 3
a)–d) SB geöffnet. Die S beurteilen in ihren Gruppen ihr Teamwork anhand des vorgegebenen Evaluationsinstruments.

KV 5: Evaluation target – teamwork

KV 5: Evaluation target – What was the last unit like?

ERARBEITUNG STEP 4 EXTRA
a) + b) SB geöffnet. Die S formen neue Gruppen à vier oder fünf S und diskutieren die in ihren Artikeln dargestellten Meinungen.

What makes a community?

Storyline	Über einen Romanausschnitt lernen die S, wie unterschiedlich Vorstellungen vom Leben in Gemeinschaft sein können, und anhand eines Dokumentarfilms erfahren sie etwas über die gemeinschaftsstiftende Funktion von Musik. Abschließend beschäftigen sie sich mit zwei Kunstprojekten, die zum einen sichtbar machen, was einzelne Menschen einer Gemeinschaft auszeichnet, und zum anderen die Verantwortung jedes einzelnen für den Klimaschutz thematisieren.
Kommunikativer Kompetenzschwerpunkt	Im Mittelpunkt der Unit stehen der Ausbau und die Schulung des **Leseverstehens**. Die S können ... einen fiktionalen Text verstehen (SB-Seiten 32-35, 1b)), ihm detaillierte Informationen entnehmen (SB-Seite 35, 3), diesen auf seine Erzählperspektive hin untersuchen (SB-Seite 35, 3 Early finisher), ihn analysieren und kommentieren (SB-Seite 35, 4a)) • eine Buchrezension auf ihre Aussage hin analysieren (SB-Seite 40, 1a)) • einen Sachtext verstehen und Fotos dekodieren (SB-Seite 44, 1; SB-Seite 45, 4)
Sprechabsichten	beschreiben, was eine *community* allgemein und ihre speziell ausmacht (SB-Seite 30, 1–3) • Annahmen zum Leben in einer entlegenen *community* formulieren (SB-Seite 32, 1a)) • kriterienorientiert Feedback geben (SB-Seite 35, 2b)) • über die gemeinschaftsstiftende Funktion von Musik sprechen (SB-Seite 38, 1e)) • über wichtige Momente in ihrem Leben sprechen (SB-Seite 38, 2 EXTRA) • über Buchrezensionen sprechen (SB-Seite 40, 1b)+c)) • auf der Grundlage eines kurzen Textes zu *community* and *diversity* und zweier Fotos Inhalte diskutieren (SB-Seite 44, 2) • sich zu Themen der sozialen und politischen Mitwirkung positionieren (SB-Seite 44, 2 + 3 und SB-Seite 45, 4 + 5)
Schreibanlässe	einen *report* (SB-Seite 35, 4) und ein *book review* (SB-Seiten 41–43) schreiben • sich zu Themen der sozialen und politischen Mitwirkung positionieren (SB-Seite 44, 3)
Language skills	**Grammatische Strukturen**: *REVISION indirect speech, participle clauses • emphatic structures • the gerund after prepositions* **Listening course:** *Understandig different accents* (SB-Seite 39) **Access to words:** *Word field: Social and political involvement* (SB-Seite 47)
Study skills	**Making slides for an electronic presentation.** (SB-Seite 50)
Kooperative Lernformen	*bus stop* (SB-Seite 31, 3b)) • *writers' conference* (▸ *Schreibkonferenz*) (SB-Seite 35, 2b)) • *partner A and B activity* (SB-Seite 50)
Hör-/Sehverstehen: The world behind the picture	**Joe's violin.** Einem Dokumentarfilm Informationen entnehmen (SB-Seiten 38, 1) **Making the film: Elements of a documentary.** (SB-Seiten 38, 2)
Access to cultures	**Appropriate behaviour.** Bewusstsein für kulturelle Regeln entwickeln (SB-Seite 37)
Portfolioarbeit: MyBook	**Writing a book review.** (SB-Seiten 41–43)
Lernaufgabe: Your task	**A call for action.** Eine elektronische Präsentation vorbereiten. (SB-Seite 51)

KOMMUNIKATIVE KOMPETENZEN
Die S können …
Sprechen: beschreiben, was eine Gemeinschaft (*community*) ausmacht, sich mit Fotos zum Thema auseinandersetzen und mit ihrem Gesellschaftsbegriff abgleichen (SB-Seite 30, 1+2) · beschreiben, welchen Gemeinschaften sie angehören, und was die Gemeinschaft für ihre Mitglieder bedeutet (SB-Seite 31, 3)

METHODISCHE KOMPETENZEN
Bilder beschreiben (SB-Seite 30, 1a)) · ein *network* zum Thema *communities* erstellen und erklären (SB-Seite 31, 3)

S. 30–31

TIPPS FÜR IHRE PLANUNG
Es bietet sich an, diese Seite in einer Doppelstunde zu erarbeiten. Bei Zeitknappheit kann das *network* (**3a)**) in die HA verlegt und zu Beginn der Folgestunde als Einstieg in PA verglichen werden. Dies eignet sich auch als Einstieg in das Thema des Romanauszuges.
Während der Unit sollte L die S auf alle Übungen hinweisen, die auf die *Your task* vorbereiten. Die S sollten diese bzw. die Ergebnisse in ihren Heftern markieren, da sie ihnen sprachlich, methodisch und inhaltlich beim Erstellen der *Your task*-Präsentation helfen.

➔ FöFo 2.1
➔ Interaktive Übungen zum Workbook 2.1

INFO-BOX
Holi (picture 1) is an annual Hindu celebration in India and Nepal. Also called the "festival of love", Holi celebrates the coming of spring and the triumph of good over evil. Many people mark the day by playing and laughing with friends and relatives. It is also recognized as an occasion to mend relationships, as well as to give thanks for the seasonal harvest. People "fight" with colours, which they squirt from water guns and throw at each other in water balloons. This ritual takes place in streets and parks, and around temples and other prominent buildings.

EINSTIEG
L: What words come to mind when you think of the word "community"? Write down three words, do it spontaneously, don't think about it for a long time!
Die S tauschen sich per ▸ *Think-Pair-Share* aus und einigen sich zu viert auf fünf Wörter. Diese werden im ▸ *Blitzlicht* abgefragt und – wenn genügend Zeit ist – an der Tafel in zwei Kategorien festgehalten (positive/negative). Die S notieren die Kategorien und markieren sie mit dem Begriff YOUR TASK.

1 Coming together

NEUER WORTSCHATZ
pay rise +(to) **rise, rose, risen** · (to) **define** · °share · °ritual · °the House of Commons · °(to) socialize · °carol · °(to) fight for a cause · °customer · °Holi · °lower house · °(to) participate · °trader

Semantisierungshilfen
pay rise: when sb. does a good job, the boss offers a pay rise, i.e. the person gets more money for the job he/she does
(to) define: *(here:)* to describe sth. accurately

ERARBEITUNG
a) 👥 **SB geöffnet.** Die S machen sich in EA Notizen zu den Bildern, gleichen diese kurz in PA ab und beschreiben die Bilder anschließend im Plenum.

➔ SF 31: Describing and interpreting images (p. 128)

MUSTERLÖSUNG

A daily/weekly market, fruit and vegetables stall, two customers, one trader, asking for prices, checking quality, buying/selling
B teenagers sitting together, having a chat
C British parliament/House of Commons, hearing/vote, parliamentary discussion
D German Christmas market, choir, Christmas carols, audience
1 Indian/Nepalese Holi festival, joyful get-together, people throwing colours at each other in the street, participating in a religious ritual
2 protest march in Britain, protesters asking for a pay rise, holding up posters, fighting for a cause, taking a stand for their rights
3 Arab country, business negotiations, stock market, checking share/stock prices, buying and selling
4 teenagers, checking messages on their mobile phones, chatting, texting people, using social media, part of an online community

ERARBEITUNG

b) SB geöffnet. Gemäß SB.

MUSTERLÖSUNG

A3 market/getting sth. at a good price, comparing, negotiating, making a profit
B4 talking to someone, communicating, gossiping, being in touch, having friends
C2 politics, power, empowerment, superior to/inferior to, different interests
D1 cultural/religious festival, celebrating something together, sharing rituals/customs

DIFFERENZIERUNG More help

Leistungsschwächere S arbeiten auf SB-Seite 84. Dort finden sie Wörter, die ihnen bei der Beschreibung der Bilder helfen.

AUSWERTUNG

Die Ergebnisse werden im Plenum ausgetauscht.

➜ Your task, SB-Seite 51
➜ FöFo 2.1

2 Defining a community

ERARBEITUNG

a) SB geöffnet. Die S arbeiten zu viert und erläutern sich ihre Ergebnisse.

MUSTERLÖSUNG

Photos B/C/D and 1/2/3 represent a community because the people share a common aim/have a common interest/ are connected by sth. they want to achieve or enjoy together.
Photo A doesn't represent a community: the people are meeting for a short moment to buy/sell sth. Photo 4 doesn't depict a community either: the girls are more isolated than connected by their mobile devices.

Hinweis
Die Ansichten der S können hier durchaus sehr unterschiedlich sein.

ERARBEITUNG

b) SB geöffnet. Die S arbeiten in derselben Vierergruppe wie zuvor und versuchen mit Hilfe ihrer Ergebnisse aus **2a)** eine Definition zu erstellen, die dann auch auf ihre Lösung für **2b)** angewendet werden kann.

➜ FöFo 2.1

MUSTERLÖSUNG

Oxford Advanced Learner's Dictionary, 8th edition:

a) all the people who live in a particular area, country, etc., when talked about as a group
b) a group of people who share the same religion, race, job, etc.
c) the feeling of sharing things and belonging to a group in the place where you live
d) a group of plants and animals growing or living in the same place or environment

People make up a community when …
- they share the same interests/goals/hobbies/handicaps/job
- they belong to the same ethnicity/religion/age group/family/gender/club/…
- they live in the same flat/house/village/district/street
- …

ERARBEITUNG

c) SB geöffnet. Zwei S-Gruppen präsentieren ihre Ergebnisse exemplarisch im Plenum. Die anderen S ergänzen weitere Ideen.

➔ Your task, SB-Seite 51
➔ Workbook 1 (p. 16)

3 Your communities

ERARBEITUNG

a) SB geöffnet. Die S arbeiten still in EA und erstellen mit Hilfe der Ergebnisse aus **1** und **2** eine eigene Mindmap zu Thema *communities*.

➔ Your task, SB-Seite 51

Alternative
Die S nutzen eine (kostenfreie) App wie z.B. *Popplet Lite*, *Simple Mind* oder *M8* und erstellen ihre Mindmap digital.

ERARBEITUNG

b) SB geöffnet. Die S vergleichen ihre Ergebnisse per ▸ *bus stop*.

MUSTERLÖSUNG

Your network/list/mindmap looks similar/different to mine. • Oh, I didn't know that you were a member of … • That's interesting. … are/is not a community to me. What made you think so? • Please explain … this (word) to me. • … is not part of my community, because …

➔ Workbook 1 (p. 16)
➔ FöFo 2.1

AUSWERTUNG

Damit die S wirklich über ihre individuellen Ergebnisse sprechen, empfiehlt sich die Verwendung von ▸ *discussion tickets*. Jeder S erhält 4–5 *discussion tickets* (in diesem Fall: *phrases for agreeing and disagreeing / expressing interest / asking for details*) und muss diese während des Austausches über die beiden Mindmaps/Networks/… verwenden und darf sie erst ablegen, wenn er/sie den Satzbaustein verwendet hat.

KV 7: Discussion tickets. Die S schneiden vor der Durchführung der Diskussion die *discussion phrases* auf der KV aus, legen sie verdeckt auf den Tisch und ziehen eine vorgegebene Anzahl von Kästchen. Immer wenn sie während der Diskussion eine der *phrases* verwendet haben, dürfen sie den Zettel ablegen. Ziel ist, alle Zettel am Ende abgelegt und alle *phrases* angewendet zu haben.

YOUR TASK

L kann zum Abschluss der Einführungsseiten zur Unit 2 im Sinne der Lernzieltransparenz auf die Lernaufgabe am Ende der Unit hinweisen. Die S erstellen eine elektronische Präsentation, in der sie ein Projekt/eine Idee vorstellen, welches/welche das (Zusammen-)Leben in ihrer Gemeinschaft verbessert. L kann bereits an dieser Stelle nach spontanen Ideen fragen und diese im Plenum sammeln.
L: At the end of this unit, you will be asked to prepare and give an electronic presentation calling for action on an important issue in your local community. What might this issue be?

➔ Your task, SB-Seite 51

KOMMUNIKATIVE KOMPETENZEN

Die S können …

Lesen: einen fiktionalen Text verstehen und ihre Leseerwartung mit dem Text abgleichen (SB-Seiten 32–35, 1b)) • einen fiktionalen Text im Hinblick auf eine bestimmte Fragestellung genau lesen (SB-Seite 35, 3) • einen fiktionalen Text im Hinblick auf die Verwendung einer bestimmten Erzählperspektive untersuchen (SB-Seite 35, 3 *Early finisher*) • einen fiktionalen Text analysieren und kommentieren (SB-Seite 35, 4a))

Schreiben: unter Berücksichtigung der Kriterien für eine gute *summary* eine Zusammenfassung zu einem Textabschnitt aus einem längeren fiktionalen Text schreiben (SB-Seite 35, 2a), 3 *Early finisher*) • einen fiktionalen Text im Hinblick auf eine bestimmte Fragestellung hin analysieren und in Bezug zu ihrer eigenen Lebenswelt bringen (SB-Seite 35, 4a)) • kreativ mit einem fiktionalen Text umgehen, indem sie die Perspektive einer der handelnden Personen übernehmen und aus dieser Perspektive die Lebenssituation und die Einstellungen der anderen handelnden Personen beschreiben (SB-Seite 35, 4b))

METHODISCHE KOMPETENZEN

eine Schreibkonferenz durchführen (SB-Seite 35, 2)

S. 32–35

TIPPS FÜR IHRE PLANUNG

Es bietet sich an, vor der Erarbeitung des Romanausschnitts das *art of diplomacy game* (*Access to cultures*, SB-Seite 37, 1a) + 1b) sowie **KV 9A/B/C**) als *pre-reading activity* durchzuführen, um die S für das Thema des Textes zu sensibilisieren.

Die Botschafter sollten eher von etwas selbstbewussteren und sprachlich stärkeren S gespielt werden.

KV 9A/B/C: Art of diplomacy game (role cards + notes to the teacher)

➔ FöFo 2.2

1 A meeting of two Americas (excerpts from a novel by Joan Abelove)

NEUER WORTSCHATZ

meeting • **jungle** • **the locals** *(pl)* • **villager** • (to) **observe** • (to) **affect** • **behaviour** (*AE:* **behavior**) • °sugarcane liquor • **drunk** • **relative** • **therefore** • °(to) jabber • (to) **infect** • °diarrhea *(AE)* • **cream** • **liquid** • °sore • (to) **stroll** • **manners** *(pl)* • **no matter** if/whether; **no matter** what/who/when/… • °mealtime • (to) **happen to do sth.** • **on purpose** • (to) **teach** sb. **a lesson** • (to) **trade** • **bullet** • °(to) shoo • **appropriate** • **greeting** • (to) **respond** • **post** • **turtle** • **the other day** • **sense** • **pole** • (to) **come to an understanding** • °(to) dip sth. into sth. • **stingy** *(infml)* • °(to) perk one's ears up • °jaguar • °ski • °gringo • °missionary • °kinsman +kinswoman • **sandal** • **high heels** *(pl)* • **belly** • °twisty • °(to) squawk • (to) **care for** sb. • **belief** • **candy** • **mattress** • °(to) drool • (to) **reach for** sth. • (to) **unwrap** • (to) **indicate** sth./sb. *(fml)* • (to) **insult** • **smelly** • **growth** • (to) **giggle** • **shovel** • **with a straight face** • °machete • **analysis**, *pl:* **analyses**

➔ FöFo 2.2

Alternative

Um zügig die Ideen aller S gleichzeitig zu sammeln und zu visualisieren nutzt L für das Brainstorming ein digitales Tool wie z. B. *www.answergarden.ch*. Dazu stellt L per Tablet/PC/Smartphone online die Fragen ein. Die S kopieren das Link und geben alle ihre (Kurz-)Antwort ein. Es entsteht eine *word cloud*, die das Gesamtbild der Klasse reflektiert.

ERARBEITUNG

a) SB geöffnet. Die S schauen sich das Cover des Buches an und spekulieren mit Hilfe des Titels über den Inhalt des Romans.

Anschließend bearbeiten sie die Aufgabe in PA. Die Ergebnisse werden im Plenum gesammelt und an der Tafel notiert um sie in **1b)** abgleichen zu können.

Dann arbeiten die S zu viert und lesen den Text.

Alternative

Im Einstieg wird zunächst das *Art of diplomacy game* durchgeführt.

KV 9A/B/C: Art of diplomacy game (role cards + notes to the teacher)

MUSTERLÖSUNG

On the cover I can see the face of a woman. She has some kinds of paintings/tattoos on her skin, she's wearing a necklace made of colourful beads around her neck, she has dark hair. She looks as if she comes from South America.

The title suggests that someone came and left again, but is asked to come back, or someone is asked to leave but should also come back one day. So the novel is probably about leaving a familiar place and returning to it.

➜ Your task, SB-Seite 51
➜ FöFo 2.2

What life among a tribe in the Peruvian rainforest might be like:
- very different from life in our community
- no access to modern media
- people know a lot about nature/alternative medicine/hunting/preparing food without modern devices/preserving food
- family structures are more important than in our society
- people depend/rely more on each other
- gender roles are stricter/more traditional/completely different

INFO-BOX

Joan Abelove (born 1945) is an American writer of young adult novels. She has a PhD in cultural anthropology from the City University of New York. She spent two years in the jungles of Peru and used the experience as background for her first novel, *Go and Come Back* (1998). The novel earned many awards.

Go and Come Back is set in the Peruvian jungle. Two white American anthropologists decide to live with the Isabo, a fictitious indigenous tribe that does not have much contact with the other Peruvian population. The tribespeople and the two Americans try to understand each other and they learn how different their values and attitudes to life are. The story is told from the perspective of a young Isabo girl, Alicia. The novel deals with intercultural differences and misunderstandings and how they can help people see their own culture from a different perspective.

ERARBEITUNG

b) SB geöffnet. Die S arbeiten zu viert und gleichen ihre Vermutungen (TB) mit den Fakten aus dem Text ab.

MUSTERLÖSUNG

A lot/some/many of our ideas were correct/incorrect.

Life in the Peruvian rainforest is very different to life in communities like the ones we know.

We learned that sharing is very important there.

Ideas of hygiene are very different to our ideas.

DIFFERENZIERUNG Early finisher

Leistungsstärkere S arbeiten auf SB-Seite 90 weiter. Dort arbeiten sie an ihrem Wortschatz (*synonyms*).

S. 35

2 Comprehension

ERARBEITUNG

a) SB geöffnet. Die S arbeiten zu viert, teilen die vier Abschnitte in der Gruppe auf und jede/r verfasst eine kurze *summary*.

KV 8: Checklist: Writing a summary.

MUSTERLÖSUNG

1 The two anthropologists have brought sugarcane liquor with them, but they keep it to themselves instead of sharing it with the villagers. As a result, the villagers are upset because they cannot understand the women's behaviour and their concept of sharing and saving. So, one of the elders goes to see the women to tell them that they want to have a party to welcome them to their village. The women understand the hint and agree to have a party, but they still want half of the sugarcane liquor to be saved for later events.

2 The two women have brought a lot of medicine which they want to give to the villagers. In the evenings when the villagers are having their meals, they go from house to house to tell them where and when they can get the medicine. So, the villagers ask them to stay and share the food with them, but the two women refuse, which upsets the villagers once again. As a consequence, they decide to teach the women a lesson. They give them a large piece of meat and prepare it for them. When the two of them sit down to eat the meat, two villagers, Juanita and Paulita, pay them an unexpected visit. The two anthropologists begin to understand that you have to share your food with people who visit you, and they invite the two villagers to stay and eat with them.

3 During the rainy season, a plane with American missionaries comes to the village. The pilot and the missionaries talk to Joanna and Margarita and something the pilot says upsets Joanna. They all talk to each other in English and ignore all the villagers around them. Finally, one of the elders, Angel, asks the missionaries to stay in his house and all the luggage they have brought with them is carried into his house. Alicia, the narrator, asks Joanna what upset her and Joanna tells her that the pilot asked her if the women in the village look after their children and that she cannot understand this question. She also tells Alicia that, even though they speak the same language, she does not share the missionaries' beliefs and attitudes.

4 The missionaries have brought a lot of things, especially food. After a while, the two women and two villagers go to visit the missionaries. While they are chatting with them, the two missionaries keep on eating bacon, then they eat chocolate bars. After a while, they give one chocolate bar to Margarita and one to Joanna, ignoring the two girls from the village. Joanna and Margarita each share their bars with the two girls, showing that they have learned how to behave the Isabo way. Later, the missionaries tell the villagers not to poop into the river because it is unhygienic but dig a hole in the jungle instead to go there to do their business. The villagers are outraged because this might attract snakes. Angel does not translate what the villagers think but tells the missionaries instead that they will do as the missionaries say. They are satisfied and do not notice that the villagers are making fun of them.

Weitere Differenzierung
Leistungsschwächere S erhalten die Musterlösung des jeweiligen Abschnitts als *jumbled summary* und bringen die Sätze in die richtige Reihenfolge.

ERARBEITUNG

b) SB geöffnet. Die S bilden eine ▶ *Schreibkonferenz*. Sie lesen die *summaries* der Gruppenmitglieder und kommentieren diese mit Hilfe der **KV 8: Checklist: Writing a summary**.
Anschließend erhalten die S ihre eigenen Texte zurück und überarbeiten diese mit Hilfe der Kommentare der Gruppenmitglieder.

KV 8: Checklist: Writing a summary.

MUSTERLÖSUNG

➔ FöFo 2.2

1 Ways of sharing and saving • Sharing versus saving • ...
2 Teaching someone a lesson • The invitation • Eating with your fingers • ...
3 The missionaries • Different beliefs • ...
4 Hygiene • Ignorance • Making fun of the missionaries • ...

3 Analysis

ERARBEITUNG

SB geöffnet. Um die Entwicklung und die sich verändernden Haltungen der beiden Charaktere besser zu verstehen und kontrastieren zu können, legen die S eine kleine Tabelle an.

L: How does Alicia see Joanna (and Margarita) ...
a) shortly after Joanna arrives in the Peruvian jungle?
b) after Joanna has lived with the Isabo for a while?
Find character adjectives.

MUSTERLÖSUNG

➔ FöFo 2.2

Joanna (and Margarita) (as seen by Alicia)

a) shortly after Joanna arrives in the Peruvian jungle:	b) after Joanna has lived with the Isabo for a while:
stingy	understanding
ignorant of rules and customs	sharing
dominant	compassionate
superior	
impatient	
insensitive	

DIFFERENZIERUNG Early finisher

Leistungsstärkere S erläutern die Funktion der Erzählperspektive.

MUSTERLÖSUNG

Seeing the events through Alicia's eyes, the reader understands much better how the two cultures clash. In the eyes of the Isabo, the two Americans misbehave, yet they behave exactly as we would probably behave in the same situation. This narrative perspective thus helps us to better understand our own ways of behaviour.

Zusatz

Zur Vertiefung bearbeiten die S folgende Aufgabe (auch als schriftliche HA geeignet): Choose one of the two paragraphs you analysed in **3** and rewrite it from either a) Joanna's perspective or b) the perspective of one of the missionaries. Explain the effect on you, the reader.

4 Comment

ERARBEITUNG You choose

SB geöffnet. Die S lesen die Aufgaben **4a)** und **4b)** und entscheiden, welche sie bearbeiten möchten. Bearbeitung gemäß SB.

MUSTERLÖSUNG

a) ll. 51–53: "But if that happened, or you arrived at mealtime on purpose, you knew you had to pay them back."
ll. 62–65: "They found out that Margarita had traded some bullets with Nimeran so when he went hunting the next time he would bring the old ladies a piece of whatever he got."
l. 167: "... boxes and boxes of stuff"
ll. 205–208: "As they talked, the missionary ladies ... didn't offer her any."
l. 210: "So all of your people are stingy."
ll. 234–235: "They have so much chocolate, and they are so stingy."
For the Isabo, personal belongings or individual possessions aren't important. They share everything with the members of their community. For them, sharing means saving. If you don't share your belongings, you are considered to be stingy. Westerners (represented by the two anthropologists or the missionaries) define themselves with the help of their personal belongings. The more you own, the happier you are, and the richer you are considered to be.

b) The two anthropologists seem to get along well with the tribespeople, yet they behave in a strange way. When we came to stay with the Isabo, they greeted us in a friendly way, but we also had the impression that they had lost some of their manners. When we were having dinner, they stared at us in a greedy way, which we found most disturbing. You don't do that! Well, we could only offer them some of the chocolate bars we had brought. I mean, you can't buy anything there, so you have to bring your own supplies, and you don't intend to share them with God knows who, do you? Those indigenous people have no idea about hygiene. They poop into the river and then they drink the water! We told them how to improve the situation. They have no toilets, no showers, nothing! So, we told them to dig holes in the jungle and do their business there. I am not sure, though, whether Angel translated everything correctly, because the people were giggling the whole time while we were telling them how they could improve their hygienic standards. They are so naive and uneducated! Well, in the end he said that they would begin digging the holes the next morning.

➜ FöFo 2.2

AUSWERTUNG

Die S, die unterschiedliche Aufgaben gewählt haben, arbeiten in der Auswertungsphase zu viert zusammen und lesen sich ihre Lösungen zu **a)** und **b)** vor. Anschließend beschreiben die S in der Gruppe die Haltungen der Missionare gegenüber dem Stamm der Isabo mit entsprechenden Adjektiven. Diese werden an der Tafel gesammelt und Gründe für diese Haltungen werden erörtert.

Missionaries' attitudes towards the Isabo

are condescending	are unwilling to adapt/to understand	unable to see intercultural differences as equally acceptable
feel superior	domineering	judging intercultural differences with a fixed mindset

Alternative

Sollte das *art of diplomacy game* als *Pre-reading*-Aufgabe vor der Lektüre des Textes durchgeführt worden sein, bietet sich hier ein Rückgriff auf die Auswertung des Rollenspiels an.

Zusatz

L: Remember how you felt after the "art of diplomacy" game. What "lesson" did you learn that you could pass on to people, like the missionaries at the beginning of their trip, in terms of what to expect and how to behave when you meet people from a completely different cultural background?

ERARBEITUNG www

Follow the link bietet weitere Informationen zu indigenen Kulturen des Amazonasgebiets.

➜ www.englishg.de/access
➜ Workbook 2 (p. 17)

S. 36

TIPPS FÜR IHRE PLANUNG
Part A Practice beginnt mit der Bewusstmachung der Regeln für die indirekte Rede mit Hilfe einer *Looking at language*-Box. **1** wiederholt die indirekte Rede in Aussagesätzen und Fragen, **2** wiederholt die indirekte Rede nach Aufforderungen, Bitten, Ratschlägen und Vorschlägen.
Access to cultures (SB-Seite 37) lässt sich auch direkt nach der Bearbeitung des Romanausschnitts erarbeiten, da es hier auch um interkulturelle Unterschiede geht.
Wenn das *art of diplomacy game* (***Access to cultures***, **1a)** und **b)**) bereits als *pre-reading activity* zum Romanausschnitt in **Part A** durchgeführt wurde, empfiehlt es sich, bei der späteren Fortführung von ***Access to cultures*** nur die Einleitungsfrage (*Describe how you greet your friends …*) und die Aufgabe **1c)** zu behandeln und dann mit **2** *Getting along in Germany* fortzufahren. Anschließend sollte dann die Grammatik auf SB-Seite 36 bearbeitet werden.

➜ FöFo 2.2
➜ Interaktive Übungen zum Workbook 2.2

Looking at language

ERARBEITUNG
a) SB geöffnet. Gemäß SB.

Alternative
L erfragt zunächst als Einstieg per ▸ *Blitzlicht* die Regeln zur indirekten Rede. Anschließend lesen die S die Sätze in PA, decken zuvor **b)** ab, und übertragen die Sätze aus **a)** in die indirekte Rede. Anschließend gleichen sie ihr Ergebnis mit den Sätzen in **b)** ab.

ERARBEITUNG
b) SB geöffnet. Die S notieren die Regeln für die einzelnen Sätze.

MUSTERLÖSUNG

Looking at language: Indirect speech

Reporting verb	Changes: verbs	Changes: personal pronouns
1 thought (statement)	is → was	I → she / my friends → her friends
2 said (statement)	am going → was going	I → she
3 added (statement)	want → wanted	
4 asked (question)	will → would (plus if)	
5 suggested (statement)	why don't we do? → suggested doing	

AUSWERTUNG
L notiert die Lösungen an der Tafel.

➜ GAP 17–18: Indirect speech (pp. 174/176)

1 In another country (Indirect speech)

NEUER WORTSCHATZ
bread roll (*oft auch kurz:* roll) · **and so on** · **the Baltic (Sea)**

ERARBEITUNG
a) SB geöffnet. Die S lesen die *speech bubbles* und erfragen ggf. unbekanntes Vokabular.

ERARBEITUNG
b) SB geöffnet. Gemäß SB.

MUSTERLÖSUNG
1 I asked Lauren if she liked her German school and she told me that it was great that she didn't have to wear a uniform.
2 I also asked her if she could understand everything. She told me that she had found the local dialect difficult at first, and she added that it wasn't like the German she had learned at school.
3 I wanted to know if German food was like ours, to which she answered that breakfast was very different. She also said that people ate bread rolls with different cheeses and salami.
4 Then I wanted to know what the people were like. She told me that they were great, but she also said that they had some strange habits. They were quite formal and lots of people used her family name instead of calling her Lauren.
5 I asked Lauren what else was different and she told me that Germans never queued at bus stops.
6 I wanted to know whether she had travelled much. She said that she hadn't, but that her host family was going to take her to the Baltic Sea in the school holidays. She also told me that the Germans called it the "East Sea".

AUSWERTUNG
Die S lesen sich die Sätze in PA als Dialog vor. Ein Paar trägt die Ergebnisse abschließend zur Sicherung im Plenum vor.

➔ FöFo 2.2

2 Helping a visitor (Indirect speech: advise, promise, suggest, …)

ERARBEITUNG
SB geöffnet. Gemäß SB.

➔ Your task, SB-Seite 51

DIFFERENZIERUNG **More help**
Leistungsschwächere S arbeiten auf SB-Seite 84. Dort werden jeweils nur zwei Verben pro Satz zur Auswahl vorgegeben.

DIFFERENZIERUNG **Early finisher**
Leistungsstärkere S lösen zwei weitere Aufgaben zur indirekten Rede auf SB-Seite 90 weiter und lösen dort ein Rätsel.

LÖSUNG
2 Dilek invited Lauren to come and try a healthy, vegetarian breakfast at their house. · 3 Dilek refused to take no for an answer. · 4 Dirk offered to lend Lauren a guide book to the Baltic. · 5 Marc advised Lauren to go to Rügen. · 6 Dilek suggested speaking German with Lauren. · 7 Dirk promised not to speak English to her again.

AUSWERTUNG
Ein S trägt die Ergebnisse zur Sicherung im Plenum vor.

➔ Workbook 3–4 (p. 17–18)
➔ FöFo 2.2

S. 37

TIPPS FÜR IHRE PLANUNG

Das *Access to cultures* zum Thema *appropriate behaviour* lässt sich auch direkt nach der Bearbeitung des Romanausschnitts (*Part A*) erarbeiten, da es hier ebenso um interkulturelle Unterschiede geht.
Sollte das *art of diplomacy game* bereits als *pre-reading activity* zum Romanausschnitt durchgeführt worden sein, empfiehlt es sich, hier nur die Einleitungsfrage (*Describe how you greet your friends* …) und die Aufgabe **c)** zu behandeln und dann mit Aufgabe **2** *Getting along in Germany* fortzufahren. Anschließend sollte dann die Grammatik auf SB-Seite 36 bearbeitet werden.

➜ FöFo 2.2
➜ Interaktive Übungen zum Workbook 2.3

1 Communication across cultures

NEUER WORTSCHATZ

(to) **lift** · (to) **catch** sb.'s **eye** · **staff** · **enthusiastic**

EINSTIEG

SB geschlossen. L stellt die Einstiegsfrage aus dem SB.

MUSTERLÖSUNG

Friends	Hello. · Hi. · Hey. · Hey, man, how's it going? · What's up? · What's new? · How's life? · Long time no see. · It's been a while. · How's your day? · How's your day going? · Good to see you. · Yo! · You alright? · Alright mate? · Hiya! · …
Parents' friends	Hello. · Hi. · Hey. · Good morning. · Good afternoon. · Good evening. · Nice to see you again.
Someone you are meeting for the first time	Good morning. · Good afternoon. · Good evening. · It's nice to meet you. · Pleased to meet you. · How do you do?

ERARBEITUNG

a) + **b)** ▸ *Role play*. **SB geöffnet.** Die S erarbeiten **a)** und **b)** gemäß Anleitung im SB und der **KV**.

KV 9A/B/C: Art of diplomacy game (role cards + notes to the teacher).

MUSTERLÖSUNG

a) politeness rules (see role cards)

b) both diplomats and German representatives feel: awkward, ashamed, shocked, bemused, embarrassed, helpless, confused, mocked, …

AUSWERTUNG

L: What made you feel this way? Explain your reactions.

S: Unknown/strange behaviour that doesn't correspond to the way we (usually) communicate/react in our culture is confusing to us. We don't know how to behave, we can't relate to our partner, communication is interrupted, sometimes not even possible.
I realized that I learned a lot about what I consider to be appropriate behaviour and how awkward I feel when people don't behave accordingly.

Zusatz

L: What type of German behavior might be difficult for people from other cultures to understand.

ERARBEITUNG
c) SB geöffnet. 1. Hören. Die S lesen erst die Tipps und hören dann die drei Dialoge.

➔ 12–14 Transkript online

LÖSUNG
Tip 1: no dialogue • Tip 2: dialogue 1 • Tip 3: dialogue 3

Tip for dialogue 2: If people tell you sth. that upsets them, offer consolation, show empathy!

ERARBEITUNG
d) SB geöffnet. Gemäß SB.

MUSTERLÖSUNG
Dialogue 1: People don't really share private information with shopkeepers.
Dialogue 2: Waiters/waitresses usually don't ask how customers feel.
Dialogue 3: The reaction may sound artificial to a German native speaker. Germans would probably only react with: Oh great/super/well done!

2 Getting along in Germany

NEUER WORTSCHATZ
bank assistant • cyclist • tap water • embarassed

ERARBEITUNG
SB geöffnet. L: Have you ever experienced a situation in which an English-speaking
person greeted you or someone else in a funny, maybe even inappropriate way? Can you explain why he or she did so?

DIFFERENZIERUNG More help
Leistungsschwächere S arbeiten auf SB-Seite 84. Dort finden sie Hinweise, wie die Verhaltensweisen bedingt durch interkulturelle Unterschiede zu erklären sind.

MUSTERLÖSUNG
1 In German, you use the more formal "Sie" when you talk to people you don't know.
2 The birthday was the next day and everybody had to wait until midnight to say "Happy birthday". It is a sign of bad luck to wish someone a happy birthday one day before the actual birthday.
3 In Germany, when you order water, you get bottled water, which you have to pay for. It is considered impolite to ask for tap water, because you don't pay for it.
4 As a pedestrian, you don't stand on the cycle path while waiting for the lights to change.
5 In Germany, you answer the phone with your last name. In English-speaking countries, you just say "hello".

DIFFERENZIERUNG Early finisher
Leistungsstärkere S arbeiten auf SB-Seite 91 weiter und lösen dort ein Rätsel. Die Lösung dazu finden sie auf SB-Seite 267.

➔ Workbook 5–6 (p. 18), Wordbank 2
➔ SF 25: Dealing with cultural differences (p. 123)

KOMMUNIKATIVE KOMPETENZEN
Die S können …
Hör-/Seh-verstehen: sich einen Dokumentarfilm in Abschnitten erschließen und mit Hilfe von eigenen Notizen den Inhalt diskutieren (SB-Seite 38, 1b) – d)) • einen Dokumentarfilm im Hinblick auf die darin verwendeten Stilmittel bzw. filmischen Mittel hin untersuchen und über deren Funktion sprechen (SB-Seite 38, 2)
Sprechen: anhand eines Dokumentarfilms über die gemeinschaftsstiftende Funktion von Musik sprechen (SB-Seite 38, 1e)) • über wichtige Momente in ihrem Leben sprechen, die sie in einem Dokumentarfilm umsetzen könnten (SB-Seite 38, 2 EXTRA)

METHODISCHE KOMPETENZEN
Fotos/*film stills* beschreiben und sie Filmszenen zuordnen (SB-Seite 38, 1a))

S. 38

1 Joe's violin: A documentary

INFO-BOX
Joe's Violin (2016) is a short documentary directed by US film-maker Kahane Cooperman. The film tells the story of the donation of a 70-year-old violin by Joseph Feingold, a Polish survivor of the Holocaust, for use by young students in New York City. It culminates in the life-changing experience for both donor and recipient when the instrument comes into the hands of 12-year-old Rianna from the Bronx.
A **documentary** is a non-fictional film, video or audio work that is meant to inform an audience about a particular topic or person.

NEUER WORTSCHATZ
violin • narration • footage

EINSTIEG
SB geschlossen. *Pre-viewing.* L: Imagine someone said to you: "This violin has so many secrets." – What kind of secrets can a violin have?

MUSTERLÖSUNG
- It had many different owners who lived in different places.
- It belonged to a famous musician who won many prizes playing it.
- It belonged to a musician who played in a big orchestra which gave concerts all over the world.

ERARBEITUNG
a) SB geöffnet. Pre-viewing. Gemäß SB.

MUSTERLÖSUNG
A
- colour photo
- In the foreground there's an old man playing a violin. He looks very serious/a little sad.
- He's wearing glasses and a blue shirt.
- The background is blurred and there's furniture.

B
- black and white photograph of a boy/girl playing the violin
- The child is smiling.
- The upper part of the face can't be seen.

Maybe …
- the child and the old man are the same person playing the same violin, or different ones.
- there are 50 to 60 years between the two photos.
- the child and the old man are different people, but they're playing the same song/violin.

ERARBEITUNG
b) 1. Sehen, Teil 1 (Globalverstehen). Die S sehen den ersten Filmausschnitt und vergleichen ihre Notizen.

➜ DVD, Dauer: 03:48 min (Gesamtdauer des Films: 23:26 min)

MUSTERLÖSUNG
- The film starts in the present. Joe says that he hadn't played the violin for the last seven to eight years.
- Then he heard about an instrument drive which collects old instruments and distributes them to schools in NYC.
- He was born in Warsaw on 23/3/23.
- He learned to play the violin as a child.
- His mother had a good voice. He often accompanied her.
- Music meant a lot to his mother.
- Joseph played the violin until the beginning of the war.
- He and his father escaped to eastern Poland.
- He left behind his mother, two brothers and a violin.
- He was sent to Siberia at the age of 17.
- He had a close relationship to his violin when he was a boy. Music played an important part in his life. As an old man, he didn't play the instrument anymore and decided to donate it.

ERARBEITUNG
c) 1. Sehen, Teil 2 (Globalverstehen). Gemäß SB.

➜ DVD, Dauer: 02:03 min

MUSTERLÖSUNG
- The violin is given to the Bronx Global Learning Institute for Girls, a school in a poor area in NYC where all students are from immigrant families.
- All girls learn to play the violin.
- The violin is given to Brianna Perez because she has a special talent.

ERARBEITUNG
d) SB geöffnet. 1. Sehen. Die S sehen erst einen Ausschnitt und erläutern ihrem Partner im Rahmen einer ▸ *buzz group activity*, was sie gesehen haben. Dann sehen sie den nächsten Ausschnitt und fassen den Inhalt ebenfalls im Rahmen einer ▸ *buzz group activity* zusammen. Anschließend beziehen sie das Gesehene auf die beiden Bilder.

➜ DVD, Dauer: 02:55 min und 04:13 min

MUSTERLÖSUNG
First excerpt:
- Joseph talks about the time he spent in a labour camp in Siberia.
- Life was tough. He was allowed to send a letter home once a month.
- His mother sent him the lyrics to "Solveig's Song" by Grieg, which Joseph thinks described his situation quite accurately.
- He often sang the song.
- Rianna practises the song with her teacher.
- Joseph's mother and one of his brothers were killed in the Treblinka concentration camp.
- His father was killed, too.
- Only his brother Alex survived Auschwitz.

Second excerpt:
- Joseph goes to see Rianna at her school.
- She plays "Solveig's Song" for him and both are deeply moved.
- She tells him that she knows what the song means to him.
- Joseph is invited to the auditorium and is thanked for the fact that he donated the violin and thus made a difference.

Pictures and film:
The two pictures are linked by the Grieg song:
It helped Joseph endure the atrocities of the labour camp.
It unites Rianna and Joseph because she plays the song for him on his violin and thus shows him that his memories will live on with its help.

ERARBEITUNG
e) SB geöffnet. Gemäß SB.

Alternative
L: Imagine you are Joe's violin. After you have been handed over to Brianna, say what you think about Joe's decision to donate "you".

Musterlösung
It was a good decision to donate me to this school. Now I'm being played again regularly. I'll live forever, because I'll always be handed on to the next student. Yet, I will miss the old man. Brianna seems to be a talented and sensitive student, so she will treat me carefully, just like Joseph did. It feels good to be precious to someone.

2 Making the film: Elements of a documentary

ERARBEITUNG
a) SB geöffnet. 2. Sehen. Gemäß SB.

➔ DVD (siehe oben)

MUSTERLÖSUNG:
first excerpt:
- radio and/or film footage that advertises the instrument drive and explains how it works
- photo of the document Joseph had to fill in for the instrument drive
- filmed action (with daughter in taxi)
- photos of Joseph's family
- war footage
- map of Poland at the time of the Second World War

second excerpt:
- filmed action: area around school, school building, inside school, girls performing music, teacher in assembly hall making announcement
- interview with principal
- letters of girls to survivors

third excerpt:
- Joe at home talking about his life
- photos of the family
- photos of life at the labour camp
- music in the background, "Solveig's Song" played by an orchestra
- "animated letter" his mother wrote
- Brianna practising the song
- Brianna talking to classmates about the fact that her school was chosen to receive the instruments
- Siberia, photo of father and subtitles used with the family photos to explain their individual fates

The material is used to …
- prove authenticity.
- illustrate interesting details about Joseph's and Brianna's lives.
- give the viewers an insight into the characters of Joseph and Brianna.
- move the viewers, make them identify with Joseph and/or Brianna.

ERABEITUNG
b) SB geöffnet. 1. Sehen. Gemäß SB.

➜ DVD, Dauer: 00:23 min

MUSTERLÖSUNG
The viewer first sees a shot with an old photo of Joseph and his brother Alex when they were children. They are the only family members who survived the war. In the next shot, the viewer sees Alex and Joseph Feingold again, but as old men in NYC looking at photos of their parents and their little brother. The match cut connects the young brothers with the old brothers. It connects past and present.
The match cut is a cut where two shots are matched/connected by the action or the subject. Here it is both: the subjects in both shots are the two brothers, and in the second, they are actually looking at the subjects of the first shot. They are the only people from the photos who survived the Holocaust. The match cut underlines this. Maybe it also shows the viewer how these old men are the only people who can tell us about their past.

ERARBEITUNG EXTRA
Die S sammeln in EA Ideen für einen eigenen Film und stellen diese dem Partner dar.

MUSTERLÖSUNG
I would like to make a documentary about …
- my work placement at …/ my summer job at …/ my brother's year in Australia, because ….

It would give you an insight into my …
You could learn something about …
I think it is interesting to know something about …, because …
I was impressed that my …/ I learned a lot there … / … made me see things differently/ …

I would use the following documents, because …
I think I would use a match cut of … and me, because …

AUSWERTUNG
Die S stellen ihre Dokumentarfilmideen im Plenum vor und die Mit-S begründen mit dem in **2a)** und **b)** erworbenen Wissen, warum sie welchen Film gerne sehen würden

Zusatz 1
Research one of the following film-makers of famous documentaries (or others you know or like) and present your findings to the class. Show one scene you like and explain which documents the film-maker used and what its effect is on you, the viewer. Examples: Michael Moore (Bowling for Columbine); Raoul Peck (I am not your Negro); Wim Wenders (Pina); Asif Kapadia (Amy)

Zusatz 2
Die S drehen ihren eigenen Film mit ihrem Smartphone/Tablet und einer App wie iMovie (iOS), WeVideo (Android) oder Magix Movie Edit Touch (Windows) und präsentieren diesen per Tablet/ Beamer.

KOMMUNIKATIVE KOMPETENZEN
Die S können …
Hören: können Unterschiede in der Aussprache von *AE* und *BE* erkennen (rezeptiv) · einen thematisch zusammenhängenden Text, der von Sprechern dreier unterschiedlicher Varietäten gesprochen wird (rezeptiv) verstehen
Sprechen: die unterschiedliche Aussprache (*AE* und *BE*) anhand einzelner Wörter korrekt imitieren (produktiv) · eigene Erfahrungen im Umgang unterschiedlicher englischer Varietäten diskutieren · Tipps, wie man unterschiedliche Varietäten des Englischen besser verstehen kann, sammeln

S. 39

TIPPS FÜR IHRE PLANUNG
Im *Listening course* der Unit 2 steht die Unterscheidung zwischen verschiedenen Varietäten des Englischen im Vordergrund. Bei allen Aufgaben üben die S den Skill *listening for detail*. Es empfiehlt sich, die Aufgaben hintereinander im Unterricht durchzuführen, um das Feinverständnis zu schulen.

➜ FöFo 2.3, 2.7
➜ Interaktive Übungen zum Workbook 2.4

1 Standard British and American English: t and r

EINSTIEG
SB geschlossen. L schreibt zwei Wörter an die Tafel (z.B. *bottom/letter/weather*) und fragt die S, ob sie wissen, wie man diese Wörter unterschiedlich aussprechen kann und wo sie die jeweilige Aussprachevariante verorten. In schwächeren Lerngruppen gibt L die unterschiedliche Aussprache in *BE* und *AE* vor.

Alternative
Im Einstieg zeigt L eines der zahlreichen online verfügbaren lustigen Videos zum Thema „*British* vs. *American accents*" zu zeigen.

ERARBEITUNG
a)/b) SB geöffnet. 1. Hören. Die S hören jeweils vier Sätze, die in verschiedenen Varietäten des Englischen gesprochen werden und beschreiben anschließend in eigenen Worten, wie sich die Aussprache unterscheidet.

➜ 15–16

ERARBEITUNG
c) SB geöffnet. Ein S liest die *AE*-Variante vor, ein S liest die *BE*-Variante vor. Anschließend tauschen die S die Rollen.

Zusatz
Zwei sehr gute S sprechen im Anschluss an **c)** immer einzelne Wörter entweder in *AE* oder in *BE* aus. Die Klasse sagt jeweils, um welche Varietät es sich handelt.

2 Standard British and American English

ERARBEITUNG
a) SB geöffnet. 1. Hören. Die S hören 12 Sätze und notieren das Wort, welches jeweils in den beiden Sätzen vorkommt. Kurzer Abgleich in PA.

➜ 17 Transkript online

Lösung

Different accents

	American English	British English
1 soccer	[ˈsæ:kər]	[ˈsɒkə]
2 ask	[ˈæ:sk]	[ɑ:sk]
3 bath	[ˈbæ:θ]	[bɑ:θ]
4 class	[ˈklæ:s]	[klɑ:s]
5 hot	[ha:t]	[hɒt]
6 new	[nu:]	[nju:]

ERARBEITUNG
b) SB geöffnet. 2. Hören. Nach dem Hören sprechen die S die einzelnen Wörter jeweils in BE und in AE aus. Anschließend wechseln sie die Rollen.

→ 17

ERARBEITUNG
c) SB geöffnet. Die S versuchen die Wörter jeweils in AE und BE auszusprechen. Es empfiehlt sich hier noch einmal auf die vorhergehenden Übungen **1a), b), c)** und **2a)** und **b)** zu verweisen, da die S so schlussfolgern können, wie die zehn Wörter ausgesprochen werden.

→ 18

LÖSUNG

	American English	British English
1 coffee (see cotton)	[ˈkɔ:fi]	[ˈkɒfi]
2 glass (see class)	[ˈglæ:s]	[glɑ:s]
3 fast (see bath)	[ˈfæ:st]	[fɑ:st]
4 honest (see hot)	[ˈa:nəst]	[ˈɒnɪst]
5 new	[nu:]	[nju:]
6 passport (see bath)	[ˈpæs:pòrt]	[ˈpɑ:spɔ:t]
7 possible (see soccer)	[ˈpa:sə-bəl]	[ˈpɒsəbl]
8 task (see ask)	[ˈtæ:sk]	[tɑ:sk]
9 top (see hot)	[ˈtap]	[tɒp]
10 tune (see new)	[ˈtu:n]	[tju:n]

3 Different British accents

ERARBEITUNG
a) SB geöffnet. 1. Hören. Die S hören zunächst nur die Satzpaare und achten auf die Unterschiede bei den Wörtern in der Aufgabenstellung, d.h. beim ersten Hörbeispiel etwa auf den Unterschied in der Aussprache des Wortes „about".

→ 19–25

ERARBEITUNG
b) SB geöffnet. 2. Hören. Die S überlegen nach jedem Beispiel wie die regionale Aussprache eines ähnlichen Wortes sein könnte.

→ 19–25

MUSTERLÖSUNG
1 A Londoner might pronounce the word better like [ˈbetə]. (glottal t sound)
2 Someone from Scotland might pronounce home like [hɔ:ʊm], grown like [grɔ:ʊm], and zone like [zɔ:ʊn]. (Monophthong)
3 Someone from Northern Ireland might pronounce mouse like [ma:ʊs]. (Diphthong)
4 Someone from Scotland might pronounce pride, great and rode with a rolled r.
5 Someone from the north of England might pronounce the word glass like [glæ:s].
6 Someone from the west of England might pronounce the word father like [fa:də].

4 Listening for detail

ERARBEITUNG
a) SB geöffnet. 1. Hören. Die S hören die Unterhaltung und machen sich Notizen.

➜ 26 Transkript online

LÖSUNG
Richard: RP • Colin: Scottish • Emma: AE

ERARBEITUNG
b) SB geöffnet. 2. Hören. Die S notieren die Argumente.

➜ 26 Transkript online

LÖSUNG
white: no argument for or against
red: Richard feels it's aggressive, the colour of anger. Colin likes red. Emma says her aunt has a red bathroom.
blue: Richard likes it better than red, but doesn't like dark blue. Emma likes the idea of a dark blue ceiling. Colin suggests painting stars (that glow in the dark) on the blue ceiling.
They agree on blue.

5 Reflection

NEUER WORTSCHATZ
reflection

ERARBEITUNG
SB geöffnet. Gemäß SB.

AUSWERTUNG/SICHERUNG
Die S sammeln Erfahrungen, die sie gemacht haben.

➜ SF 27: Listening strategies (p. 125)
➜ Workbook 7–9 (p. 19)

How to understand different accents better
– Tips –

- Listen for the gist, find out what the conversation is about.
- Ask the speaker to repeat single words you didn't understand.
- If you understand chunks, you can guess in most cases what the rest is about.
- Ask the speaker to slow down a bit.
- When you watch a movie, take some time, after a few minutes you will get used to the accent and understand more than at the beginning.
- If you find it really hard to understand someone, tell them that you aren't a native speaker and ask them to use a lighter regional accent.

KOMMUNIKATIVE KOMPETENZEN
Die S können …

Lesen/ Sprechen:	eine Buchrezension im Hinblick auf ihre Aussage hin analysieren (SB-Seite 40, 1a))
Sprechen:	eine Buchrezension im Hinblick auf ihre Wirkung auf sie als Leser hin beschreiben und über Buchrezensionen allgemein sprechen (SB-Seite 40, 1b)+c))
Schreiben:	schrittweise und kriterienorientiert eine Buchrezension verfassen (SB-Seiten 41-43)

S. 40

TIPPS FÜR IHRE PLANUNG
In *Part B* lernen die S in einer gelenkten Übung, wie man eine Buchrezension verfasst. Am Beispiel einer vorgegebenen Rezension zum Roman *Go and Come Back* erkennen sie die Bestandteile dieser Textsorte. Sie erkennen Partizipialkonstruktionen im Modelltext und üben ihre Bildung und Anwendung.
Es empfiehlt sich, diese Seite in einer Doppelstunde zu erarbeiten. Bei Zeitmangel können entweder die Aufgaben **1a)–c)** in eine vorbereitende HA oder die Aufgabe **2** in die Folgestunde bzw. vorbereitende HA für die Folgestunde verlegt werden.

➔ FöFo 2.4

1 *Go and come back*: A book review

NEUER WORTSCHATZ
review +(to) **review** · **fictional** +**fiction** · °Amazonian Indian · **just as** good/bad/… · °tribespeople (pl) · **misunderstanding** · (to) **narrate** · (to) **bathe** · **ignorant** · (to) **put** sth. **off** · **for now** · (to) **abandon** sb. · (to) **breastfeed**, **-fed**, **-fed** · **eventually** · **literally** · (to) **grow** smaller/ old/…, **grew**, **grown** · **Box "(to) grow"**, *Voc.*, SB-Seite 210 · **enormous** · °credible · **informative** · **strongly** · **engaging**

EINSTIEG
SB geschlossen. L: What is a review? Who writes a review? Who reads a review and why?
Die S äußern Vermutungen. L semantisiert in diesem Zusammenhang die folgenden Wörter, da diese von S oft falsch verwendet werden:
review (n) [rɪˈvjuː]: a report in a newspaper or magazine, or on the Internet, television or radio, in which sb. gives their opinion of a book, play, film/ movie
critique (n) [krɪˈtiːk]:a piece of written criticism of a set of ideas, a work of art (e.g.: a feminist critique of Christian beliefs)
critic (n) [ˈkrɪtɪk]: a person who expresses opinions about the good and bad qualities of books, films, music, etc.
criticism (n) [ˈkrɪtɪsɪzəm]: the act of expressing disapproval of sb./ sth. and opinions about their faults or bad qualities

ERARBEITUNG
a) SB geöffnet. 1. Lesen. Die S lesen den Text still und machen sich arbeitsteilig Notizen zu folgenden Informationen:
setting / characters / author / conflicts / theme / writer's opinion.
Anschließend arbeiten sie in GA und tragen diese Informationen zusammen.

MUSTERLÖSUNG
setting: Peruvian jungle, the present

characters: Joanna, Margarita (US anthropologists in their 20s), Isabo (fictional Amazonian Indians), Alicia, Isabo, narrator

author: Joan Abelove, US author and anthropologist, lived in the Peruvian jungle too, used her own experience to write the novel

conflicts: intercultural misunderstandings between the two white Americans and the tribespeople, e.g. definitions of stinginess, cleanliness

theme: community life in an Amazonian tribe, seeing things from a different perspective, changing perspectives, intercultural learning

writer's opinion: novel worth reading, funny story about cultural differences

ERARBEITUNG
b) SB geöffnet. Die S arbeiten weiterhin in GA und tauschen ihre Meinung zum Roman untereinander aus.
Abschließend bietet es sich an, eine kurze Umfrage in der Lerngruppe durchzuführen und zu fragen, wer den Roman nach dem Lesen der Rezension jetzt eher oder eher *nicht* lesen würde. Dieses Ergebnis sollte unkommentiert stehen bleiben. Ein ähnliches Verfahren bietet sich dann nach den Präsentationen der Rezensionen der Schüler an.

MUSTERLÖSUNG
more:
like to read about funny encounters, interesting to learn more about other, different cultures, understand my own culture better
less:
probably no tension, might be boring, predictable ending, characters may be difficult to understand because they are so foreign to me

ERARBEITUNG
c) SB geöffnet. Die S nennen im Plenum Gründe, warum sie Film-/Romankritiken lesen oder nicht lesen.

MUSTERLÖSUNG
I read book or film reviews because I ...
- want to know whether it's worth buying a book or watching a movie.
- want to compare my own impression of a book/movie to that of an expert.
- am looking for information on the setting/characters/author/conflicts/theme/ ... in/of a book.
- am looking for information on the director/actors/plot/setting/characters/special effects/soundtrack of a film.

KOMMUNIKATIVE KOMPETENZEN
Die S können …
Schreiben: ein *book review* schreiben unter Beachtung des korrekten Aufbaus und angemessener Verwendung sprachlicher und stilistischer Mittel (SB-Seiten 41–43)

S. 41–43

TIPPS FÜR IHRE PLANUNG
Part B Practice beginnt mit der Bewusstmachung des Schreibprozesses einer Buchrezension. Die S identifizieren die Bestandteile der Modellrezension und machen sich die Verwendung von Partizipialkonstruktionen als Stilmittel formaler Texte bewusst. Anschließend erstellen sie in einer gelenkten Übung eine Rezension eines Romans, den sie selbst gelesen haben.
Es bietet sich an, die Aufgabe **3** als vorbereitende HA zu stellen und die Aufgaben **4–6** in einer Doppelstunde nacheinander zu erarbeiten. Aufgabe **7a)** sollte dann abschließend in die HA verlegt werden, um mit **7b)** zu Beginn der Folgestunde weiterzuarbeiten.
Auch wenn die S nicht unbedingt eine Rezension eines englischsprachigen Romans verfassen müssen, könnte in vielen Lerngruppen ein Problem werden, dass viele S nicht mehr (regelmäßig) lesen. Hier empfiehlt sich folgende Vorgehensweise: L legt (idealiter) vor der Bearbeitung von Unit 1 jeweils 2–3 Exemplare von Schullektüren aus, die sprachlich von S einer 9./10. Klasse bewältigt werden können, z.B.:
(+ für starke S / - für schwächere S)
– David Fermer. Coast to Coast
– David Fermer. Riot
+ David Almond. Kit's Wilderness
+ Thomas Scherer. From Prison to Prosperity
+ Carl Taylor. Betrayed
– Kirsty Murry. A Prayer for Blue Delaney
– Paul Davenport. Kevin Not Alone
– Paul Davenport. King of the Rappers
+ Paul Stewart. An Elephant Never Forgets
+ Nick Hornby. About A Boy
– Sherman Alexie. The Absolutely True Diary of a Part-Time Indian
– Louis Sachar. Holes
– Mark Haddon. The Curious Incident of the Dog in the Night Time
+ Anne Chislett. Flippin' In
+ John Green. Looking for Alaska
Die S lesen in fünf Minuten den Klappentext und blättern im Buch. Dann entscheiden sie sich für eine Lektüre und lesen diese bis zu einem fest vereinbarten Zeitpunkt (Bearbeitung von Part B Unit 2) zu Hause eigenständig. Als Hilfe kann L den S die **KV 10: How to give a book review** geben, damit sie sich zu den entsprechenden Punkten beim Lesen Notizen machen können. In schwächeren Lerngruppen ist es hilfreich, wenn je 2–3 S denselben Roman lesen, damit sie sich unterstützen und austauschen können bevor sie die Rezension schreiben.

➜ FöFo 2.4
➜ Interaktive Übungen zum Workbook 2.5

KV 10: How to prepare a book review.

Writing a book review

NEUER WORTSCHATZ
(to) **inform** sb. · **plot** · (to) **hint** (**at** sth.) · (to) **summarize** +**summary** · (to) **cover** · **advanced** · **suitable**

STEP 1: EXAMINE THE TEXT STRUCTURE

ERARBEITUNG
SB geöffnet. Die S lesen die Hinweise gemeinsam und identifizieren die Teile des Modelltextes.

➜ FöFo 2.4

MUSTERLÖSUNG
headline: New Yorkers In The Jungle
introduction: ll. 1–9
main body: ll. 10–52
conclusion: ll. 53–60
- The headline works. It caught my attention and I got an idea what the book could be about.
- The introduction of the review gives information on the setting and the theme. It doesn't say anything about the author.
- It summarizes the plot. It's written in the present tense. Doesn't go too much into detail.
- The conclusion is OK too. We learn that the reviewer likes the novel, feels that the author tells a credible, informative and at times even funny story.

STEP 2: FOCUS ON LANGUAGE

ERARBEITUNG
a) SB geöffnet. Die S scannen den Text und suchen die Beispielsätze.

MUSTERLÖSUNG
1 l. 44: Before returning to the States, Joanna takes her up in a small plane.
2 l. 20: They also seem unclean, bathing in the river only once a day and using ...
3 l. 3: In a remote …, two American women live as guests of the local people, studying their customs and way of life.

ERARBEITUNG
b) SB geöffnet. Die S suchen neun weitere Sätze mit Partizipialkonstruktionen.

Musterlösung

➜ FöFo 2.4

l. 12f.: …, exploring their many everyday misunderstandings
l. 14f.: …, allowing us to see the two white women
l. 25f.: …, showing us how the Isabo see
l. 27f.: Wanting to enjoy her teenage years, ...
l. 31f.: Hoping to keep it alive, ...
l. 34f.: …, looking after children is everyone's responsibility
l. 35f.: Growing closer to Joanna, ...
l. 45f.: Looking down from above, …
l. 53f.: Writing with such experience., ….
→ Participle clauses are more compact and sound more refined. You can also use them just for variation.

Die S nennen bei diesen Aufgaben auch gerne die folgenden Formen:
l. 5 doing → present continuous
l. 23 washing sand → gerund
l. 57 engaging work of young adult fiction → adjective
Um Missverständnisse zu vermeiden, sollte zusätzlich erläutert werden, worum es sich bei diesen *ing*-Formen handelt.

S. 42

STEP 3: WRITE A FIRST DRAFT

ERARBEITUNG
SB geöffnet. Die S machen sich in EA oder in PA zu einem ihnen bekannten Roman (deutsch, englisch, französisch etc. oder, bei S nichtdeutscher Herkunft ggf. ein Roman, den sie in ihrer Muttersprache gelesen haben).

Tipp
Es bietet sich an, diesen Arbeitsschritt als vorbereitende HA zu geben.

➔ SF 12: Writing a review (p. 113)

STEP 4: GIVE AND RECEIVE FEEDBACK

ERARBEITUNG
SB geöffnet. Die S lesen den ersten Entwurf der Rezension ihres Partners und notieren Kommentare unter dem Text.

➔ SB-Seite 272f.

KV 4: Giving feedback on a text.

STEP 5: PRACTISE LANGUAGE STRUCTURES

1 Talking about time (Participle clauses with *after, before, since, …*)

ERARBEITUNG
SB geöffnet. Die S arbeiten in EA und vergleichen ihre Ergebnisse anschließend in PA. Abschließend werden die Ergebnisse im Plenum gesichert.

➔ Your task, SB-Seite 51
➔ FöFo 2.4

DIFFERENZIERUNG **More help**
Leistungsschwächere S arbeiten auf SB-Seite 85.

MUSTERLÖSUNG
2 Twenty-five years after returning home …
3 Since publishing her first novel in 1997 …
4 While travelling to Hogwart's School …
5 When leaving home one morning, Jake, the hero …
6 Before leaving England for Australia …

2 Explaining why (Participle clauses meaning *because* …)

ERARBEITUNG
SB geöffnet. Die S Die S arbeiten in EA und vergleichen ihre Ergebnisse anschließend in PA. Abschließend werden die Ergebnisse im Plenum gesichert.

➔ Your task, SB-Seite 51
➔ FöFo 2.4

LÖSUNG
2 Wanting to share her experience, Joan Abelove decided to …
3 Appealing to children everywhere, J.K. Rowling's novels quickly became …
4 Having lost his parents at the age of one, Harry Potter goes to live …
5 Realizing that his life is in danger, Jake decides that …
6 Not knowing that Sue is planning to leave, Alex is shocked when she ….

Weitere Differenzierung
Leistungsschwächere S erstellen vorab Sätze mit *"because"* und wandeln diese anschließend in *participle clauses* um.

3 Talking about connected actions (Participle clauses meaning *and* …)

NEUER WORTSCHATZ
ladder

ERARBEITUNG
SB geöffnet. Die S arbeiten in EA und vergleichen ihre Ergebnisse anschließend in PA. Abschließend werden die Ergebnisse im Plenum gesichert.

➜ Your task, SB-Seite 51
➜ FöFo 2.4

DIFFERENZIERUNG More help
Leistungsschwächere S arbeiten auf SB-Seite 85. Dort tragen sie angeleitet jeweils das Verb oder das *participle* in die Sätze ein.

LÖSUNG
2 The author describes small-town life, painting a … / Describing small-town life, the author paints …
3 The plot develops quickly, holding the reader's … / Developing quickly, the plot holds the reader's …
4 The hero wanders around town, looking for … / Wandering around town, the hero …
5 The two girls travel through the jungle, sleeping in … / Travelling through the jungle, the two girls sleep …
6 Jake stood at the top of the ladder, trying to open … / Standing at the top of the ladder, Jake tried to …

➜ GAP 21–23: Participles (pp. 182/184/186)
➜ Workbook 10–12 (p. 20)

STEP 6: IMPROVE YOUR STYLE Description techniques

NEUER WORTSCHATZ
genre · °intended · **semi-** · **autobiographical** · **crime** · °must-read · (to) **be set in** · **effective** · **hilarious** · °page-turner · **moving** · **account** · **emphasis** +(to) **emphasize** · **highly** · **readable** · **entertaining** · **read** · **enjoyable** · **lifelike** · **gripping** · **meaningful** · (to) **avoid** sth./doing sth.

ERARBEITUNG
a) 👥 SB geöffnet. Die S lesen erst die Tipps und bearbeiten anschließend die Aufgabe in PA.

➜ Your task, SB-Seite 51

MUSTERLÖSUNG
l. 10: In her first novel, …
ll. 57–58: … this engaging work of young adult fiction, …

The review mentions at the very beginning that the book is a novel. Only at the very end of the review is the audience mentioned (young adults). The audience could have been mentioned earlier, but then some readers may not have read on because they are adults. So, they would have missed the important information about the content of the novel. Therefore, I think it is a good idea to mention the audience right at the end of the review.
The review could have mentioned that the novel is semi-autobiographical, because the content is based on Joan Abelove's own experience.

ERARBEITUNG
b) 👥 SB geöffnet. Die S füllen die Leerstellen in EA, lesen sich dann die verschiedenen Versionen in PA vor und begründen, welche Version ihnen am besten gefällt.

MUSTERLÖSUNG
A Prayer for Blue Delaney by Kirsty Murray is a brilliant work of young adult fiction.
Coast to Coast by David Fermer is a heartbreaking novel about immigrants in Australia.

ERARBEITUNG
c) SB geöffnet. Die S lesen erst die Tipps und bearbeiten anschließend die Aufgabe in PA.

➜ Your task, SB-Seite 51

MUSTERLÖSUNG
a highly readable novel • an extremely enjoyable read • a very engaging account • a very entertaining story • a painfully slow-moving account • an extremely fast-moving page-turner • an action-packed and yet moving account (of …) • a hilarious story (about …) • an utterly heartbreaking novel • an absolutely heart-warming read • a moving account (of …) • a lifelike account • an immensely gripping read • a highly thought-provoking story

As in *Looking for Alaska*, his earlier novel, this book is also a touching story about the life of teenagers.
Compared with *The Pit*, his earlier novel, this book is less entertaining.
In contrast to his other novels, this one is a crime story set in the American South.

ERARBEITUNG
d) SB geöffnet. Die S suchen die Zitate im Modelltext und kommentieren ihre Wirkung.

➜ Your task, SB-Seite 51

MUSTERLÖSUNG
"the two old white ladies" (ll. 7–8)
This quote introduces the different cultural concepts of age or how people of different cultures/backgrounds see each other.

"become caibo, caibo raibirai. Real people, kinsmen, or whatever they would be" (ll. 38–39)
This quote introduces the somewhat unusual style the narrator often uses, interspersing Isabo words into the English narrative, thus giving it an authentic feel.

"And then we could see … compared to the enormous forest" (ll. 48–51)
This quote summarizes the gist of the novel's message, explaining that things look different depending on the angle you choose to look at them.

The three quotes are chosen well, because they all refer to the main idea the novel deals with: intercultural differences and the way people cope with them.

ERARBEITUNG
e) SB geöffnet. Die S überarbeiten ihre eigenen Texte in Hinblick auf die Verwendung von geeigneten Zitaten aus dem Originaltext.

➜ Your task, SB-Seite 51
➜ FöFo 2.4

STEP 7: EDIT YOUR TEXT

ERARBEITUNG
a) SB geöffnet. Gemäß SB.

ERARBEITUNG
b) SB geöffnet. Die S lesen die überarbeiteten Texte ihrer Partner und kommentieren diese erneut mit Hilfe der *feedback phrases*.

KV 4: Giving feedback on a text.

➜ Workbook 13 (p. 21)

KOMMUNIKATIVE KOMPETENZEN
Die S können …

Lesen: einen Sachtext verstehen und Fotos dekodieren (SB-Seite 44, 1 und SB-Seite 45, 4)

Sprechen: auf der Grundlage eines kurzen Textes zum Themenkomplex *community and diversity* und zweier Fotos Inhalte wiedergeben und diskutieren (SB-Seite 44, 2) • sich zu Themen der sozialen und politischen Mitwirkung positionieren und ihre Ideen und Standpunkte im Dialog und schriftlich vertreten (SB-Seite 44, 2 + 3 und SB-Seite 45, 4 + 5)

Schreiben: sich zu Themen der sozialen und politischen Mitwirkung positionieren und ihre Ideen und Standpunkte im Dialog und schriftlich vertreten (SB-Seite 44, 2 + 3)

Sprachmittlung: Informationen aus einem deutschen Text für eine Internet-Plattform auf Englisch zusammenfassen SB-Seite 45, 6)

METHODISCHE KOMPETENZEN
ein Foto beschreiben (SB-Seite 45, 4)

S. 44–45

TIPPS FÜR IHRE PLANUNG

In *Part C* lernen die S über zwei Texte zwei unterschiedliche Projekte kennen; das "Inside Out Project" und das Projekt "The Standing March". Es empfiehlt sich die SB-Seiten 44 und 45 jeweils ohne Unterbrechung zu erarbeiten. Als vorentlastende HA kann L einen arbeitsteiligen Rechercheauftrag stellen, dessen Ergebnisse vor der Erarbeitung der SB-Seiten dann im *Jigsaw*-Verfahren (▶ *Gruppenpuzzle*) zusammengetragen werden. Das kann gerade in eher schwachen Lerngruppen helfen, die recht anspruchsvollen und sehr dichten Lesetexte sprachlich und inhaltlich vorzuentlasten:

Research the following topics:
a) Des Moines
b) Mount Rainier High School
c) French artist JR/Inside Out project
d) "The Standing March"
e) 2015 climate conference in Paris (eher für leistungsstärkere S geeignet)

Vor dem Lesen des Textes auf SB-Seite 44 sollten die S die Leseaufträge **2a)–b)** zur Kenntnis nehmen.
Wenn genügend Zeit vorhanden ist, sollte die gesamte Lerngruppe nach der Erarbeitung von SB-Seite 44 eine Wandzeitung erstellen. Diese zeigt ein Foto von jedem einzelnen S und einem Schild darunter, welches beschreibt, was ihn oder sie von den anderen unterscheidet – ähnlich wie in dem *Inside Out Project* beschrieben. Das Ergebnis könnte auch in der Aula der Schule ausgehängt werden, um somit andere Lerngruppen zu ermutigen, dasselbe zu tun. Im Ergebnis könnten die S sich so ein Bild über die Vielfalt an ihrer Schule machen. Die Grundidee dieses Projekts könnte auch für ein fächerverbindendes Projekt zum Thema „Vielfalt" genutzt werden.
Aufgabe **6a)** (SB-Seite 45) könnte bei Zeitmangel auch in die HA vorverlegt werden.

➜ Your task, SB-Seite 51
➜ FöFo 2.5
➜ Interaktive Übungen zum Workbook 2.6

Alternative
Die S stellen ihre Beiträge auf einem vom L erstellten und nur für die Lerngruppe geöffneten *online noticeboard* (z. B. www.padlet.com) ein und nutzen dafür PCs oder Tablets sowie einen Beamer zur abschließenden Präsentation.

INFO-BOX
JR is an award-winning French artist and photographer whose true identity isn't yet publicly known. His most famous works are his outsized photographic images that have been displayed in public in cities around the world, giving streets the feel of open-air galleries. Over 150,000 people have submitted photos of themselves to JR for his project *Inside Out* (www.insideoutproject.net), in which he makes their portraits into posters for public campaigns.

1 Community and diversity

NEUER WORTSCHATZ
diversity · **display** · **exhibition** · **harmony** · °sophomore · (to) **embrace** · °(to) shame (sb.) · °harmonized · **derogatory** · **stereotype** · (to) **be present** · (to) **capture** · (to) **paste** · (to) **install** · (to) **participate (in)**

➔ Your task, SB-Seite 51

EINSTIEG
SB geschlossen. Die S arbeiten in PA und arbeiten mit folgenden drei Aussagen. Vorab stellt L sicher, dass die S alle Wörter in den drei Aussagen verstehen.
L: Which statement do you like best? Be able to explain why you think so.
1 Diversity is a great asset. It helps a community grow and prosper.
2 Diversity is something that should be seen as a catalyst in education.
It helps students develop their intercultural competence.
3 Diversity is something that is often hidden in a community. It remains unseen, yet it should be turned inside out.

Zusatz 1
L: Make two more statements about the advantages of diversity.

Zusatz 2
L: There is a spelling mistake on one sign. What is it? ("surprised")

2 Working for harmony

ERARBEITUNG
a) SB geöffnet. Die S lesen erst die beiden Arbeitsaufträge (*Describe* … *Explain* …) und dann den Text in EA. Sie machen sich beim Lesen Notizen und vergleichen diese anschließend in PA.

MUSTERLÖSUNG
Rahel thinks people in a community should be encouraged to express what makes them special and how they are different from others. She thinks that this might be a way to overcome stereotypes.
The Inside Out project helped Rahel because they made large posters of the photos she took. So, she could display them in a public place (outside the Des Moines Theater) for many people to see, even outside her school.

Weitere Differenzierung
Impulse für leistungsschwächere S (Folie).
Outline what we learn about Rahel.
Why does she take part in the Inside Out project?
What exactly did she do?
How does the Inside Out Project work?

ERARBEITUNG
b) Um diese abstrakte Aufgabe angemessen bearbeiten zu können, müssen die S erst definieren, auf welche "community" sich ihre Ideen beziehen. Daher sollte L hier auf das *Lead-in*, Aufgabe **3a)** und ggf. auch auf die *Your task* verweisen.
Die S arbeiten in GA zu dritt und sammeln Ideen.

MUSTERLÖSUNG
- Find common goals/interests.
- Find out how everyone could contribute to achieving those goals.
- Find out what everyone's strengths are.
- Talk about reasons why people are parts of/members of this community (forced/voluntary member).
- Find out why some people don't (want to) belong or can't belong to this community.
- Collect (unwritten/unspoken) rules defining this community.

Weitere Differenzierung
Die S erhalten die Musterlösung mit Distraktoren und diskutieren diese:
Find common goals/interests.
Have a big party and invite everyone that belongs to this community.
Find out how everyone could contribute to achieving those goals.
Find out what everyone's strengths are.
Ask all members if they are happy in this community.
Talk about reasons why people are parts of this community.
Try to be nice to everyone.
Find out why some people don't (want to) or can't belong to this community.
Collect (unwritten/unspoken) rules defining this community.

➔ Your task, SB-Seite 51

AUSWERTUNG

Die Gruppen nennen jeweils eine Idee, die in der Diskussion entstanden ist. Diese Ideen werden an der Tafel gesammelt und für eine *ranking activity* genutzt. Die S sortieren die Ideen, die im Plenum gesammelt wurden nun von *most to least important/convincing* im Gruppengespräch und begründen ihr Ergebnis jeweils im Plenum.

Alternative

Bei sehr wenig Zeit überspringt L die Gruppendiskussion, stellt die Ideen aus der Musterlösung als TB zur Verfügung und lässt die S die *ranking activity* durchführen.

3 Explaining your view

ERARBEITUNG You choose

a)/b) SB geöffnet. Die S lesen die Arbeitsaufträge und wählen einen der beiden Aufgaben aus.

➜ Your task, SB-Seite 51

MUSTERLÖSUNG

a)

I'm blonde. I like math. Surprised? Most people are.

→ I wrote this text to express that a) girls and especially b) blonde girls are often stereotyped as stupid/bad at sciences/less intelligent.

Do you speak African?

→ I wrote this because many people I meet think that there is only one language spoken by the peoples of Africa, yet there are several hundred languages spoken all over the continent, which many people don't seem to know.

b) I would hang up the photo in …

- our school cafeteria
- in the entrance hall of our school
- in the entrance hall of our town hall
- in the hallway of our house

… because many different people could see it there – people I know and people I don't know.

Hinweis

Auf dem unteren Foto auf SB-Seite 44 hält die Schülerin ein Schild auf dem „I like math." zu lesen ist. Im amerikanischen English ist diese Bezeichnung des Schulfaches Mathematik gebräuchlich, während im britischen Englisch *maths* verwendet wird.

4 Taking a global stand

NEUER WORTSCHATZ

(to) **take a stand (on sth./ against sth.)** · **capital** · **virtual** · **march** · (to) **project** sth. (**on**, **onto**) · **conference** · °3D scan · **dynamic** · **eerie** · **sight** · **haunting** · **soundtrack** · **surreal** · °watchful · **politician**

➜ Your task, SB-Seite 51

INFO-BOX

Darren Aronovsky is a successful American film director and producer. His work, including such films as *Pi*, *Requiem for a Dream* and *Black Swan*, has met with critical acclaim.

The Standing March is the result of a collaboration between JR and Darren Aronofsky (www.thestandingmarch.com), which involved the projection of the images of 500 people onto the National Assembly in Paris during the 2015 *United Nations Climate Conference*. This "standing march" was staged in the city centre, where normal political demonstrations are prohibited. At the Paris conference (30 November to 12 December 2015), 196 countries committed themselves to the goal of limiting global warming to a rise of less than two degrees Celsius.

ERARBEITUNG
SB geöffnet. Die S betrachten das Bild und beschreiben es in GA oder PA.

MUSTERLÖSUNG
The picture shows a huge building in an urban area. On the wall of the building there is a poster or maybe a video installation which shows many faces of different people. The people are looking in the direction of the observer. There are people of different ethnic backgrounds, sexes and ages.
To me it looks strange, maybe even scary, because it feels like the people are watching me. They are looking at me as if they wanted to say something. What is the idea behind this installation? Who made it? Why?

Weitere Differenzierung
L veröffentlicht folgende Impulse für leistungsschwächere S:
You may use the following words to describe the picture:
poster or video installation/ protest / virtual protest / public building /create an awkward or uneasy feeling / faces staring at you / surprised / surprise effect / raise questions / make people curious

5 A global community?

ERARBEITUNG
a)–b) SB geöffnet. Die S lesen den Text in EA und bearbeiten die Aufgaben gemäß SB.

MUSTERLÖSUNG
a) "The Standing March" is a video installation created by the French artist JR and the US film maker Darren Aronofsky.
It was projected onto six public buildings during the UN climate conference in Paris in 2015.
The faces of 500 people were used for the installation.
They seemed to be alive, because they were moving.
The people turned around so that the audience could only see the back of their heads, then they turned back and faced the audience again.
In addition, there was a haunting soundtrack.

MUSTERLÖSUNG
b) Yes, I would have taken part in the installation, because I think it is important that we wake up our politicians with actions like this so that they do more against global warming. The video installation is very powerful, and I would have liked to be one of those faces.
No, I don't think I would have taken part. I don't think that actions like this are very powerful. It is much more important to do something against global warming in our daily life, for example by saving energy or avoiding garbage.

Weitere Differenzierung
L veröffentlicht folgende Impulse als für leistungsschwächere S:
Who initiated "The Standing March"?
(The Standing March" is a video installation created by the French artist JR and the US film-maker Darren Aronofsky.)

Where, when and how was the installation shown?
(Paris, 2015, six public buildings)
How does the installation work?
(The faces of 500 people were used for the installation. They seemed to be alive, because they were moving. The people turned around so that the audience could only see the back of their heads, then they turned back and faced the audience again. In addition, there was a haunting soundtrack.)
What is the intended effect of the installation?
(Protest against global warming, remind politicians that the people are watching their work, public opinion is important, shouldn't be ignored.)

Zusatz
L: Do you think a video installation would be a powerful way to raise awareness of (political) issues? What images would you use?

ERARBEITUNG **EXTRA**
Die S diskutieren das Statement im Plenum.

➜ Your task, SB-Seite 51

6 Youth projects in Germany

ERARBEITUNG

a) SB geöffnet. Die S lesen gemeinsam die Aufgabe und den Text auf SB-Seite 101.

Anschließend machen sie sich in PA klar, welche Infos sie aus dem deutschen Text mediieren sollen, indem sie die Mediationsaufgabe in ihre Bestandteile zerlegen:

genre: post for Internet platform, description of the project
target group: other young people

MUSTERLÖSUNG

In July 2016, members of the association "Die Urbanisten" built several pieces for a new ramp which was to be erected at the Dortmund U – a famous skating ramp in Dortmund. They worked together for two weekends, then the heavy pieces of the ramp were transported to their final destination, where they were screwed together.

The ramp can be used by all skaters and the initiative offered courses for inexperienced skaters. In August 2016, a competition was held and everyone was welcome to participate. The highlight of the whole project was a contest at the end of August 2016 with several skating disciplines. The youth project was sponsored by various skate and sneaker shops in Dortmund.

Weitere Differenzierung

Leistungsschwächere S erhalten eine Liste mit Fragen, die ihnen hilft zu erkennen, welche Fakten mediiert werden sollten:

Which project does the article describe?
Where and when did the event take place?
How long did it take to build the ramp?
Who built it?
Where was the ramp installed?
Who uses the ramp?
What is the project's highlight?
Who sponsored the project?

ERARBEITUNG

b) SB geöffnet. Die S arbeiten in Gruppen zu viert und tragen sich ihre Zieltexte gegenseitig vor. Sie entscheiden, wer den besten Text geschrieben hat, indem sie auf die die einzelnen Bestandteile der Mediationsaufgabe zurückgreifen.

➔ Workbook 14 (p. 22)

S. 46

TIPPS FÜR IHRE PLANUNG
In *Part C Practice* lernen die S verschiedene Formen der Emphase kennen ebenso wie die Verwendung des Gerundiums nach Präpositionen.

➜ Your task, SB-Seite 51
➜ FöFo 2.5
➜ Interaktive Übungen zum Workbook 2.7, 2.8

1 It does matter (Emphatic *do* and other forms of emphasis)

NEUER WORTSCHATZ
definitely · **by** + *-ing* form

ERARBEITUNG
a) SB geöffnet. Die S lesen gemeinsam die *Language help*-Box und hören anschließend die Beispielsätze. Dann lesen sie die verbleibenden Sätze mit der geforderten Betonung vor und überprüfen anhand der Hörbeispiele, ob sie dem richtigen *stress pattern* gefolgt sind.

➜ GAP 27: Emphasis (p. 194)
➜ 27–34 Transkript online

ERARBEITUNG
b) SB geöffnet. Die S arbeiten zu viert und bearbeiten die Aufgabe gemäß SB.

MUSTERLÖSUNG
2
We do have to save the environment.
It is the environment (that) we have to save.
We really have to save the environment.
We ourselves have to save the environment.

3
I do want to see more cycle paths.
It is more cycle paths (that) I want to see.
I definitely want to see more cycle paths.
I myself want to see more cycle paths.

4
The mayor did promise to help with the problem.
It was the mayor who promised to help with the problem.
The mayor really promised to help with the problem.
The mayor himself promised to help with the problem.

5
Bike riders do need to take action.
It is the bike riders who need to take action.
Bike riders definitely need to take action.
Bike riders themselves need to take action.

ERARBEITUNG
c) SB geöffnet. Gemäß SB.

AUSWERTUNG
Vier (leistungsstärkere) S lesen vor der Klasse noch einmal exemplarisch je einen Satz von 2, 3, 4, 5 mit der entsprechenden Betonung vor. Die zuhörenden S geben Feedback im Hinblick auf die Korrektheit der Betonung.

➜ Your task, SB-Seite 51

2 Instead of using your car ... (The gerund after prepositions)

NEUER WORTSCHATZ
exercise *(no pl)* · **petrol** *(BE)* / **gas** *(AE)* · **attractive**

➜ Your task, SB-Seite 51

ERARBEITUNG
SB geöffnet. Die S bearbeiten die Aufgabe gemäß SB und vergleichen ihre Ergebnisse in PA.

LÖSUNG
1 Instead of using your car, ...
2 Just think of all the advantages of cycling.
3 You'll save time by combining exercise and transport.
4 You'll reduce the cost of getting to work or school.
5 Instead of spending money on petrol, ...
6 As well as saving money, ...
7 By taking part in our project, ...
8 The council has spent a lot on improving the cycle paths.
9 Check our website for advice on cycling safely.
10 If you have ideas for making cycling safer ...

➜ GAP 14–15: The gerund (pp. 168/170)
➜ Workbook 15–16 (pp. 22–23)

S. 47

TIPPS FÜR IHRE PLANUNG
Auf dieser Seite erarbeiten sich die S wichtiges Vokabular zum Themenbereich *Political and social involvement* und legen die sprachliche Grundlage für eine erfolgreiche Bewältigung der *Your task*. Es empfiehlt sich, die Aufgaben **1a)**, **2a)** und **3a)** als HA vorbereiten und Aufgaben **1b)**, **2b)** in PA im Unterricht bearbeiten zu lassen. Die zusammenführende Aufgabe **3b)** kann auch als HA vorbereitet und in der folgenden Stunde durchgeführt und besprochen werden.

➜ Your task, SB-Seite 51
➜ FöFo 2.5
➜ Interaktive Übungen zum Workbook 2.8

1 Nouns: Social and political involvement (Structuring vocabulary)

NEUER WORTSCHATZ
political · involvement (in) · **Box "involvement"**, *Voc.*, SB-Seite 213 · **activist** +**activism** · **campaign** · **cause** · **citizen** · **democracy** · **initiative** · **MP** (= **Member of Parliament**) · **opinion poll** · **party** · **petition** · **policy** · **Box "German 'Politik'"**, *Voc.*, SB-Seite 213 · **pressure group** · **referendum** · **safety** · **signature** · (to) **sign** · (to) **demand** · (to) **elect** sb.

ERARBEITUNG
a) SB geöffnet. Die S erledigen die Aufgabe in EA, z.B. als vorbereitende HA.

➜ SF 38: Ordering and structuring vocabulary (p. 134)

DIFFERENZIERUNG More help
Auf SB-Seite 85 finden leistungsschwächere S Kategorien, nach denen sie dieWörter aus a) strukturieren können.

ERARBEITUNG
b) **SB geöffnet.** Gemäß SB.

➜ Your task, SB-Seite 51

2 Verb and noun collocations (Social and political involvement)

ERARBEITUNG
a) SB geöffnet. Die S erledigen die Aufgabe in EA, z.B. als vorbereitende HA. L gibt den S den zusätzlichen Tipp, die Substantive in der unteren Box nacheinander zu bearbeiten und zu jedem Substantiv geeignete Verben auszusuchen, die sich in Kombination mit den Substantiven verwenden lassen.

LÖSUNG
become/defend/support an activist
demand/defend/oppose/support civil rights
demand/defend/oppose/support democracy
attend/organize/start a demonstration
demand/defend/oppose/support a law
join/organize/start a movement
become/elect/oppose/support an MP
organize/sign/start a petition
demand/organize/ a referendum
defend/oppose/support racism

Erarbeitung
b) **SB geöffnet.** Gemäß SB.

MUSTERLÖSUNG
attend/organize/start a march
attend/organize/start a sit-in
attend/organize/start a strike

➜ Your task, SB-Seite 51

3 Collocations with prepositions (Social and political involvement)

NEUER WORTSCHATZ
(to) **demonstrate (for/against** sth.)

Erarbeitung
a) SB geöffnet. Die S erledigen die Aufgabe in EA, z.B. als vorbereitende HA.

MUSTERLÖSUNG
It's important to take a stand on discrimination/racism/prejudice/pollution/road safety/...
I haven't taken part in a demonstration yet.
I could imagine campaigning for road safety/animal rights/...
We have to protest against the government because it is corrupt.
You shouldn't discriminate against people.

ERARBEITUNG
b) Es empfiehlt sich, die Aufgabe als HA vorbereiten zu lassen. Für ihren Vortrag fertigen die S zwei identische Karteikarten an, auf denen mindestens zehn zu verwendende Redemittel in der Reihenfolge ihrer geplanten Verwendung aufgelistet sind. Eine Karteikarte dient als Stichwortzettel für den Kurzvortrag, die andere wird dem Partner übergeben, der dem Kurzvortrag zuhört, überprüft, ob die Begriffe auch richtig verwendet werden und sich weitere Notizen zum Vortrag macht, um eine qualifizierte Rückmeldung zu Sprache und Inhalt zu geben.

KV 16: Giving feedback on a presentation.

➜ Your task, SB-Seite 51

DIFFERENZIERUNG Early finisher
Leistungsstärkere S finden auf SB-Seite 91 eine *Matching*-Aufgabe zu *digital activism*.

SICHERUNG/AUSWERTUNG
Die Sicherung der Ergebnisse erfolgt schülerzentriert in PA. Einige Freiwillige halten ihren Vortrag vor der Gruppe und bekommen eine zusätzliche Rückmeldung im Plenum.

➜ Workbook 17 (p. 23)

S. 48–49

KOMMUNIKATIVE KOMPETENZEN
Die S können …
Lesen/ Sprechen: kurzen Texten wichtige Informationen entnehmen, um das deutsche Wahlsystem mit dem der USA und des UK zu vergleichen. (SB-Seiten 48–49)

S. 48

Two political systems ▶

NEUER WORTSCHATZ
°state • °level • °Governor • ° Senator • °Representative • °federal • °Congress • °House of Lords • °(to) appoint sb. • °head of state • (to) be born to (a job) • Briton (fml) • °democratic • °monarchy • °legislature • °signature • °(to) vote • °voter • °(to) hold a vote • °cigarette • °minimum wage • °(to) ban sth. • °death penalty • °(to) legalize sth. • °marijuana • °EEC (European Economic Community) • °proportional • °(to) remain • °independent • °(to) shape sth. • °policy • °Republican, *pl.* the Republicans • °Democrat, *pl.* the Democrats • °conservative • °Labour • °by contrast • °(to) register • °primaries *(pl.)* +°primary (election) • °round • (to) stand for an election • °(to) win sb. over • °(to) operate • °historic • °Supreme Court • °same-sex • °marriage

➜ FöFo 2.6

ERARBEITUNG PRE-READING TASK
SB geschlossen. 1. Sehen. L: Today we're going to learn more about the American and British political systems. First, we'll watch two short video clips. Take notes on the main political institutions in both countries and the powers they have. After that, you'll use your notes to compare the two systems in your group.
Anschließend tragen die S ihre Notizen in GA zusammen und erstellen gemeinsam ein kurzes Informationspapier zu den Ähnlichkeiten und Unterschieden der beiden politischen Systeme. Dieses Ergebnis wird danach im Plenum ausgewertet und an der Tafel gesichert.

Alternative
Die S informieren sich im Rahmen einer vorbereitenden HA über das deutsche Wahlsystem, damit sie im Anschluss an die Erarbeitung der Videos und Texte zum amerikanischen und britischen politischen Systems besser in der Lage sind einen Vergleich mit dem deutschen anzustellen.

MUSTERLÖSUNG
Main political institutions in the USA
- The 1789 Constitution, which is still in force today, has seven articles.
- Article 1 deals with the legislature, the place where the people's representatives come to debate and to make laws.
- Article 2 deals with the executive, the president and the cabinet, the people who run the country.
- Article 3 deals with the judiciary, the country's court system.
- The authors of the Constitution wanted to make sure that no branch of government could become too powerful. So, each branch can limit the power of the other two.
- The **legislature**, or Congress as it is usually called, is made up of two houses: the Senate and the House of Representatives.
- The Senate has 100 members altogether. Each of the 50 states elects two senators.
- The number of representatives each state elects to the House of Representatives is proportional to the size of its population.
- The job of Congress is to make laws to make everyone's life better.
- Congress also has the right to say yes or no on important issues like the budget, appointing federal judges, and declaring war.
- The president is the head of state and head of the **executive**, and is elected every four years.

➜ DVD, Dauer: 06:08 min (UK), Dauer: 06:17 min (USA)

- The president signs the laws that Congress passes, but can also refuse to do this and veto the law instead.
- He or she appoints members of his or her cabinet, and is also the military leader in times of war.
- The **judiciary** is headed by the Supreme Court, nine experienced judges who are nominated by the president and approved by Congress.
- The Supreme Court has the power to review the actions of the president and to review laws passed by Congress.

Main political institutions in the UK

- The **monarch**'s role is ceremonial. The king or queen signs the laws which are passed by the Lords and the Commons, and also has a lot of ceremonial duties, like welcoming heads of state from other countries when they visit the UK.
- The highest authority in the United Kingdom is **Parliament**.
- Parliament makes laws for the UK and every government must have the support of the majority in Parliament.
- Parliament is made up of the **House of Commons** and the **House of Lords**.
- The House of Commons is elected by the people; the House of Lords is not elected by the people.
- The House of Commons is the stronger of the two houses, because it can pass laws even against the will of the House of Lords.
- The House of Lords is made up of 26 bishops of the Church of England and about 800 peers, most of them life peers.
- The House of Commons is the elected house, with elections every five years.
- The UK is divided into over 600 constituencies, or voting areas, and each constituency elects one member of Parliament.
- After each election, the leader of the biggest party is asked by the monarch to form a government, and becomes prime minister, the head of the government.
- All four countries of the UK elect members to the House of Commons.
- But Northern Ireland, Scotland and Wales also have their own regional parliaments. Many people in these countries want more control over their own regional affairs.

The American and British political systems

Similarities

- Both countries have a head of state who signs laws.
- Both countries have two legislative houses.

Differences

- The system of checks and balances in the USA has no equivalent in the UK.
- The House of Commons is the most important authority in the UK and is not checked by anyone else.
- The US president is more powerful than the UK monarch.
- The judiciary is more powerful in the USA than in the UK.
- In the US, the president and the Senate are elected. In the UK, the monarch and the House of Lords are not elected.

ERARBEITUNG

SB geöffnet. 1. und ggf. **2. Lesen**. Gemäß SB. Die Auswertung erfolgt im Plenum.

MUSTERLÖSUNG
Voting rights in Germany
Elections
In Germany, you can vote in elections from age 18:
- in local elections (Bezirk or Gemeinde; 16 in Hamburg, Bremen and Brandenburg)
- in state elections (Landtag or its equivalent in the city states)
- in federal elections (Bundestag)
- in European elections (European Parliament)

You cannot vote directly for the president. That is the job of the Federal Convention (Bundesversammlung).

In Germany, you can vote from age 18 in referendums and initiatives:
- at the federal level (but these are rare and unimportant)
- at the state level or local level (which happen more often).

ERARBEITUNG
Auf unserer Website www.englishg.de finden die S weiteres Material zum Thema.

→ www.englishg.de/access
→ Workbook 18 (p. 24)

S. 49

EINSTIEG
L: Why do you think people join parties? Would you, and why?

→ FöFo 2.6

Musterlösung
In all three houses, the average age is about the same, between 51 and 61. However, in both US houses, there are no members under the age of 30, whereas in the UK, two percent of the members are under 30. This means that there are probably some very old members in the UK. Members have to be a certain age before they can be elected, but none of the houses has members who are exactly that age. Instead, they seem to wait a few years longer before trying to get elected.

ERARBEITUNG
SB geöffnet. Die S lesen in EA die Texte und bearbeiten anschließend in PA die Aufgaben. Die Auswertung erfolgt im Plenum.

ERARBEITUNG ABSCHLUSSAUFGABE
Die S können die Aufgabe selbstständig zu Hause oder in der Schule online recherchieren.

→ Workbook 19 (p. 24), Wordbank 3

S. 50

TIPPS FÜR IHRE PLANUNG
Auf der *Study skills*-Seite setzen sich die S mit der Erstellung von Präsentationsfolien auseinander. Diese Seite sollte auf jeden Fall vor der Erarbeitung der *Your task* behandelt werden. Da die S in der 10. Klasse sicher alle schon elektronische Präsentationen in verschiedenen Fächern erstellt haben, werden sie Vorkenntnisse zu diesem Thema besitzen.

➜ Your task, SB-Seite 51
➜ FöFo 2.6

NEUER WORTSCHATZ
slide · **aspect** · **forward(s)** · **infrastructure** · **fewer** · **Box "German 'wenig, weniger, am wenigsten'"**, *Voc.*, SB-Seite 214 · **low** · (to) **synchronize**

EINSTIEG
Die S finden sich in das Thema ein, indem sie folgende Fragen im Plenum bearbeiten.
L: What makes a good electronic presentation? What are the dos and don'ts when designing a slide for a presentation?

ERARBEITUNG
a) SB geöffnet. Die S lesen die Arbeitsanweisung gemeinsam und arbeiten dann weiter in PA. Sie beschreiben die Folien der vier Kategorien abwechselnd und entscheiden gemeinsam, welche gelungen sind und welche Aspekte bei einzelnen Folien verbessert werden müssten.

MUSTERLÖSUNG
Contrast:
- A is better, the blue background in B is too light.

Text:
- It is a good idea if the two slides are used one after the other.
- The first slide sounds like an appeal, but the audience needs to know what infrastructure means in detail. So, an explanation (slide B) should follow.

Colour:
- Slide A is better, slide B is confusing, the audience focuses on the use of colours instead of focusing on the message.

Photos:
- Slide A is better, because it shows an appeal and the effect this might have. Slide B could be used for many purposes, here the appeal isn't clear.

ERARBEITUNG
b) SB geöffnet. Die Partner arbeiten gemäß SB jeweils auf SB-Seite 95 (Partner A) oder auf SB-Seite 97. Es empfiehlt sich, dass sie zunächst beide das *Skills File* zum Thema lesen.

➜ SF 34: Making good slides for an electronic presentation (p. 130)
➜ Workbook 20 (p. 25)
➜ VAS 2.1, 2.2
➜ LM Unit 2

S. 51

A call for action

TIPPS FÜR IHRE PLANUNG

➜ FöFo 2.6

Die bereits im *Lead-in* angekündigte Lernaufgabe (*Your task*) dieser Unit fordert die S auf, eine elektronische Präsentation im Rahmen einer Europäischen Konferenz zu halten. Die Präsentation soll Vorschläge für konkrete Maßnahmen präsentieren, die das Leben in der eigenen lokalen Umgebung verbessern könnten.

Die gesamte Seite sollte mit den S im Plenum gelesen werden, um inhaltliche und sprachliche Fragen zu den einzelnen Arbeitsschritten gemeinsam zu klären.

Es gibt drei Möglichkeiten der Gruppenfindung (siehe auch ▶ *Gruppenbildung*), je nach sozialem Gefüge der Gruppe:

1. In sozial homogenen Klassen finden die S sich selbst in Gruppen zu dritt oder zu viert zusammen und suchen gemeinsam ein Thema.
2. In sozial heterogenen Klassen bietet es sich an, dass L die Gruppen einteilt und schwache und starke S mischt bzw. Gruppen erstellt, in denen S gemeinsam arbeiten, die sonst eher wenig Kontakt miteinander haben.
3. L lost (Spielkarten, Bilderschnipsel, Namensschreibung → Müller/Miller/Mueller etc.) die Gruppenzusammengehörigkeit aus, das ist aber eher in sozial homogenen Gruppen empfehlenswert.

L verabredet mit den S eine klare **zeitliche Planung**. Ebenso entscheidet L für sich im Rahmen der Halbjahresplanung, ob die S die Präsentation im häuslichen Bereich parallel zum laufenden Unterricht erarbeiten oder während der Unterrichtszeit. Hier ist zu beachten, ob alle S Zugang zu den entsprechenden Medien haben oder Medien der Schule benutzen sollen bzw. müssen.

In Gruppen, die bislang noch nie gemeinsam Präsentationen erstellt haben, bietet es sich an, den S vorzuschlagen, verschiedene Aufgaben je nach Stärke zu verteilen: *researcher/IT specialist and/or graphic designer/timekeeper and manager/language specialist.*

Wenn es sich um große Lerngruppen handelt, nimmt die **Auswertung der Präsentationen** entsprechend viel Zeit in Anspruch, das ist auch bei der Halbjahresplanung sorgfältig zu beachten.

Es ist fairer, wenn die S alle Präsentationen hintereinander (in 3–4 Stunden) hören und erst danach in eine große **Feedbackrunde** eintreten. Das erfordert jedoch die Notwendigkeit, dass sich die S während der Präsentationen ausführlich Notizen für das Feedback machen.

Die S sprechen in ihrer Gruppe jeweils über die anderen Präsentationen (Step 5 and 6) und einigen sich mit Hilfe des von L zur Verfügung gestellten *feedback sheets* (vgl. hierzu SB-Seite 272f. bzw. **KV 16: Giving feedback on a presentation**). Jede Gruppe gibt jeder Gruppe Feedback, dabei beschränken sich die S auf je einen positiven und (wenn es einen solchen gibt) einen negativen Aspekt.

Am Ende aller Präsentationen sollte L die Titel aller Präsentationen noch einmal an die Tafel schreiben. Jede Gruppe darf drei Punkte (Klebepunkte oder die S malen Punkte mit dem Tafelstift hinten den Titel der Präsentation) an drei Präsentationen vergeben (nicht die eigene), die inhaltlich und/oder sprachlich besonders gut gelungen waren.

So ergibt sich ein klares Bild, welche Präsentationen aus Schülersicht besonders gut gelungen waren.

Zusätzlich sollten die S am Ende im Plenumsgespräch erläutern und begründen, bei welchem Projekt sie gerne mitmachen würden.

ERARBEITUNG STEP 1 AGREE ON WHAT ACTION TO TAKE

SB geöffnet. Die S arbeiten zu dritt oder zu viert und sammeln Ideen für Themen. Hier sollte L an die verschiedenen Brainstorming-Methoden erinnern, welche die S bereits kennen.

ERARBEITUNG STEP 2 DEVELOP YOUR IDEA

SB geöffnet. Die S arbeiten zu dritt oder zu viert und machen sich arbeitsteilig oder arbeitsgleich Notizen zu ihren Ideen oder auch zum recherchierten Material.

ERARBEITUNG STEP 3 PREPARE YOUR SLIDES

SB geöffnet. Die S arbeiten in GA zu dritt oder zu viert und erstellen ihre Folien.

ERARBEITUNG STEP 4 PRACTISE YOUR PRESENTATION

➜ p. 46, exercise 1

a)–b) **SB geöffnet.** Die S üben ihre Präsentation entweder zu Hause oder in der Schule (dazu benötigen sie die geeigneten Räumlichkeiten, um ungestört ohne den Rest der Klassen üben zu können).

ERARBEITUNG STEP 5 PRESENT AND GIVE FEEDBACK

SB geöffnet. Die S hören sich die einzelnen Präsentationen an und machen sich mithilfe der **KV 16: Giving feedback on a presentation** Notizen.

ERARBEITUNG STEP 6 GIVE FEEDBACK

SB geöffnet. Die S geben den einzelnen Gruppen Feedback wie in den Planungshilfen beschrieben.

KV 16: Giving feedback on a presentation.

KV 5: Evaluation target – teamwork.

KV 6: Evaluation target – What was the last unit like?

How is the world changing?

Kommunikativer Kompetenzschwerpunkt	Im Mittelpunkt der Unit stehen der Ausbau und die Schulung der **Sprechkompetenz**. Die S können … Bilder miteinander vergleichen (hier: Gegenwart und Zukunft), den Inhalt diskutieren und Überschriften für Bildpaare finden (SB-Seite 52, 1 und 2, EXTRA) • Über die Zukunft spekulieren (SB-Seite 52, 1) • Sachtexte mündlich für Mit-S zusammenfassen und über eine passende Überschrift diskutieren (SB-Seite 54, 2) • Textaussagen und -inhalte (z.B. Charakterbeschreibungen) in eigenen Worten wiedergeben, analysieren, erklären und diskutieren (SB-Seite 64–66, 1, 2 und 3) • eine *panel discussion* durchführen (SB-Seite 70 und 71)
Schreibanlässe	Bilder zum Thema Gegenwart und Zukunft miteinander vergleichen und im Hinblick auf eine gemeinsame Aussage erklären (SB-Seite 53, 2) • Sachtexte für Mit-S zusammenfassen und über eine passende Überschrift diskutieren (SB-Seite 54, 2) • Informationen aus einem Sachtext präsentieren und erklären (SB-Seite 58, 1) • Textaussagen und -inhalte (z.B. Charakterbeschreibungen) in eigenen Worten wiedergeben, analysieren, erklären und diskutieren (SB-Seite 64–66, 1, 2 und 3)
Language skills	**Grammatische Strukturen**: *REVISION the definite article, the sequence of adverbials, defining and non-defining relative clauses* • *relative clauses to comment* **Listening course:** *Listening strategy: prediction* (SB-Seite 68) • *Listening strategy: gist, inference* (SB-Seite 69) **Access to words:** *Collocations for talking about information and communication technology* (SB-Seite 57)
Study skills	**Preparing for a panel discussion.** (SB-Seite 70)
Kooperative Lernformen	*think-pair-share* (SB-Seite 52) • *jigsaw* (SB-Seite 51, 1 und 2, SB-Seite, 58, 1c) und 1d), SB-Seite 66, 2) • *correcting circle* (SB-Seite 61, 7) • *partner A and B activity* (SB-Seite 67, 2)
Hör-/Sehverstehen: The world behind the picture	**In the news.** (SB-Seite 62, 1) **Making the film: Elements of a news clip.** (SB-Seiten 62, 2)
Access to cultures	**Dating and social media.** (SB-Seite 67)
Portfolioarbeit: MyBook	**Writing a feature article.** (SB-Seite 59)
Lernaufgabe: Your task	**Let's discuss this!** (SB-Seite 71)

KOMMUNIKATIVE KOMPETENZEN
Die S können …
Sprechen: Bilder miteinander vergleichen (hier: Gegenwart und Zukunft), den Inhalt diskutieren und Überschriften für Bildpaare finden (SB-Seite 52, 1 und 2, EXTRA) • über die Zukunft spekulieren (SB-Seite 52, 1)
Schreiben: Bilder zum Thema Gegenwart und Zukunft miteinander vergleichen und im Hinblick auf eine gemeinsame Aussage erklären (SB-Seite 53, 2)

S. 52–53

TIPPS FÜR IHRE PLANUNG
Das *Lead-in* leitet das Thema „Wandel in der Gesellschaft" auf vielfältige Art ein und motiviert die S, über die Zukunft nachzudenken und zu spekulieren. Diesem weiten Feld sollte in der Planung mindestens eine Doppelstunde eingeräumt werden. Evtl. können leistungsstärkere S einzelne Themenbereiche der Doppelseite recherchieren und kurze Vorträge gestalten. In **2 EXTRA** bringen die S weitere Bilder mit, die (potentielle) Veränderungen darstellen. Dies sollte als HA vorentlastet werden.

➜ Your task, SB-Seite 71
➜ Interaktive Übungen zum Workbook 3.1

INFO-BOX
The new millennium has seen a tremendous rise in the exchange and storage of digital information, which has now overtaken analogue means. By 2007, 94% of information worldwide was stored and accessed digitally, and this number has continued to increase. This massive growth in digitisation has been dubbed the **"Digital Revolution"** due to its far-reaching global consequences.
From 1990 to 1996, the level of **automation** in letter- and parcel-sorting operations at the German logistics company **Deutsche Post** rose from 25% to 90%.
And while German law still prohibits **automatic delivery by drone** outside the controller's view, already 24% of the population would welcome such automated delivery.
Online dating has grown rapidly in popularity since the dawn of the new millennium, with participation in online partner search services rising from approximately 2.5 million people in 2003 to about 8.4 million in 2015. The online dating community increases by around 20,000 people annually and includes many users well outside the core 25- to 50-year-old age group. Services and apps such as Elite Partner, Parship, Tinder and Lovoo appeal strongly to the younger generation as well. Indeed, Tinder's 2016 move to exclude people under 18 cost it 3% of its total users.
The existential threat to **bees and other pollinating insects** has driven research into robotic stand-ins. In 2017, a hummingbird-sized drone was developed which, using horsehairs coated with a sticky gel, was able to deliver pollen from one lily to another. This tiny flying robot requires a human controller, however, which thus far has prevented its employment at the necessary scale.

EINSTIEG
SB geschlossen. L: Imagine you're a time traveller from, let's say, the 18th or 19th century. How much has the world changed in terms of "technological progress"? (S: transport: people don't ride horses/use carriages, but cars, fast trains, airplanes, …; communication: people don't write letters anymore that are delivered by carriages, etc., but they write emails, use (mobile) phones, video chat, …; homes/living: most people live in cities instead of in the countryside, they live in apartments with central heating instead of houses with wood-burning stoves, etc.)
Die S sammeln die Veränderungen in kleinen Gruppen à 3–4 S und tragen diese dem Plenum vor. Die Vorschläge können als Liste gesammelt werden, um sie später an den Veränderungen auf SB-Seite 52–53 abzugleichen.

1 Past, present, future

NEUER WORTSCHATZ
globe · **technological** · **progress** *(no pl)* · **delivery** + (to) **deliver** · **package** · **automation** · **digital** · **drone** · **robot** · **artificial** +**artificial intelligence** · **bee** · (to) **pollinate** +pollen · **agriculture** · **production** · **machine** · (to) **replace** sth. **(with)**

ERARBEITUNG
a) SB geöffnet. ▸ *Think-Pair-Share*. **Think:** Die S analysieren die Veränderungen, die sich aus den Bildpaaren ergeben und machen sich dazu Notizen.

➔ SF 31: Describing and interpreting images (p. 128)

MUSTERLÖSUNG
Pair A shows a globe in an old-fashioned library and an image of our planet surrounded by waves of numbers that seem to flow into (or out of) it.
Pair B shows a personal face-to-face package delivery at a door and a drone in midair that is on its way to deliver a package.
Pair C shows a seemingly flirtatious interaction between two young people on two benches in a park and a girl looking at a profile of a man in a dating app on her smartphone.
Pair C shows a bee pollinating a flower and a very small robot or drone artificially extracting pollen out of a flower.

ERARBEITUNG
b) SB geöffnet. ▸ *Think-Pair-Share*. **Pair:** Die S vergleichen ihre Lösungen. Anschließend diskutieren sie, inwiefern die Bilder die Veränderungen unserer Zeit widerspiegeln und überlegen, wie diese die Zukunft verändern. Dabei konzentrieren sie sich auf die Rolle der Maschinen in den Veränderungsprozessen.

Weitere Differenzierung
In leistungsschwächeren Gruppen konzentrieren sich die S auf ein Bildpaar.

MUSTERLÖSUNG
A The first pair shows how the process of looking for and finding information has changed. Today we no longer go to libraries with real books or check (geographical) facts on a globe, but rather rely on dynamic, fast-changing digital knowledge, as presented by Wikipedia or other digital sources. We think that in the future we'll be able to access information anywhere, anytime via smartphones or even smaller devices that could be implanted in our skin.

B The second pair shows the development in automation and logistics. Today packages are normally delivered personally by people. Only in areas that are difficult to reach have drones already replaced delivery people. However, we think that in the future only drones will be used to deliver packages.

C The third pair illustrates how communication has changed. In the past, getting to know other people and, even more so, falling in love, happened only in face-to-face contact. Today more and more people use dating apps to find friends or partners. So communication doesn't take place directly, but indirectly via digital devices.

D The fourth pair illustrates progress in robot technology and artificial intelligence. In the future, bees will no longer be the only things that pollinate flowers. We can imagine that artificial insects will be able to do this job too, and so help agriculture and food production.

ERARBEITUNG
c) **SB geöffnet.** ▸ *Think-Pair-Share*. **Share:** Die S gehen mit einem weiteren Paar zusammen und vergleichen ihre Ergebnisse. Dann finden sie gemeinsam Überschriften für ihre Arbeiten.

MUSTERLÖSUNG
A Organizing knowledge • **B** Is airborne package delivery a real alternative? • **C** Dating 2018 • **D** Are robots and drones the better bees?

AUSWERTUNG
Die S stellen Ihre Überschriften dem Plenum vor und begründen sie. Die Ergebnisse werden diskutiert und z.B. über Punktevergabe qualifiziert. Die Überschriften werden schließlich in der richtigen Hierarchie auf Plakaten ausgestellt.

➜ Your task, SB-Seite 71
➜ FöFo 3.1
➜ Interaktive Übungen zum Workbook 3.1

2 Your world – your future

NEUER WORTSCHATZ
panel discussion

ERARBEITUNG
a) SB geöffnet. Die S finden in EA ein weiteres Thema, in dem sich eine Entwicklung oder das Potential dazu darstellen lässt. Dazu recherchieren sie ein passendes Bilderpaar, das die Entwicklung zeigt. Die Aufgabe kann als HA vorentlastet werden.

Hinweis
Die S nutzen für die Recherche den Computerraum, einen PC/Laptop/Tablet (im Klassenzimmer) oder ihr Smartphone.

ERARBEITUNG
b) **SB geöffnet.** Die S beschreiben ihre Ideen in einem kurzen Text (80–100 Wörter) und stellen ihn dann einem Partner vor. Um eine größere Durchmischung zu erreichen, wird das Vorstellen in einem ▸ *double circle* organisiert. Anschließend können die Beschreibungen in einem ▸ *gallery walk* ausgestellt werden.

Weitere Differenzierung
In leistungsschwächeren Lerngruppen gibt L Hinweise, in welche Richtungen die S überlegen könnten: driverless cars (and carriages), medical robots (and surgeons), implanted medical diagnosis chips (and doctors), exploration of other planets (and a 19th-century explorer like Humboldt), …

MUSTERLÖSUNG
The pair shows how transportation has changed. Not all that long ago cars shared the streets with horses. Soon it will not be uncommon that human-driven vehicles share the streets with driverless cars. A number of companies are already testing them.
Driverless cars work with a lot of sensors. They scan their surroundings constantly and measure the distance and speed of everything and everybody that is around them. So, the computer that actually drives the car can calculate the right direction and speed for the car to go. The navigation will be done as today. Each driverless car could send its position and speed to a traffic controller that would in return adapt speed and traffic lights to avoid traffic jams. All in all, this would be a great improvement in the future.

➜ Workbook 2 (p. 30)
➜ FöFo 3.1
➜ Interaktive Übungen zum Workbook 3.1

ERARBEITUNG EXTRA
SB geöffnet. Die S bringen eigene Bilder mit oder recherchieren online in der Schule und erstellen daraus eine Ausstellung. In einem ▸ *gallery walk* diskutieren sie über die positiven bzw. negativen Aussichten für die Zukunft.

YOUR TASK
L kann zum Abschluss der Einführungsseiten zur Unit 3 im Sinne der Lernzieltransparenz auf die Lernaufgabe am Ende der Unit hinweisen, bei der die S eine Plenumsdiskussion über ein global relevantes Thema führen.

➜ Your task, SB-Seite 71

KOMMUNIKATIVE KOMPETENZEN
Die S können …
Lesen: Sachtexte verstehen (SB-Seite 54,1 sowie SB-Seiten 96, 98, 101 und 102)
Sprechen: Sachtexte (mündlich) für Mit-S zusammenfassen und über eine passende Überschrift diskutieren (SB-Seite 54, 2)

METHODISCHE KOMPETENZEN
Sinn entnehmend lesen (SB-Seite 54,1 und 2) • ihre Ergebnisse mündlich präsentieren und diskutieren (SB-Seite 54, 2)

S. 54–55

TIPPS FÜR IHRE PLANUNG
In *Part A* entnehmen die S im *Jigsaw*-Verfahren (▸ *jigsaw*) Informationen zum Thema künstliche Intelligenz (*artificial intelligence, AI*) aus verschiedenen Texten und diskutieren darüber. Aufgrund der Länge der Texte sollte diese Sequenz in einer Doppelstunde bearbeitet werden. Text C ist deutlich länger als die anderen Texte und sollte daher evtl. von einer leistungsstarken oder einer größeren Gruppe bearbeitet werden. Das EXTRA kann auch als schriftliche HA bearbeitet werden.

➜ Your task, SB-Seite 71
➜ FöFo 3.1
➜ Interaktive Übungen zum Workbook 3.1

INFO-BOX
Artificial intelligence thus far has been limited to applications such as recognizing faces, playing chess, searching the internet or, as has been much reported on recently, driving cars. However, researchers aim to move beyond these "narrow" or "weak" capabilities and into the realm of "general" or "strong" AI – which would outstrip human cognitive performance by nearly all measures.
Debate rages as to whether AI will one day be able to take over important human systems. Nonetheless, it has already registered numerous achievements only recently thought to be decades away, thus giving experts cause to predict the breakthrough to "superhuman" AI intelligence by around 2060 (Puerto Rico Conference, 2015).

1 Jigsaw reading: A newspaper article

NEUER WORTSCHATZ
jigsaw reading • **benefit** • (to) **benefit from** sth. • **risk** • **steam** • **cloth,** *pl* **cloths** • **innovation** • **nuclear** • **electricity** +**electric** • **vision** • **radioactive** • **waste** • (to) **depend on** • (to) **control** • (to) **deal with** sth., **dealt**, **dealt** • **tone** • (to) **be concerned about** sb./sth. • °intrapersonal • °interpersonal • °bodily-kinesthetic • °existential • °naturalistic • °linguistic • °logical • **for instance** • (to) **depict** • **desperate** • **survival** • (to) **pose a threat (to)** +(to) **threaten** • (to) **outweigh** • **vague** • **conscious** • **application**

EINSTIEG
SB geöffnet. Die S assoziieren frei im Plenum zum Bild im Kasten in **1a)**.
L: Look at the picture. What can you see? What is the message? (S: The picture shows some kind of machine, wheels [cog wheels] that are connected. On the wheels you can see the words creativity, innovation and achievement. / Creativity, intelligence and achievement all belong together. / You need creativity for innovation and achievement. Creativity always comes first, but we may ask whether it is enough. You need a lot hard work and dedication to create something new. / …)

Alternative
Die S definieren den Begriff *intelligence* in PA und diskutieren die unterschiedlichen Definitionen im Plenum. Davon ausgehend werden der Sinn und die Möglichkeiten einer „künstlichen" Intelligenz abgeleitet.

ERARBEITUNG

a) ▸ *Jigsaw.* **SB geöffnet.** Die S gehen in Gruppen à vier S zusammen (bei ungerader Schüleranzahl wird die Gruppe C vergrößert) und lesen in Stillarbeit den Einleitungstext. Dann spekulieren sie über den Inhalt des gesamten Artikels und entwerfen passende Überschriften.

MUSTERLÖSUNG

The article will be about possible benefits and potential dangers of artificial intelligence.

headlines:
Chances and danger of artificial intelligence
Artificial intelligence – threat or opportunity?
Will artificial intelligence be our partner or enemy?
AI – master or slave?

ERARBEITUNG

b) ▸ *Jigsaw.* **SB geöffnet.** *Skimming* und **1. Lesen** (*reading for detail*). Gemäß SB. Die S machen sich kurze Notizen zum Inhalt ihres Artikels.

➔ FöFo 3.1
➔ Interaktive Übungen zum Workbook 3.1

2 Sharing information

ERARBEITUNG

▸ *Jigsaw.* **SB geöffnet.** Die S informieren ihre Gruppenmitglieder über den Inhalt ihrer Texte, evaluieren die Überschrift aus **1a)** und verbessern sie ggf. L gibt Zeit für eine kurze interne Diskussion der Ergebnisse, die im EXTRA der Klasse präsentiert werden kann.

➔ Your task, SB-Seite 71
➔ FöFo 3.1
➔ Interaktive Übungen zum Workbook 3.1

MUSTERLÖSUNG

A My text gives a definition of artificial intelligence. The author explains different aspects of human intelligence and points out how artificial intelligence is similar and different to human intelligence. The tone of the article is neutral.

B The excerpt I read explains where artificial intelligence is already in use. The author lists applications we all use in our everyday lives and gives examples of artificial intelligence in medicine and industry. He or she also points out that many countries are working on the use of AI for autonomous weapons (and surveillance) systems, so the tone of the article is a little pessimistic at the end.

C My text deals with the potential dangers of artificial intelligence. The author concludes that AI may be a threat to humans once it becomes superintelligent. Although the author states that this is decades or centuries away, according to scientists, he or she warns that supercomputers could take over all networks, reshape the world or cause mass unemployment. The tone of the article is thus pessimistic.

D The excerpt I read lists several benefits of artificial intelligence for humankind. Apart from very practical uses like automated cars or surgery robots, humans could rest from work and live a life full of leisure, or get answers to difficult, crucial questions. The tone of the article is very optimistic since the author assesses the benefits of artificial intelligence to be much more realistic than the potential threats.

ERARBEITUNG EXTRA

SB geöffnet. Ein S aus jeder Gruppe präsentiert die Ergebnisse aus den Diskussionen innerhalb der Gruppe. Diese können auf einem Poster stichpunktartig festgehalten werden, sodass ein Meinungsbild zu *artificial intelligence* entsteht.

MUSTERLÖSUNG

We had an interesting discussion about the opportunities for and threats from artificial intelligence. We agree that computers will act in an intelligent way in a few decades and that this will have a huge impact on our society. But we disagree on whether humans will then still be able to control AI or stop it from taking over relevant systems. Finally, although we appreciate the benefits that can already be seen and believe in countless other opportunities that are to come, we are worried about the impact of artificial intelligence on human lives. In our opinion, the serious threats outweigh the benefits.

➜ Workbook 3 (p. 31)

S. 56

1 REVISION *People* or *The people* (The definite article)

NEUER WORTSCHATZ
nature • (to) **last** • **Box "(to) take – (to) last"**, *Voc.*, SB-Seite 216 • **strike** • **case**

ERARBEITUNG
SB geöffnet. Die S lesen zunächst still die *Language help*-Box, danach Bearbeitung gemäß SB. Anschließend diskutieren und begründen sie ihre jeweilige Lösung gemäß *Language help* in PA.

LÖSUNG
1 Will people soon be replaced by machines?
2 Do you like the people you work with?
3 It's important for us to protect nature.
4 A man has been sent to prison for water pollution.
5 Was life in the past more difficult than life today?
6 The life of a bee only lasts a few weeks.
7 Most smartphones are expensive, but the most expensive ones are not always the best.
8 The teachers in Britain have voted to go on strike.
9 Not everyone is interested in politics.
10 Our family goes to church on Sundays.
11 I love the windows in the church in Clyde Road.
12 I´m really interested in history.

➜ GAP 26: The definite article (p. 192)
➜ Your task, SB-Seite 71
➜ FöFo 3.1
➜ Interaktive Übungen zum Workbook 3.2

2 REVISION The right position (Sequence of adverbials)

NEUER WORTSCHATZ
sequence

ERARBEITUNG
SB geöffnet. Die S schreiben die angegebenen Sätze mit den adverbialen Bestimmungen in Klammern in der richtigen Reihenfolge auf. Zur Fokussierung werden die adverbialen Bestimmungen farbig markiert. Anschließend ▸ *Partnercheck* und Besprechung im Plenum.

DIFFERENZIERUNG More help
Leistungsschwächere S arbeiten auf SB-Seite 86 weiter. Dort sind in den Sätzen die Lücken bereits vorgegeben. Die S müssen nur noch die adverbialen Bestimmungen in die Lücken sortieren.

MUSTERLÖSUNG
I usually attend music classes twice a week.
You should always read the label carefully before buying a product.
I have never read such nonsense in a book in my whole life.
Of course, you can come to the party if you really like to.
Tom and Jane have just arrived, but unfortunately we're still waiting for Jake.
Luckily, we don't often have hurricanes in the British Isles.

➜ GAP 1: Word order (p. 142)
➜ Your task, SB-Seite 71
➜ FöFo 3.1
➜ Interaktive Übungen zum Workbook 3.3

3 REVISION Building complex sentences (Sequence of adverbials)

NEUER WORTSCHATZ
complex · frequency · manner

ERARBEITUNG
a) SB geöffnet. Die S bilden aus den Puzzleteilen der drei Gruppen jeweils einen sinnvollen Satz und schreiben diesen auf. Dabei lassen sie großzügig Platz über ihrem Satz, um die Kennzeichnung in Aufgabe **3b)** ordentlich ausführen zu können. Anschließend Besprechung im Plenum.

Alternative
Bei Zeitknappheit können **3a)** und **b)** zusammengezogen werden. Die S bearbeiten in drei Gruppen jeweils einen Satz und stellen diesen dann mit den Kennzeichnungen aus **3b)** dem Plenum vor.

LÖSUNG
1 Luckily, he doesn't always sing loudly in the shower on Sundays.
2 Sadly, whales often swim dangerously close to the shore in the summer.
3 Fortunately, the weather in the west usually improves dramatically in late spring.

ERARBEITUNG
b) SB geöffnet. Die S kennzeichnen die Satzglieder der Sätze aus **3a)** mit den grammatikalischen Bezeichnungen aus der Box. Danach ▸ *Partnercheck* und Besprechung im Plenum.

LÖSUNG

1
always: adverb of frequency
doesn't: auxiliary verb
he: subject
in the shower: adverb of place
loudly: adverb of manner
luckily: sentence adverb
sing: main verb
on Sundays: adverb of time

2
close to the shore: adverb of place
in the summer: adverb of time
swim: main verb
often: adverb of frequency
dangerously: adverb of manner
sadly: sentence adverb
whales: subject

3
dramatically: adverb of manner
usually: adverb of frequency
fortunately: sentence adverb
improves: main verb
in late spring: adverb of time
the weather: subject
in the west: adverb of place

➔ Your task, SB-Seite 71
➔ FöFo 3.1

DIFFERENZIERUNG Early finisher
Leistungsstärkere S arbeiten auf SB-Seite 92 weiter. Dort verbessern sie gegebene Sätze, indem sie Adjektive zu Adverbialkonstruktionen umwandeln.

➔ GAP 1: Word order (p. 142)

S. 57

TIPPS FÜR IHRE PLANUNG

Die S erweitern ihr *topic vocabulary* zum Thema *information and communication technology.* Um die Inhalte sichtbar zu machen und nachhaltig zu sichern, fertigen die S zu den Aufgaben **1**, **2** und **3** Plakate mit den wesentlichen Phrasen und geeigneten Überschriften an, die dann im Klassenzimmer oder an anderen geeigneten Plätzen im Schulhaus ausgestellt werden.
Bei Zeitmangel können die Aufgaben oder Teile davon in die HA verlegt werden, jedoch nicht die abschließende Anreicherungsaufgabe.

➔ Your task, SB-Seite 71
➔ FöFo 3.1
➔ Interaktive Übungen zum Workbook 3.4

1 Managing your device

NEUER WORTSCHATZ

(to) **manage** sth. · (to) **charge** · (to) **swipe** · **battery** · **button** · **icon** · **menu** · **search bar** · **tab** · (to) **navigate**

EINSTIEG

SB geschlossen. L führt einige typische Handlungen mit dem Tablet und Beamer vor (mit WLAN verbinden, Akkukabel anschließen, das Menu öffnen, Websites ansteuern, Scrollen, ...) und die S bezeichnen diese Handlungen. Dabei werden unbekannte Wörter an der Tafel gesichert (*charge, swipe, icon, menu, search bar, tab, navigate*).

MUSTERLÖSUNG

➔ Your task, SB-Seite 71
➔ FöFo 3.1

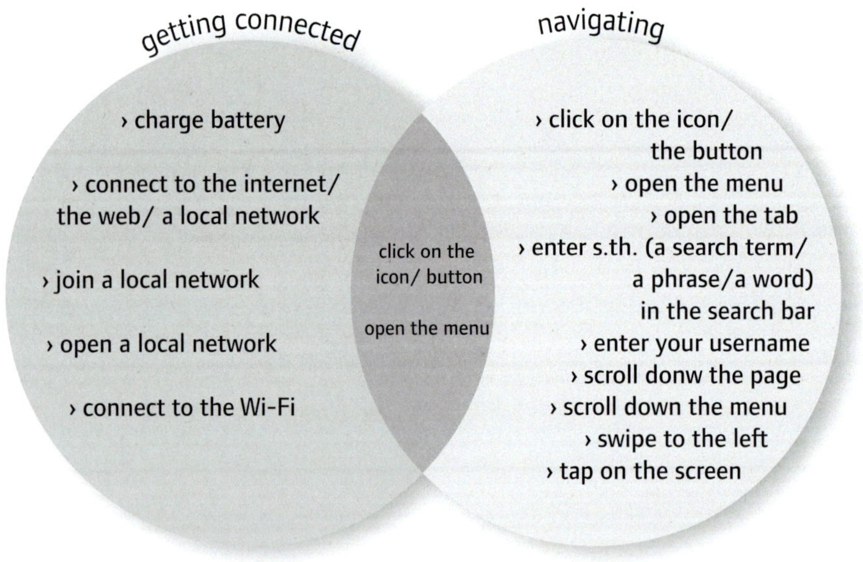

2 Software and data

NEUER WORTSCHATZ
data · **memory** · (to) **run** · (to) **delete** · (to) **import** · (to) **export** · (to) **browse** · (to) **customize** · **settings** *(pl)* · **attachment**

ERARBEITUNG
SB geöffnet. Gemäß SB.

MUSTERLÖSUNG
1 downloa an app
2 share a link
3 delete files/programs/apps you don't need
4 make a backup/save a file
5 browse/search the internet / open a website
7 customize the settings

Alternative
Die S bilden sieben Gruppen und finden für ihre Situation die passende Lösung.

Weitere Differenzierung
Leistungsstärkere Gruppen bilden ein bis zwei weitere Sätze, um die Maßnahmen näher zu beschreiben.

ERARBEITUNG EXTRA
Die S bilden weitere Phrasen aus den Boxen A und B und ordnen diese neuen Situationen zu. Dann erschließen andere S aus den Situationen die Maßnahmen.

MUSTERLÖSUNG

situation	phrase
You want to add new features to your phone	download an app
You want to improve your social media account	take selfies
You are about to install a major update	create a backup
You want to use new features	install a program
Your memory card is full	export photos
You want to tell a friend about your favourite band	download and play music

➜ Your task, SB-Seite 71
➜ FöFo 3.1

3 Communication and social media

NEUER WORTSCHATZ
(to) **block** · **friend request**

ERARBEITUNG
a) SB geöffnet. Die S erarbeiten Kollokationen aus den Phrasen in den Boxen A und B.

MUSTERLÖSUNG
accept: accept a friend request
block: block a friend
create: create an account/a chat group
choose: choose a password/PIN/username
enter: enter a password/a username
log into/onto: log into an account/a chat group
invite: invite friends to a conversation
send: send a text message/a friend request

ERARBEITUNG

b) **SB geöffnet.** Die S vergleichen ihre Resultate aus **3a)** und überprüfen die Passgenauigkeit mit Hilfe von Suchmaschinen und Online-Wörterbüchern wie auf SB-Seite 133 vorgeschlagen.

➜ SF 37: Using the internet to improve your vocabulary (p. 133)

AUSWERTUNG

Die Lösungen zu **1**, **2** und **3** werden im Plenum final diskutiert. Danach entwerfen S in Gruppen zu jeder der drei Aufgaben ein Plakat, auf dem sie die Phrasen sammeln, kontextualisieren und mit einer Überschrift versehen. Diese Plakate werden im Klassenzimmer oder an einer anderen geeigneten Stelle im Schulhaus ausgestellt.

➜ Your task, SB-Seite 71
➜ FöFo 3.1

ERARBEITUNG ABSCHLUSSAUFGABE

Die S erarbeiten eine Beschreibung ihrer Lieblings-App anhand der Leitfragen im SB und verwenden dabei mindestens fünf Phrasen aus den Aufgaben 1–3. Anschließend stellen sie die App einem Partner vor. Dazu erstellen sie ein kurzes Handout.

Weitere Differenzierung
Leistungsstärkere S erfinden ein neues Produkt und präsentieren dieses kurz mit Hilfe des neuen Wortschatzes.

MUSTERLÖSUNG

My favourite app is called Komoot. It offers navigation and lots of different routes for outdoor activities like running, hiking and biking. After downloading it, you customize the settings and add your region so that the app can offer you tours and navigation around your area. You can create your own account and add pictures to routes that you have taken, or even suggest new routes to friends. But one problem is that when you are outdoors and navigating, your battery will run down quickly, so you should have a powerbank with you to recharge the battery.

AUSWERTUNG

Die Kurzvorstellungen der Apps werden nach Funktionalitäten und Einsatzbereichen (z.B. Entertainment, Reiseplanung, Lernen, Social Media, ...) sortiert und im Klassenzimmer veröffentlicht. Dadurch entsteht ein Abbild der Vorlieben und des Nutzungsverhaltens der S. Außerdem können die S „ihre" App wie auf einer Messe als Experten an ihrem Platz vorstellen und bewerben.

➜ Workbook 6 (p. 34)
➜ FöFo 3.1
➜ Your task, SB-Seite 71

KOMMUNIKATIVE KOMPETENZEN
Die S können ...
Lesen: Informationen aus einem Sachtext (hier: *feature article*) herausarbeiten (SB-Seite 58, 1)
Sprechen: Informationen aus einem Sachtext präsentieren und erklären (SB-Seite 58, 1)
Schreiben: einen kurzen Kommentar (*tweet*) über die Folgen des Bienensterbens verfassen (SB-Seite 58, EXTRA)

S. 58

TIPPS FÜR IHRE PLANUNG
In *Part B* lernen die S die neue Textsorte *feature article* kennen, die sie im nächsten Teil der Unit erstellen lernen. Obwohl die Bearbeitung in *Part B* mehrheitlich inhaltlich orientiert ist, sollte bei **1c)** die Aufteilung der Textabschnitte und deren Funktion für den Text deutlich herausgehoben werden.

➔ FöFo 3.2

1 A feature article

NEUER WORTSCHATZ
(to) **buzz off** · **feature article** · **trap** · (to) **sting, stung, stung** · **harvest** · **crop** · °disorder · **factor** · **use** · **pesticide** · °neonics *(pl, infml)* +°neonicotinoids *(pl)* · **varied** · **variety** · °industrial farming · **parasite** · °varroa mite · (to) **weaken** · **immune system** · (to) **be prone to** sth. · **hibernation** · **in addition, ...** · (to) **shrink, shrank, shrunk** · (to) **compensate** · **worrying** · (to) **contribute** sth. **(to)** · (to) **lay, laid, laid** · (to) **recover (from)** · (to) **ensure** · **supply** · °grain · **muesli**

EINSTIEG
SB geschlossen. Die S assoziieren frei zum Thema Bienen. Dabei lenkt L das Gespräch auf die Relevanz der Bienen für die Nahrungskette und die menschliche Ernährung.
L: Outline functions that bees have for nature or human matters. / Evaluate in what ways bees are relevant for human food.

ERARBEITUNG
a) SB geöffnet. Die S spekulieren spontan im Plenum zu Nahrungsmitteln, die von Bienen abhängig sind. L sammelt an der Tafel ohne Verbesserung oder Ergänzung (siehe **1b)**).

MUSTERLÖSUNG
apples, avocado, nut, soya been, asparagus, broccoli, celery, pumpkin, peach, kiwi, cherry, strawberry

ERARBEITUNG
b) SB geöffnet. Die S lesen den Text in Stillarbeit, klären unbekannte Vokabeln anhand des Vokabelteils und ergänzen bzw. ändern die Liste an der Tafel aus **1a)**.

ERARBEITUNG
c) ▸ *Jigsaw.* **SB geöffnet.** Die S bearbeiten in Gruppen à drei S die jeweilige Fragestellung und fertigen dabei Stichpunkte für die spätere Diskussionsphase an.

MUSTERLÖSUNG

A The bee population has been falling for three reasons:
- Industrial farming is leading to a decreasing variety of crops, which is bad for the bees.
- Cities and suburbs are spreading, so they are destroying wild flowers, which the bees need.
- Parasites are weakening the bees' immune systems.

B The bee population has been falling for two reasons:
- Climate change has led to an earlier blooming of flowers. Bees are appearing too late after winter, so they don't reach many flowers during their blooming time.
- Climate change is also leading to temperatures which are too warm for the bees, so large areas are becoming uninhabitable for them.

C Some experts are not worried in the fall in the numbers of bees.
- The number of bees is no longer falling and bee populations can recover quickly.
- Europe and the USA have limited the use of relevant pesticides.

ERARBEITUNG

d) ▸ *Jigsaw.* **SB geöffnet.** Die S tragen die Ergebnisse in der Gruppe vor und diskutieren sie. In einer Abschlussrunde werden die Ergebnisse im Plenum zusammengetragen und diskutiert.

➔ FöFo 3.2

ERARBEITUNG EXTRA

Die S schreiben einen kurzen Text im Stile eines Tweets (kurze/verkürzte Sätze, plakative Äußerungen) und drücken ihre Meinung zur Problematik der Bienenpopulation aus. Die maximale Länge sind 280 Zeichen.

MUSTERLÖSUNG

Read an interesting article about bees. This is dangerous! We need bees, so better protect them. If bees go, we'll lose more than honey. Let's make sure the farming industry looks after bees too. Don't use pesticides too much, and give bees the space they need.

Tipp
Die S nutzen ihr Smartphone und schreiben einen echten Tweet oder schreiben auf einem von L eingerichteten *online noticeboard* zum Thema (z. B. www.padlet.com) ihre Nachricht. In einem zweiten Schritt kommentieren die S je drei Tweets.

KOMMUNIKATIVE KOMPETENZEN
Die S können ...
Schreiben: einen *feature article* schreiben unter Beachtung der richtigen Struktur, der korrekten Verwendung der Textstruktur, *relative clauses* und *description techniques* (SB-Seiten 59–61)

S. 59–61

TIPPS FÜR IHRE PLANUNG
Part B Practice beginnt mit der inhaltlichen (**STEP 1**) und sprachlichen (**STEP 2**) Analyse eines Beispieltextes zur Textsorte *feature article*, der vorher in *Part B* behandelt wurde. Diese beiden Schritte sollten zusammen in einer Doppelstunde behandelt werden, so dass die Grundlagen vorhanden sind, um dann in die schrittweise Produktion einsteigen zu können. Am Ende dieser Doppelstunde sollte **STEP 3** vorbesprochen werden, damit die S ihre Themen zu Hause vorbereiten und in einer weiteren Doppelstunde ihren Artikel planen (**STEP 3**) und evaluieren (**STEP 4**) können. **STEP 5** leitet die S an, sich mit einem wichtigen sprachlichen *feature* zu beschäftigen, durch das sie ihren Artikel verbessern können. Bei Bedarf kann diese Sequenz auch herausgelöst und vorweg besprochen werden. In **STEP 6** lernen die S anhand eines Textausschnitts, wie sie ihren Entwurf stilistisch verbessern können. Schließlich verfeinern die S ihren Entwurf mit Feedbackrunden und erstellen ihren finalen Text. Hierfür sollten mindestens 45 Minuten eingeplant werden, bei weiterführenden Präsentationen auch mehr.

➜ FöFo 3.2
➜ Interaktive Übungen zum Workbook 3.5

Writing a feature article

NEUER WORTSCHATZ
logical

STEP 1: EXAMINE THE TEXT STRUCTURE

EINSTIEG
SB geöffnet. Zur Bewusstmachung der übergeordneten Aufgabenstellung lesen die S den einleitenden Text und das Flussdiagramm. Um die Textsorte *feature article* besser begreifbar zu machen, tragen die S aktuelle Themenfelder zusammen, zu denen sie *feature articles* online oder in Printmedien suchen können.
L: What are possible topics for a feature article (in a student newspaper)?
(S: technology – dangers of cell phones or social media / body image / health; What makes teenage life so stressful? / animal rights / ...)

Tipp
Die Recherche aktueller Themenfelder, die sich für *feature articles* eignen können online im Unterricht (Computerraum/Tablet/Smartphone) oder als vorbereitende HA erfolgen.

ERARBEITUNG
SB geöffnet. Die S erschließen die Textstruktur eines *feature articles*, indem sie die Elemente und Definitionen verbinden. Anschließend vergleichen sie ihre Ergebnisse im ▸ *Partnercheck* und übertragen die fertige Struktur in ihr Heft unter der Überschrift *„feature article – text structure"*.

KV 11A: Writing a feature article: Focus on text structure. Auf der **KV 11A** finden die S den Text „When the bees buzz off" als Vorlage.
KV 11C: Writing a feature article: Solution.

LÖSUNG
1 headline: announces the topic in a catchy way
2 summary: sums up what the article will be about (ll. 1–4)
3 introduction: presents the topic and shows that it is relevant or interesting (ll. 5–20)
4 main body: presents facts in a logical series of paragraphs (ll. 21–51)
5 conclusion: finds a strong way to finish (ll. 52–end)

STEP 2: FOCUS ON LANGUAGE

ERARBEITUNG
a) SB geöffnet. Die S finden die relevanten Wörter, identifizieren die Strukturen und erläutern deren Funktion. Anschließend tauschen sie sich im Plenum aus, inwiefern diese Strukturen auf die übergeordneten Ziele aus der Aufgabenstellung (*define, describe, explain, comment*) hinarbeiten. Die wichtigsten Erkenntnisse werden im Heft unter der Überschrift *„Feature article – focus on language"* gesichert.

KV 11A: Writing a feature article: Focus on text structure.

KV 11B: Writing a feature article: Focus on language (relative clauses. Auf der **KV 11A** finden die S den Text „When the bees buzz off" als Vorlage. Sie markieren sowohl die relevanten Wörter als auch die folgenden Strukturen mit verschiedenen Farben. Den Aufgabenapparat (zum Ausfüllen) zu STEP 2 finden sie auf **KV 11B**. Dort können sie die Lösungen eintragen und gemeinsam eine Regel („Remer box") formulieren.

KV 11C: Writing a feature article: Solution.

MUSTERLÖSUNG
traps which held 1,400 grams of insects in 1989 contained only 295 grams in 2016. (defining relative clause)
products you're looking for (contact clause)
humans, who do best on varied diets (non-defining relative clause)
compensate, which might seem worrying. (relative clause referring to a whole clause)
The author uses these relative clauses to add important information to words or clauses. The first three relative clauses explain or describe things or people more clearly, while the fourth relative clause comments on a topic in the main clause. So these clauses help the authors of feature articles immensely.

ERARBEITUNG
b) SB geöffnet. Die S finden weitere Relativsatz-Strukturen, benennen sie und erläutern ihre Funktion. Auch hier bietet sich die Arbeit mit den **KV 11A/B/C** an, so dass die S die Sätze direkt im Text markieren können.

KV A/B/C: Writing a feature article.

➜ GAP 20: Relative clauses (p. 180)

MUSTERLÖSUNG
industrial farming, which … (ll. 27–28), non-defining relative clause → more information on industrial farming
the country, which … (l. 30), relative clause referring to a whole clause → consequences of cities spreading out into nature
varroa mite, which … (l. 32), non-defining relative clause → it gives extra information about the varroa mite
the flowers they feed on … (l. 38), contact clause → shows relevance of the flowers for the bees, 'which' is not needed
pesticides which … (l. 48), defining relative clause → saying which pesticides the author means, not all pesticides
queens that … (l. 49), defining relative clause → topic is only the bee queens that lay 1,500 eggs a day, not bee queens in general

STEP 3: WRITE A FIRST DRAFT

NEUER WORTSCHATZ
generation · pilot

ERARBEITUNG
a) SB geöffnet. Gemäß SB.

KV 12: Checklist: Writing a good feature article.

ERARBEITUNG
b)–d) SB geöffnet. Gemäß SB. Als HA geeignet. Die Nutzung von Computern, Tablets o.ä. bietet sich an. L verweist auf die Hefteinträge, die relevanten *Skills File*-Seiten und die **KV 12: Checklist: Writing a good feature article**.

➜ SF 30: Finding information online (p. 127)
➜ SF 39: Making and taking notes (p. 134)
➜ SF 6: Making an outline (p. 108)

S. 60

STEP 4: GIVE AND RECEIVE FEEDBACK

NEUER WORTSCHATZ
overall · effectiveness

ERARBEITUNG
SB geöffnet. Die S tauschen ihre Arbeiten aus und bewerten sie hinsichtlich der Struktur (Vollständigkeit, Anordnung der Elemente, Überleitungen, …) und der Effektivität der einzelnen Strukturelemente (logische Argumentation, Übersichtlichkeit, Anschaulichkeit, …). Das inhaltliche Feedback kann anhand der Kategorien der **KV 12** vorbereitet werden. Außerdem korrigieren die S die sprachliche Leistung ihrer Partner und verbessern sie auch stilistisch durch z.B. Relativsätze. L weist dabei auf die Notwendigkeit einer positiven (konstruktiven) Korrektur hin und stellt Wörterbücher zur Verfügung. Nach der Korrekturphase erfolgt ein Feedbackgespräch auf der Basis der **KV 12** und der korrigierten Arbeiten.

KV 12: Checklist: Writing a good feature article.

STEP 5: PRACTICE LANGUAGE STRUCTURES

1 REVISION Products that depend on bees … (Defining relative clauses)

NEUER WORTSCHATZ
disappearance

ERARBEITUNG
SB geöffnet. Die S bearbeiten die Aufgabe gemäß SB. Dabei achten sie darauf, die Sätze logisch richtig zu verknüpfen und durch Weglassen des Relativpronomens den Stil zu perfektionieren. Anschließend Partnercheck und Besprechung im Plenum.

➜ GAP 20.1–20.2: Relative clauses (p. 180)
➜ Your task, SB-Seite 71

MUSTERLÖSUNG
2 Bees help to produce the fruit and vegetables (that/which) we eat.
3 The disappearance of bees is a problem that/which needs to be solved.
4 The experts who are investigating the problem have pointed to different causes.
5 Pesticides that/which are made to kill other insects are a big threat to bees.
6 The green spaces (that/which) bees need to survive are being eaten up by growing cities.
7 One of the many problems are the mites that/which infect bees with disease.
8 Scientists who take a different view/taking a different view say the dangers are not so great.

2 REVISION Global warming (Non-defining relative clauses)

NEUER WORTSCHATZ
level

ERARBEITUNG
SB geöffnet. Die S wenden die Regeln zu den Relativsätzen an und verbinden Sätze zu Relativsatzkonstruktionen. Die Bearbeitung erfolgt gemäß SB. Danach Besprechung im Plenum.

➜ GAP 20.3: Relative clauses (p. 180)
➜ Your task, SB-Seite 71

DIFFERENZIERUNG **More help**
Leistungsschwächere S arbeiten auf SB-Seite 86 weiter. Dort finden sie die richtigen Lücken in den Hauptsätzen, in die sie die Relativsätze einbauen können.

MUSTERLÖSUNG
1 Global warming, which is a huge threat to our future, has to be taken seriously.
2 The world's oceans, which are a source of food for millions, are under threat from rising temperatures.
3 Human beings, who have already damaged the planet so much, must try to change their behaviour.
4 We should build better infrastructure for cyclists, who help to reduce the levels of pollution.
5 Electric cars, which are becoming more popular, can also help to reduce air pollution.
6 Wind energy, which is a clean source of power, is now being used in millions of homes.

3 REVISION … which is bad news for polar bears (*which* referring to the main clause)

NEUER WORTSCHATZ
polar bear · organic

ERARBEITUNG
SB geöffnet. Gemäß SB. Besprechung im Plenum.

➔ GAP 20.4: Relative clauses (p. 180)
➔ Your task, SB-Seite 71

DIFFERENZIERUNG **More help**
Leistungsschwächere S arbeiten auf SB-Seite 86 weiter. Dort finden sie Vorschläge, wie die Aussagen kommentiert werden können.

MUSTERLÖSUNG
2 , which is better for the environment.
3 , which would leave people free to do other things.
4 , which may have a positive effect on their health.
5 , which makes it more expensive to buy.
6 , which gives them lots of useful experience.

DIFFERENZIERUNG **Early finisher**
Leistungsstärkere S arbeiten auf SB-Seite 92 weiter. Dort finden sie eine Wortbildungsaufgabe, in der sie durch Ersetzen eines Buchstabens ein neues Wort zu einer Definition bilden können.

➔ Workbook 7 (pp. 35–37)

STEP 6: IMPROVE YOUR STYLE Description techniques

NEUER WORTSCHATZ
economically · wordy · concise · impact · °nightmare · °pinch · °disorder

ERARBEITUNG
a) SB geöffnet. Gemäß SB. Besprechung im Plenum.

ERARBEITUNG
b) 👥 SB geöffnet. Die S lesen gemeinsam die Tipps zum Präzisieren von Sätzen und wenden sie auf die markierten Sätze von Aufgabe **a)** an.

LÖSUNG
First group of words: Tip 4: All words are examples of fruit, so the umbrella word 'fruit' can replace the examples.
Second group of words: Tip 1: The reader already knows that this scene takes place in a supermarket, so the adverb of place can be cut out.

ERARBEITUNG
c) SB geöffnet. Die S nutzen **KV 13** um den Text bearbeiten zu können. In EA kürzen bzw. präzisieren die S den Text, indem sie die Tipps aus Aufgabe **b)** anwenden und begründen.

KV 13: Writing a feature article – improving your style. Die KV bietet den Text von SB-Seite 61, den die S markieren und kommentieren sollen.

ERARBEITUNG
d) SB geöffnet. Die S diskutieren ihre Änderungen und Erläuterungen in.

ERARBEITUNG
e) SB geöffnet. Die S vergleichen ihre Änderungen mit dem Text von SB-Seite 58 und ändern ihre Lösungsmöglichkeiten ggf. ab oder erkennen Unterschiede in der Wirkung auf Inhalt oder Stil.

Weitere Differenzierung
Leistungsschwächere Lerngruppen verwenden den Text auf SB-Seite 58 als Lösungsvorlage. Sie erkennen und kategorisieren die Strategien gemäß der Tipp-Box und erläutern deren Verwendung.

STEP 7: EDIT YOUR TEXT

ERARBEITUNG
a) SB geöffnet. Nach der Partnerkorrekturphase verbessern die S ihre Arbeit auf Basis der Korrekturen und der Erkenntnisse aus STEP 6 inhaltlich und sprachlich. Diese Aufgabe eignet sich als HA. L verweist auf vorhandene Hilfsmittel (z.B. Wörterbuch), setzt einen Zeitrahmen und steht beratend zur Hilfe.

Tipp
Wird der Artikel in der Schule verfasst, bietet sich die Nutzung von Computern, Tablets o.ä. an.

ERARBEITUNG
b) SB geöffnet. ▸ *Correcting circle*. Die S tauschen ihre finalen Versionen aus, um Schwachstellen ein letztes Mal in PA oder GA korrigiert bzw. verbessert zu bekommen. Dabei bietet sich die Einrichtung von Experten für bestimmte Verbesserungsmöglichkeiten an, z.B. Experten für *relative clauses, vocabulary, participle constructions, tenses,* … Nach diesem letzten Korrekturdurchgang wird die finale Version fertiggestellt.

➜ Workbook Wordbank 5

Tipp
Als weitere Verwendung bietet sich eine Veröffentlichung auf der Website der Schule oder in der Schülerzeitung an. Möglich ist auch die Veröffentlichung im kleineren Rahmen auf einem von L für die Lerngruppe eingerichteten *online noticeboard* (z. B. www.padlet.com).

AUSWERTUNG/SICHERUNG
Die Artikel werden nach Themenkategorien (*science, nature, people,* …) geordnet und im Klassenzimmer, bzw. Schulgebäude ausgestellt. Auf einem Plakat können dazu Kennzeichen der Textsorte *feature article* dargestellt werden. Zusätzlich zur Ausstellung können die S als Autoren ihre Werke vorstellen.

KOMMUNIKATIVE KOMPETENZEN

Die S können …

Hör-/Seh-verstehen: zwei Fernsehnachrichten-Clips gegenüberstellen, indem sie das visuelle Material vergleichen, Inhalte herausarbeiten und die Wirkung auf den Zuschauer beschreiben (SB-Seite 62, 1 und 2)

S. 62

TIPPS FÜR IHRE PLANUNG

The world behind the picture und das folgende *Background file* werden durch die inhaltliche Klammer der Problematik der Energiegewinnung bzw. -versorgung zusammengehalten. Während *The world behind the picture* die umstrittene *North Dakota Pipeline* fokussiert, steht beim *Background file* das Thema Fracking im Zentrum der Erarbeitung. Der Aufgabenapparat zu *The world behind the picture* ist sowohl inhaltlich als auch filmanalytisch anspruchsvoll (SB-Seite 62, 2b)). Daher bietet sich hier die Bearbeitung in einer Doppelstunde an. Die Bearbeitung des *Background files* stellt eine neigungsdifferenzierte Rechercheaufgabe dar, die entweder als Hausaufgabe, oder als ausgiebige Recherche im Computerraum bzw. mit Tablets erledigt werden kann. Die Rechercheergebnisse können im Anschluss auf verschiedene Weise ausgestellt werden.
Alternativ kann die Reihenfolge innerhalb der Doppelseite auch umgedreht werden, so kann das *Background file* als thematischer Einstieg verwendet werden und Hintergrundwissen für die Arbeit *news-clip* vermitteln.

➜ Your task, SB-Seite 71

1 In the news

INFO-BOX

The **Dakota Pipeline**, built at a projected cost of $3.7 billion, runs almost 1,200 miles (1,900 km) through four US states. It is designed to transport approx. 470,000 barrels of crude oil per day from North Dakota to Illinois for continuing shipment to refineries. The objective of the pipeline is to move oil less expensively and more efficiently than it can be transported as train cargo. When the video was made, construction of the particularly controversial section of the pipeline in the vicinity of the reservation lands of the native Standing Rock Sioux tribe had been delayed pending federal government approval.
Environmental activists and Native American tribes joined forces to protest the pipeline, arguing that it threatens sacred burial grounds as well as the region's ecology. The intense protests gained international media attention in 2016 as violence erupted between demonstrators and law enforcement. In late 2016, the protests put a temporary halt to the project, with construction resuming only upon an executive order of the Trump Administration in January 2017. The pipeline went into operation in June 2017.

EINSTIEG

SB geschlossen. L: What news clips have you seen recently? What were they about?

ERARBEITUNG

a) SB geöffnet. *Pre-viewing.* Die S betrachten kurz die Bilder A – D in PA, danach beschreiben sie diese gemäß SB im Plenum. L sichert die wichtigsten Inhalte an der Tafel.

MUSTERLÖSUNG

A This still shows Native American tents (tepees) and different flags, so the news clip could be about different Native American tribes coming together.
B This still shows a woman in the foreground who is explaining something to an audience. I guess she is a reporter for a news station on TV. In the background, you can see a huge valley in which there are lots of Native

American tents. So, obviously, this is a still from a news clip about a Native American gathering of some importance.
C This still shows a huge road that leads to a building site. The landscape is white and yellow from snow and it looks as though it is somewhere far away in the countryside. There are huge vehicles that almost look like military vehicles. So, the news clip could also be about a controversial building site that needs to be protected from someone.
D This still shows a violent conflict between protesters and the police at night. You can see different groups of people, light poles and water being sprayed on protesters from armoured cars. So, the news clip must be about violent clashes between protesters and the police.

ERARBEITUNG
b) 1. Sehen (Globalverstehen). **SB geöffnet**. Die S bereiten sich vor, in dem sie die relevanten Stichworte zu den drei Leitfragen aufschreiben, so dass sie während des ersten Sehens nur Stichpunkte notieren müssen. Dann erfolgt erst ein Partnercheck und anschließend eine Besprechung im Plenum. Dabei werden die Ergebnisse in kompletten Sätzen vorgetragen. L notiert die wichtigsten Aspekte an der Tafel.

➔ DVD, Dauer: 03:50 min.

MUSTERLÖSUNG
Topic of the report:
Native American tribes are protesting against the Dakota pipeline that is being built on land they consider home and sacred ground. The protesters believe that the pipeline threatens the safety of their drinking water. Military veterans have joined the protests. They feel that freedom is threatened too. The demonstrators have blocked roads, which has led to police action. Several people have been seriously hurt.

People shown in the report:
- Hannah Thomas Peter, a reporter from Sky News presenting the story
- Native American woman who calls herself an Earth warrior
- elderly Native American woman
- Native American woman
- male Native American who was injured by state troopers
- male military veteran
- tribal leader

Importance of the issue:
- for the Native Americans: they want to protect their land, their sacred grounds, their clean water and their freedom
- generally: racial, political and social justice as well as environmental aspects are at stake

---

ERARBEITUNG
c) **2. Sehen** (Detailverstehen). **SB geöffnet**. Die S lesen den Arbeitsauftraq und notieren sich Stichpunkte während des Sehens. Danach erfolgt ein Partnercheck und eine Besprechung im Plenum. L notiert die Stichpunkte und setzte sie in den Zusammenhang mit Aufgabe **1b)** (people).

➔ DVD, Dauer: 03:50 min.

MUSTERLÖSUNG
Native Americans/protesters: They want the construction of the pipeline to be stopped.
US government/police: They want the protests to end, the protest camp to be evacuated and work on the pipeline to be finished.

ERARBEITUNG

d) SB geöffnet. In PA oder in kleinen Gruppen diskutieren die S über die Aussichten der Beteiligten ihr Ziel zu erreichen. Dabei fertigen die S *handouts* an, auf denen sie ihren Standpunkt kurz darlegen und begründen. Danach werden die verschiedenen Meinungen im Plenum vorgestellt und auf einer Plakatwand dargestellt (▶ *gallery walk*).

MUSTERLÖSUNG

I think the protesters will achieve their goals, because:
- the report will influence public opinion
- the pictures of violence will sway public opinion to their side
- the interviews of the tribal leader, the water activist and the victim of police violence will justify their points
- the use of social media will spread their issue worldwide

However, maybe the government will win, because:
- the protesters are just a small minority
- the oil lobby is very powerful
- there is too much money at stake

➜ Your task, SB-Seite 71

2 Making the film: Elements of a news clip

NEUER WORTSCHATZ

acceptable • the public

ERARBEITUNG

a) SB geöffnet. Die S sammeln in PA verschiedene Elemente einer Nachrichtensendung. Anschließend Sammlung im Plenum. L sichert die Elemente an der Tafel.

Weitere Differenzierung
In leistungsschwächeren Gruppen gibt L die Kategorien (siehe Musterlösung oder *More help*) vor und die S füllen sie mit Beispielen.

DIFFERENZIERUNG More help

Leistungsstärkere S arbeiten auf SB-Seite 87. Dort finden sie eine Liste verschiedener Kommunikationswege mit Beispielen und Bilder, zu denen die Kommunikationswege zugeordnet werden.

MUSTERLÖSUNG

Use of text:	captions, names and other information in pictures, statistics, graphs, charts, numbers
Sounds:	music, noise, cheers/screams
Spoken word:	introductions or explanations by reporters, interviews, recordings of speeches
Film material:	earlier footage, implemented or animated statistics, maps, graphs, pictures/stills
Camera work:	long/medium shot, close-up, zoom in/out, steady/unsteady use of camera

ERARBEITUNG

b) SB geöffnet. 3. Sehen. Die S sehen den *news clip* erneut und finden verwendete Elemente oder fügen ihrer Liste neue Elemente hinzu. Anschließend diskutieren sie in PA ob und wie diese Elemente zur Verständlichkeit des news-clips beitragen. Danach Besprechung und Diskussion im Plenum.

➜ DVD, Dauer: 03:50 min.

MUSTERLÖSUNG

types of communication	effects
medium shots of camp and Native American people	introduction to the situation
Native American songs in background	creation of atmosphere
reporter introducing and explaining the situation	introduction to the issue and explanation
long shot of camp	general impression
reporter explaining	detail information
Native American songs in background	creation of atmosphere
close-up of Native Americans	detail information, added authenticity
several medium shots of camp	general impression, transition
medium shots/close-ups of interviewed Native Americans	added authenticity
interviews with Native American women	detail information
background tribal flags	general impression, added authenticity
background laughter, noise	general impression, added authenticity
long shot to military vehicles and police presence on hill	general impression, transition to new part/scene
long shot to military vehicles and police presence on hill	general impression
reporter explaining	detail information
medium shots of landscape and heavily armoured vehicles	detail information, atmosphere
zoom in on single activist in huge construction site	detail information, atmosphere
long shot of violent clashes between protesters and police forces	general impression, atmosphere
reporter explaining	detail information
background noise, screams	atmosphere
medium shots of different fighting situations	general impression
unsteady use of camera	show dynamic situation, hectic atmosphere
close-up of victim of police violence	detail information, added authenticity
interview with victim	detail information
medium shots of camp showing various protest signs	transition, general impression, detail information
zoom in on reporter	added seriousness
background long shot of camp in snow	atmosphere
medium shots on Native American and veterans	transition, general impression, shift of focus
close-up of veterans	added authenticity
interview with veteran	detail information
zoom out on camp, medium shots of reporter entering a tent	general impression, transition, shift of focus
close-up of tribal leader in camp	added authenticity
interview with tribal leader	detail information
close-up of musician	atmosphere, transition
summary by reporter from off	summary
medium shots of/close-ups of Native Americans in camp	atmosphere, general impression
long shot of Missouri River and snowy landscape	atmosphere

ERARBEITUNG

c) / d) Die S lesen die *statements* und diskutieren in PA, ob sie zu dem *news clip* passen. Nach einer kurzen Diskussionsphase kann die PA zu kleinen Gruppen ausgeweitet werden, so dass am Ende 4 – 5 Gruppen in der Klasse ihre (unter Umständen kontroversen) Ergebnisse vortragen, die dann im Plenum diskutiert werden.

MUSTERLÖSUNG

c) The first statement doesn't match the news clip, but the second one does. Only the protesters' side is shown and it appeals to the viewers' emotions by showing an interviewed woman who is close to tears and possibly the victim of police violence. The government's side isn't represented at all and the police are described as a threat. The reporter does a good job of informing the public without commenting, but the close-ups of her during the interviews perhaps show her agreement with and compassion for the protesters. Thus she supports the arguments and labels them as the "right" ones. So one can say that the second statement matches the news clip.

d) I think a news clip should always show both sides. It isn't acceptable to report only one side of an argument. If you do that, you are commenting on the issue, not reporting on it.

AUSWERTUNG

L fasst die Ergebnisse zu einem Meinungsbild zusammen, das auf Plakaten dargestellt wird und evtl. mit den Ergebnissen von Parallelklassen abgeglichen und diskutiert werden kann.

ERARBEITUNG EXTRA

Die S sammeln in GA ihre Nachrichtenquellen, beschreiben sie und vergleichen sie mit dem *news clip*. Anschließend Besprechung im Plenum.

MUSTERLÖSUNG

We get our information from online editions of print media like Spiegel Online. The reports are often print-based, but some reports also include news clips. In most cases, the clips are like the one about the Dakota Pipeline.

S. 63

NEUER WORTSCHATZ

°fracking · °fracturing · °hydraulic · °extract · °gas · °shale (rock) · °well · °vertical · °shaft · °horizontal · °layer · °perforated · °drill · °fluid · °mixture · °pump · °countless · °fracture · °transport · °pipeline · °by rail · °water table · °agent · °inject · °fissure · °contaminate · °site · °toxic · °(to) leak +leak · °fuel · °explosion · °oil spill · °(to) pollute · °vegetation · °gallon · °(to) spill · °billion · °(to) consume · °previously · °harmful · °particle

➔ FöFo 3.3

EINSTIEG

SB geschlossen. *Pre-reading.* L schreibt das Wort *fracking* an die Tafel und sammelt spontane Assoziationen, Informationen und Meinungen dazu in einer Mindmap. Dabei semantisiert L unbekannte Vokabeln.

Alternative/Tipp
L nutzt eine (kostenfreie) App wie z.B. *Popplet Lite, Simple Mind* oder *m8* und zeigt sie (während des Entstehens) per Beamer/SMART Board.

ERARBEITUNG 1

SB geöffnet. Die S lesen den Text still in EA. Unbekannte Wörter werden mit Hilfe eines Wörterbuches erschlossen. Zur Sicherung des Textverständnisses verbalisieren einige S bei geschlossenem SB den Prozess des Frackings sowie Vor- und Nachteile im Plenum oder stellen sich gegenseitig Fragen zu diesen Themen.

➔ Wörterbücher

Alternative
Die S nutzen *online dictionaries* per Smartphone.

ERARBEITUNG 2 You choose

a)–c) SB geöffnet. Die S arbeiten arbeitsteilig per ▸ *Jigsaw*. Diese Aufgabe eignet sich als HA oder als Rechercheaufgabe im Computerraum. Die S erstellen ein Handout und einen Vortrag, der anschließend vor dem Plenum gehalten wird.

Zusatz
SB geöffnet. Die S erstellen aus ihren Vorträgen Beiträge zur Schulhomepage, der Schülerzeitung oder auf einem von L eingerichteten *online noticeboard* (z. B. www.padlet.com).

➔ Workbook 8 (p. 37), Wordbank 5

MUSTERLÖSUNG

a) Benefits: gas-based power stations emit less carbon dioxide than coal-based power stations, so they are better for the climate; more jobs in the energy sector; gas prices decrease
Dangers: problem of noise and air pollution for people living near drilling sites; air pollution due to chemical particles escaping into the air; up to 600 chemicals are used in fracking fluid, which can cause great harm to nature, wildlife and humans; relying on natural gas slows advances in alternative energy

b) On 20 April 2010, the oil drilling rig Deepwater Horizon, operating in the Gulf of Mexico, exploded and sank, causing the death of eleven workers and the largest oil spill in the history of marine drilling operations. Four million barrels (= 159 litres) of oil flowed from the well over an 87-day period, before it was finally capped on 15 July 2010.
The oil spill had a devastating impact on the environment. Oil was spread over more than 1,300 miles of shoreline from Texas to Florida. Owing to deep-water ocean currents, the oil flowed hundreds of miles away from the blowout. A large amount of oil sank to the ocean floor. In the attempt to clean up the spill, incalculable damage was done to fish and wildlife. In addition, though it was seldom discussed at the time, first responders were often made ill by the chemicals and other substances used in attempts to contain and clean up the damage.

c) Fracking in Germany was largely unregulated until April 2015. The population has always been deeply suspicious, fearing its impact on the environment and drinking water. The Green Party has fought against it as well, opposing the strong industry which ran an intense campaign to at least keep a door open for the technology to be used in future. In June 2016, after almost a year of debate, German politicians finally banned fracking indefinitely. However, environmental activists claim that the ban isn't enough since it still allows conventional drilling for oil and gas according to state laws.

KOMMUNIKATIVE KOMPETENZEN
Die S können …

Lesen/ Sprechen: Textaussagen und -inhalte (z.B. Charakterbeschreibungen) in eigenen Worten wiedergeben, analysieren, erklären und diskutieren (SB-Seite 64–66, 1, 2 und 3)
Schreiben: kreativ mit einem fiktionalen Text umgehen, indem sie die Geschichte aus einer anderen Perspektive erzählen oder sie als Geschichte oder als Comic weitererzählen (SB-Seite 66, 4)

S. 64–66

TIPPS FÜR IHRE PLANUNG
In *Part C* lernen die S einen Ausschnitt aus dem Roman *„Mr Penumbra's 24-Hour Bookstore"* by Robin Sloan kennen. Der Fokus des Textes liegt auf den Charakteren Clay Jannon und Kat Potente, die sich auf ein romantisches Date einlassen, dabei aber durchaus unerwartete Themen erörtern.
Vor der Textarbeit sollte die Box im SB gelesen und Arbeitsauftrag **1 a)** durchgeführt werden, um die S auf die Lektüre einzustimmen und neugierig zu machen. Der lange Textausschnitt kann dann entweder als HA oder in einer langen Stilllesephase gelesen und inhaltlich erschlossen werden. Obwohl die meisten unbekannten Vokabeln unter dem Text erläutert werden, empfiehlt sich hier der Gebrauch von Wörterbüchern. Die Bearbeitung von Arbeitsauftrag **1 b)** sollte unmittelbar nach der Lektüre erfolgen (oder als Einstieg, falls der Text zu Hause gelesen wurde), die Bearbeitung der Aufgaben **2**, **3**, **4** erfordern dann wiederum mindestens eine Doppelstunde.
Der Bearbeitung dieses Romanausschnitts kann am Ende des Schuljahres durchaus die Lektüre des Gesamttextes folgen.

➜ FöFo 3.4
➜ Interaktive Übungen zum Workbook 3.6

1 Maximum happy imagination
(from Mr. Penumbra's 24-Hour Bookstore by Robin Sloan)

NEUER WORTSCHATZ
imagination · **bankrupt** · **clerk** · **customer** · **alternative** · **hypothetical** · **curve** · **vertical** · **civilization** · **smart** · **ratio** · **band** · (to) **rule** · °singularity · °growth curve · °hedge fund · °terminus · °sushi *(no pl)* · °sans *(lit, hum)* · °mercury · °irradiated · °biker · °(to) reboot · °nerd · °bot · °gleaming · °cable car · °food court · **immortality** · (to) **chew** · (to) **put** sth. *(+adverb)* · **Box "(to) put sth. politely/simply/… (etwas höflich/einfach/… ausdrücken)**, *Voc.*, SB-Seite 220 · (to) **accomplish** sth. · **charming** · (to) **glance (at)** · (to) **straighten** sth. · **bomb** · **science fiction** · **cancer** · **possibly** · **analogy** · **physically** · **cushion** · **loose** · **privacy** · **romance +romantic** · (to) **occur to** sb. · **internal monologue** · **dozen** · °utter directness · °cancer · °physically straining · °rake · °operating system upgrade · °(to) swivel · °(to) crack sth. in two · °bunch · °spaceship · °as a matter of fact · **reasonable** · **sincerity +sincere** · **bright** · **beneath** · °(to) dim · °intense · °flushed · °bright

EINSTIEG
SB geschlossen. L: What books or movies about life in the future do you like best? Why?
Dabei werden verschiedene Ideen zur Zukunft gesammelt und festgehalten. Anschließend spekulieren die S im Plenum, wie weit die verschiedenen Ideen in der Zukunft liegen.

ERARBEITUNG

a) SB geöffnet. Die S lesen die Box zu *Maximum happy imagination* im SB und lernen so die Protagonisten des Romanausschnitts kennen. Anschließend spekulieren sie in PA oder GA über die Inhalte des Gesprächs während deren erstem Date. L sammelt die Spekulationen an der Tafel und sichert sie für die Bearbeitung von Aufgabe **1 b)**.

MUSTERLÖSUNG

They could talk about …
- Clay's work in the bookshop or Kat's job at Google.
- opportunities Google could offer for Clay's job at the bookshop.
- Clay's chances of getting a job at Google.
- books or films they both like or dislike.

ERARBEITUNG

b) SB geöffnet. Die S lesen den Text in Stillarbeit oder haben ihn als HA gelesen (siehe **Tipps für Ihre Planung**). Nach dem Lesen sammeln sie im Plenum die unterschiedlichen Elemente der Unterhaltung zwischen Clay und Kat und vergleichen sie mit den Ergebnissen aus **1 a)**.

MUSTERLÖSUNG

Elemente der Unterhaltung:

The game "Singularity Singles" and Kat's date; aspects of the future (immortality); the game "Maximum Happy Imagination"; aspects of the future (change in peoples' brains); changes are already happening

2 Comprehension

ERARBEITUNG

a) ▸ *Jigsaw.* **SB geöffnet.** Die S finden sich zu dritt in Gruppen zusammen und teilen die Zitate unter sich auf. Nach kurzer Vorbereitungszeit erläutern die S den anderen Gruppenmitgliedern ihr Zitat. Anschließend suchen sie in der Gruppe Gemeinsamkeiten der Zitate und Verbindungen zwischen ihnen. Besprechung der Ergebnisse im Plenum.

Weitere Differenzierung
In leistungsschwächeren Gruppen werden alle Zitate in Gruppen à drei S besprochen und erläutert. Danach wird nach Gemeinsamkeiten gesucht und im Plenum gesammelt.

MUSTERLÖSUNG

1 Kat means that after technological progress has boosted humans into a new future, all problems will be solved easily and that humankind will be able to live forever. The fact that she interrupts her thought to offer a falafel to Clay adds a certain naturalness to the last statement. Clay, however, reacts in an unbelieving, defensive way.

2 Kat explains why we can't imagine future developments further away than about a century: because our imagination doesn't see a basis for comparison for such a far-reaching prognosis.

3 Kat explains that although our brains may physically be the same, compared with brains a thousand years ago, the data with which they are equipped is totally different. She uses the examples of "privacy" and "romance" to underline her point. Both concepts have changed considerably in the last thousand years.

All three quotes deal with changes, the future, and how our lives will be.

ERARBEITUNG

b) SB geöffnet. Die S überfliegen den Text erneut und extrahieren Gedanken, die sie ansprechen. Die Auswahl der Textzeilen wird zunächst in PA begründet, danach werden einige Vorschläge im Plenum vorgetragen.

MUSTERLÖSUNG

I like Clay's thought in lines 7 and 8 best. The short sentences in line 7 show that he is confused and tries to follow Kat's ideas. The phrase in brackets shows that he is humorous and open-minded.

Weitere Differenzierung

In leistungsstärkeren Gruppen wird in kurzer Vorbereitungszeit ein Vortrag zu den gewählten Textzeilen ausgearbeitet, der neben dem subjektiven Gefallen auch die Relevanz für den Textausschnitt und die z.B. gesellschaftliche Relevanz herausstellt.

3 Analysis

ERARBEITUNG

a) SB geöffnet. Die S scannen den Text nach Informationen zu dem Spiel *Maximum Happy Imagination* in EA. Nach kurzer Vorbereitungszeit erklären sie einander in PA das Spiel, warum es so schwer zu spielen ist und warum Kat glaubt, dass Computer bei diesem Spiel hilfreich sein könnten. Anschließend werden diese Fragen im Plenum besprochen und diskutiert.

LÖSUNG

To play the game *Maximum Happy Imagination*, one has to imagine a positive future as far away in time as possible.

It's so hard to play because our brain doesn't allow us to imagine the very distant future. Our imagination seems limited in this respect. That might also be a reason that Kat thinks that the real change will take place inside our brains.

Kat compares the changes in our brains to the upgrades of operating systems and explains that the latest upgrade is already happening and visible in the use of smartphones. She makes Clay realize this when she asks him to look around in the restaurant. He sees people staring at their smartphone displays and realizes that they are in two different places at the same time thanks to the use of computer technology.

ERARBEITUNG

b) SB geöffnet. Die S finden schnell die Textzeile des Zitats (ll. 120/121) (▶ *scanning*), setzen sie in den unmittelbaren Kontext und erklären sie in PA. Die Erklärungen werden anschließend im Plenum ausgewertet, sodass eine „Klassenlösung" an der Tafel festgehalten werden kann. Danach diskutieren die S zunächst in PA, dann in Kleingruppen, ob sie der Aussage zustimmen oder nicht. Die Ergebnisse der Diskussionen werden ebenfalls im Plenum ausgewertet und festgehalten.

MUSTERLÖSUNG

Kat compares the impact on our brains of (earlier) writers like Shakespeare with that of today's operating system updates. In former times, writers stimulated our brains and caused a development process in language and thinking. However, their influence has decreased and today it is computer and smartphone apps that tickle our brains and cause development.

ERARBEITUNG EXTRA

SB geöffnet. Die S spielen das Spiel *Maximum Happy Imagination* in Kleingruppen. Dabei bewegen sich ihre Spekulationen in die weitere Zukunft. Die Entwicklungsschritte werden auf einem Plakat, ähnlich wie bei einer Zeitleiste festgehalten. Die Auswertung kann wettbewerbsartig erfolgen (Wessen sinnvolle Vorschläge reichen am weitesten in die Zukunft?) oder aber in einer Ausstellung (▶ *gallery walk*) münden.

4 Comment

ERARBEITUNG You choose

a)/b)/c) SB geöffnet. Die S wählen eines der drei Themen aus und verfassen einen Beitrag von ca. 150–200 Wörtern. L weist darauf hin, dass auch der *comic strip* **(c)**) Textinhalte wie z.B. *speech bubbles*, *thought bubbles* oder auch Anteile von *interior monologue* haben muss. Diese Aufgabe eignet sich auch als HA.

Alternative/Tipp

Die S erstellen mit Hilfe einer App einen Comic auf einem Tablet/Laptop. Online sind eine Reihe von kostenlosen Apps verfügbar wie etwa *Comic Life*.

MUSTERLÖSUNG

a) What an interesting evening! This guy, Clay, was really nice, but also quite naïve and shy. He seemed at first to be more interested in my T-shirt than in me, but that changed in the course of the evening. Clay didn't get the idea of a Singularity event at first, which is normal for a bookstore person, but when I told him about my Singularity Singles experience, he was all ears. We got even closer when I introduced him to meeting the future. Of course, he was just as limited as anybody else when I started playing Maximum Happy Imagination, but at least he was open-minded enough to follow my thoughts. When I finally convinced him that the changes in our brains are already taking place, and that the Singularity is certain to come, he was smiling at me so heartily that I felt a lot warmer, too. Let's see where this takes us.

b) In 20 years, we'll have a considerably better life. The medical advancements will have eliminated most severe illnesses and medical prevention will be normal since we'll all be wearing little computers on, or even inside, our skin which track our medical data and transfer it to the doctors immediately. Then computers will analyse the heart rate and other indexes and find irregularities, which will be answered with a cure right away. But this advance will come at a price. Data security will be a real problem. Our personal data will be virtually everywhere and far too many people will have access to it. So, crime will be different too. Old-fashioned crime like theft or burglary will almost be extinct because security measures and surveillance will be at an all-time high, but data theft and data abuse will be the new crimes. But since computers and robots will have taken over many jobs, people will have a lot more spare time, and the opportunities for spending this time will be almost infinite. Of course, there will be other, more comfortable jobs, like controlling and fixing the computers and robots. I'm really looking forward to seeing life in 20 years.

➜ Workbook 9 (p. 38)

KOMMUNIKATIVE KOMPETENZEN
Die S können ...

Lesen:	Sachtexte auf bestimmte Fragestellungen hin untersuchen (SB-Seite 67, 1; SB-Seite 104, 1)
Sprechen:	Textaussagen und -inhalte in eigenen Worten wiedergeben, erklären, analysieren und diskutieren (SB-Seite 67, 1; SB-Seite 104, 1)
Sprach-mittlung:	einem Partner Jugendkultur in anderen Ländern erklären (SB-Seite 67, 2)

S. 67

EINSTIEG
SB geschlossen. L: Talk to your partner about the following questions. Have you ever had a boyfriend/girlfriend or are you currently in a relationship? How many dates did you have before you went steady? How did you break up/get broken up with?
Damit stimmt L sowohl auf die unterschiedlichen Wahrnehmungen in Deutschland und den USA (*dates*) als auch auf Netiquette in romantischen Beziehungen ein (*breaking up*).

Alternative
Sollte die Klasse sich nicht auf diese persönlichen Gesprächsthemen einlassen, kann L kurze (provokante) Fragen beurteilen lassen, z. B.: *You have been in a relationship for seven months now and he/she breaks up with you via text message. What do you think? Is that OK?*

1 Romantic relationships in the US

NEUER WORTSCHATZ
(to) **hang up, hung up, hung up** · **spring** · (to) **dial** · **excuse** · (to) **hesitate** · **exclusive**

ERARBEITUNG
a) SB geöffnet. Einzelne S lesen den ersten Abschnitt (bis Z. 10) laut vor. Danach fassen andere S im Plenum den Vorfall spontan mündlich zusammen und geben ein eigenes Urteil ab. Dieses Urteil wird durch weitere Meldungen ergänzt bzw. diskutiert, sodass ein Meinungsbild entsteht. Das gleiche Vorgehen erfolgt danach beim Textabschnitt ab Zeile 11.

MUSTERLÖSUNG
In the first incident, Shireen agrees to go on a date with Jamal on Friday evening, but also accepts another invitation for the same evening just minutes after the first one. Then Shireen calls Jamal to cancel the date with him, using a made-up excuse. Later she calls this behaviour normal because she was only dating Jamal.
I don't think Shireen's behaviour is right. When you arrange to go out with somebody, you should stick to that. That is normal, polite behaviour.

The second incident takes place at a party. Anika starts an innocent talk with Steve about soccer, which they both like. When Anika suggests going to a match together, Steve behaves oddly in her eyes: he refuses to go to the match because he's "seeing someone". Furthermore, he avoids her for the rest of the evening. Anika feels embarrassed.
I think Steve's behaviour is rude, but since he wants to avoid misunderstandings with his girlfriend and Anika, it is understandable. It would have been better if he had explained his behaviour to Anika.

ERARBEITUNG
b) SB geöffnet. Die S lesen Hannahs Blog über das unterschiedliche Kennenlernverhalten zwischen den Geschlechtern in Deutschland und den USA. Anschließend vergleichen sie die amerikanischen und deutschen Strategien und Verhaltensweisen in Kleingruppen. Die Ergebnisse werden im Plenum präsentiert und diskutiert.

MUSTERLÖSUNG

Dating in the US and Germany seems to be really different. In Germany, teens usually go out in groups and then you meet people you might fall in love with. In America, you "officially" date people. These first meetings seem like a test or an interview in which the other person has to show that he or she is worthy of a second date. In Germany, you would more or less automatically meet him or her again, but after some time you would arrange to meet more privately, too. Another difference is that teen relationships tend to not last as long as in Germany; breaking up after a short time of just dating is usual in the US. It's only after some time that Americans get more serious, or as they call it, "seeing each other". The next step is called an "exclusive relationship", where both people are taboo for anybody else who might be romantically interested. This phase seems to be comparable to the German "feste Beziehung". One thing, however, is the same in Germany and the US: all the details about getting together intimately and breaking up are known to all of your friends in an instant.

➜ FöFo 3.4

2 Netiquette in Germany

NEUER WORTSCHATZ

netiquette · °emoticon

ERARBEITUNG

a)/b) **SB geöffnet.** Die S bearbeiten die Artikel gemäß SB und notieren sich englische Stichworte für die spätere mündliche Mediation. L stellt für diese Aufgabe Wörterbücher zur Verfügung. Anschließend erläutern die S ihren Partnern auf Englisch die entsprechenden Inhalte. Dabei beziehen sie sich auf Harrisons Fragen als Ausgangspunkt.

➜ Wörterbücher

Alternative/Tipp

Die S nutzen ihr Smartphone/Tablet und recherchieren den Wortschatz online.

MUSTERLÖSUNG

1 One should encounter the person open-mindedly, curiously, respectfully and, of course, in a friendly way. A good starting point is a compliment on the photo or a question about a hobby. Don't be too direct and don't open up too much about yourself. You also shouldn't write too many messages at the same time.
2 Don't overuse emoticons. Emoticons are important, but you should adjust your usage to that of your writing partner.
3 Having to wait for a reply isn't nice. Nevertheless, you shouldn't get worried and write more and more messages yourself. Perhaps your texting partner is busy or intends to answer later.
4 Ending a long-term relationship with a simple text message is a no-go! Even if it was only a short relationship, breaking it up via text message is still rude.

DIFFERENZIERUNG Early finisher

Leistungsstärkere S arbeiten auf SB-Seite 93 weiter. Dort ordnen sie Aussagen zu Situationen zu (**a)**) und fügen Aussagen zu logischen Chats zusammen (**b)**).

AUSWERTUNG

Alle Fragen werden mündlich im Plenum beantwortet. In einer offenen Diskussion wird die Relevanz der Antworten für die S diskutiert und eventuell werden die Verhaltensrichtlinien abgeändert.

➜ Workbook 10 (p. 38)
➜ FöFo 3.4

S. 68–69

TIPPS FÜR IHRE PLANUNG
Im *Listening course* der Unit 3 trainieren die S verschiedene Strategien zur Verbesserung ihrer Hörverstehenskompetenz. In **1** und **2** auf SB-Seite 68 üben die S Wörter vorauszuahnen und wenden diese Strategie in **3** an. Auf SB-Seite 69 trainieren sie gezielt Aspekte einer Unterhaltung zu erfassen (**1** und **2** trainieren *gist*, **3** und **4** trainieren *inference*). Daher empfiehlt es sich, die SB-Seiten 68 und 69 als Einheiten oder sogar in einer Doppelstunde zu behandeln. Während oder nach der Bearbeitung sollte L auf die *listening strategies* im *Skills File* (SB-Seite 125) hinweisen.

➜ FöFo 3.5
➜ Interaktive Übungen zum Workbook 3.7
➜ SF 27: Listening strategies (p. 125–126)

Prediction and understanding

NEUER WORTSCHATZ
(to) **predict** · **similarly** · **direction**

1 Predicting one word

EINSTIEG
SB geöffnet. Die S lesen gemeinsam laut Überschrift und Einführung, um sich auf das Thema einzustellen.

ERARBEITUNG
a) SB geöffnet. Die S lesen und vervollständigen die Sätze in Stillarbeit. L weist darauf hin, dass die Satzenden spontan und zügig vervollständigt werden sollen. Danach gemeinsames Hören und Besprechen.

➜ CD 35

LÖSUNG
coffee · light · break · sugar · bus · hat

ERARBEITUNG
b)–c) SB geöffnet. Die S lesen den Arbeitsauftrag, danach erfolgt das **1. Hören** (Tracks 36–44). Anschließend ▸ *partnercheck;* danach erfolgt das **1. Hören** des vollständigen Tracks (Track 45) und Besprechung.

Hinweis
L führt das Wort (to) complain ein.

➜ **b)** CD 36–44
➜ **c)** CD 45

LÖSUNG
party · invite · list · again · loud · complained · come · park · idea

ERARBEITUNG
d) **SB geöffnet.** Die S tauschen sich in Kleingruppen über die Textstellen aus, bei denen sie die fehlenden Wörter erahnen konnten und erschließen, warum sie diese voraussagen konnten.

MUSTERLÖSUNG
Some words were easy to predict because
- the topic was clear
- the context was clear
- words in the sentence before gave a hint

2 Predicting several words

ERARBEITUNG
a)–b) SB geöffnet. Die S lesen den Arbeitsauftrag, danach erfolgt das **1. Hören** (*tracks* 46–51). Die S schreiben die fehlenden Phrasen in EA auf. Anschließend überprüfen sie ihre Lösungen auf Logik und grammatikalische Korrektheit. Danach erfolgt das **1. Hören** des vollständigen *tracks* (*track* 52).

➜ a) 46–51
➜ b) 52

LÖSUNG
Happy Birthday · blow them out · cut the cake · turn it up · call the police · good time

ERARBEITUNG
c) SB geöffnet. 2. Hören. Die S erklären im Plenum, wie sie auf die Lösungen kamen. L sichert die Strategien an der Tafel.

➜ b) 46-51

MUSTERLÖSUNG

What helps predicting phrases in a listening exercise?
clear understanding of the situation and topic of the talk (birthday → sing Happy Birthday)
dialogue situation (threat: call the police)
common chunks (I had a really good time)
logical links (knife → cut the cake, not loud enough → turn it up)
grammatical links (have to → blow them out)

3 Listening for detail

NEUER WORTSCHATZ
(to) **complain**

ERARBEITUNG
a) SB geöffnet. Die S lesen den Arbeitsauftrag und notieren sich die wichtigsten Informationen aus den Aussagen 1–4 stichwortartig in ihr Übungsheft. Danach erfolgt das **3. Hören**. Die S finden und korrigieren die Fehler in den Aussagen, anschließend ▸ *Partnercheck* und Besprechung im Plenum.

➜ c) 45

LÖSUNG
1 right
2 wrong: Amber doesn't want Jeremy at the party, Beth agrees.
3 right
4 wrong: The party will be in a park.

ERARBEITUNG
b) SB geöffnet. Die S bringen die Sätze ohne einen weiteren Hördurchgang in die richtige Reihenfolge.

ERARBEITUNG
c) SB geöffnet. 4. Hören. Die S überprüfen ihre Reihenfolge und berichtigen sie ggf.

➜ c) 45

LÖSUNG
Correct order: 7, 4, 2, 3, 1, 5, 6

4 Reflection

ERARBEITUNG
SB geschlossen. Im UG diskutieren die S den Nutzen der Hörstrategie *prediction* für Hörverstehensaufgaben.

AUSWERTUNG
L sichert die Erkenntnisse aus dem UG an der Tafel. Abschließend verweist L auf das *Skills File* im SB-Seite 125–126 zu *Listening skills*.

Prediction as a strategy for listening comprehension
- predicting words helps you to find words more quickly
- predicting words can help fill gaps that one couldn´t get while listening
- predicting words can help you understand the overall meaning faster

Gist and inference

NEUER WORTSCHATZ
the gist · **inference** · (to) **infer** sth. **(from)** · (to) **be likely to do** sth. · **explicitly** · **Box "explicit (adj) – explicitly (adv)"**, *Voc.*, SB-Seite 222 · (to) **trust** · **admiration** +(to) **admire** · **disrespect** · **affection**

1 Gist

EINSTIEG
SB geöffnet. Die S lesen gemeinsam laut die Überschrift und die Einführung, um sich auf das Thema einzustellen.

ERARBEITUNG
a) SB geöffnet. Die S lesen in Stillarbeit die Beispielwörter und finden schnell ein *umbrella word* dazu. Anschließende Sammlung und Besprechung im Plenum.

MUSTERLÖSUNG
holiday/trip/journey

ERARBEITUNG
b) SB geöffnet. Die S erarbeiten in EA Beispielwörter zum *umbrella word ‚picnic'*. Anschließend Vergleich in PA oder Sammlung im Plenum.

MUSTERLÖSUNG
basket, beach, food, drink, friends, fun, grass, park, sunshine, …

2 Inference

ERARBEITUNG
a) SB geöffnet. Die S lesen den Arbeitsauftrag und machen sich Notizen zu den vier Aussagen in ihr Übungsheft. Anschließend erfolgt das **1. Hören**. Nach der Bearbeitung ▶ *Partnercheck* und Besprechung im Plenum.

→ 53–56

LÖSUNG
Dialogue 1: wrong: She isn't in the mood for pizza because she stresses that they always have pizza.
Dialogue 2: right: She complains that he told her secret to everyone last time.
Dialogue 3: right: Dan finds a lot of reasons not to climb up the ladder.
Dialogue 4: wrong: The boy is annoyed because the girl is late, hasn't texted him and something like that has happened before.

3 A conversation: Getting the gist

ERARBEITUNG
a) SB geöffnet. Die S lesen den Arbeitsauftrag und spekulieren in PA über mögliche Gesprächsthemen. Anschließend Sammlung im Plenum und Sicherung an der Tafel.

MUSTERLÖSUNG
girls, music, food, drinks, dancers, sports, school, …

ERARBEITUNG
b) SB geöffnet. 1. Hören. Die S hören den ersten Teil des Dialogs, erfassen die genannten Themen und vergleichen diese mit der Sammlung an der Tafel.

→ 57

MUSTERLÖSUNG
music, food, girls

ERARBEITUNG
c) SB geöffnet. Die S spekulieren darüber, welches der Themen aus **b)** im zweiten Teil weiter vertieft wird und überprüfen ihre Annahmen im **2. Hören**.

→ 58

LÖSUNG
girls

4 A conversation: Reading between the lines

ERARBEITUNG
a) SB geöffnet. Die S lesen den Arbeitsauftrag, danach erfolgt das **1. Hören**. Die S notieren sich Zachs Ratschläge. Anschließend Besprechung im Plenum

→ 59

LÖSUNG
Don't follow her.
Don't text her every five minutes.
Don't put on a cool attitude (and don't act as though it's all no big deal).
Show her that you are interested in her.
Text her back and ask her out for a drink.

ERARBEITUNG

b) SB geöffnet. Die S lesen den Arbeitsauftrag und machen sich Notizen dazu in ihrem Übungsheft. Danach erfolgt das **2. Hören**. Anschließend ▸ *Partnercheck* und Besprechung im Plenum.

➔ 59

MUSTERLÖSUNG

At the beginning, Zach teases Matt until Matt gives away the girl's name and admits that he has her phone number. When Matt asks Zach for advice, Zach's attitude changes from arrogance and curiosity to helpfulness and support. Still, Zach's way of speaking suggests that he feels superior to Matt and he likes to show that.

I think Matt will accept Zach's advice because he keeps asking for more advice and even calls Zach brilliant in the end.

ERARBEITUNG

c) SB geöffnet. Die S analysieren in PA oder in Kleingruppen die Gesprächssituation und entscheiden, ob Matt und Zach gute Freunde sind. Anschließend werden die Meinungen und Argumente im Plenum diskutiert.

Weitere Differenzierung

In leistungsschwächeren Lerngruppen wird ein **3. Hören** angeboten.

MUSTERLÖSUNG

I don't think they are close friends, because Matt doesn't want to tell Zach the name of the girl he likes so much. Additionally, Zach teases Matt a lot at the beginning of their conversation and acts in a very arrogant way. When Zach gives Matt advice on how to act, he does this arrogantly as well, always telling Matt how experienced he himself is with girls.

5 Reflection: Understanding a relationship

ERARBEITUNG

a) SB geöffnet. Die S lesen den Arbeitsauftrag, danach erfolgt das **1. Hören**. Die S notieren sich Stichworte zur Fragestellung, anschließend Besprechung im Plenum.

➔ 60

MUSTERLÖSUNG

I don't think that Zach has really helped Matt. Although all of Zach's advice seems reasonable, Matt didn't need any advice when he got to know Angela, so I guess he doesn't need a show-off's advice about how to continue the relationship. On the other hand, Matt frequently asked Zach for his opinion, so Zach may have done some good.

ERARBEITUNG

b) SB geöffnet. In PA oder in Kleingruppen ordnen die S Attribute aus der Box den beiden Beziehungen zu und diskutieren Gründe für ihre Auswahl. Anschließend Besprechung und Diskussion der Gründe im Plenum.

MUSTERLÖSUNG

Zach's relationship to Matt: impatience, disrespect

Matt's relationship to Zach: admiration, respect, trust

➔ SF 27: Listening strategies (p. 125)
➔ Workbook 11 (p. 38)
➔ FöFo 3.5

S. 70

TIPPS FÜR IHRE PLANUNG
Auf der *Study skills*-Seite setzen sich die S mit dem Aufbau und der Vorbereitung einer Podiumsdiskussion auseinander. In **1** entscheidet sich die Klasse für ein Thema, das nach der Sequenz in einer *panel discussion* aufgearbeitet werden kann. Die Aufgaben **2–4** befassen sich mit den Rollen *panellist* und *moderator* und geben konkrete Tipps, wie die S sich in einer Podiumsdiskussion am besten einbringen können. Hierzu geben auch die *Skills Files* 18 und 19 wertvolle Hinweise. Bei der Besprechung und konkreten Erstellung der Tipps (**3**) kann auch fächerübergreifend gearbeitet werden (Deutsch). Im Sinne der Vorbereitung auf die Oberstufe sollten die Ergebnisse dieser Sequenz sorgfältig gesichert und die S auf die Relevanz dieser Kompetenz für alle Fächer in der Qualifikationsphase hingewiesen werden.
Anschließend an die *Study skills*-Seite führen die S in der *Your task* angeleitet eine Podiumsdiskussion durch.

➔ Your task, SB-Seite 71
➔ FöFo 3.5

NEUER WORTSCHATZ
(to) **chair** · **moderator** · **controversial** · (to) **research** · (to) **ban** sth. · (to) **concern** sb. · °panellist · (to) **take sides** · **firmly** · **thorough** · **counter-argument**

EINSTIEG
SB geschlossen. Die S finden sich in das Thema ein, indem sie sich an eine Podiumsdiskussion (schulisch oder außerschulisch) erinnern und verschiedene Aspekte dieser Diskussionsform rekapitulieren. L sichert relevante Aspekte an der Tafel. Dabei werden die unbekannten Vokabeln semantisiert.
L: Have you ever watched/taken part in a panel discussion? How is it different from a discussion in class?

1 The topic

ERARBEITUNG
SB geöffnet. Die S lesen den Arbeitsauftrag und informieren sich über die Definition eines guten Themas sowie die Beispielthemen. In Kleingruppen diskutieren sie die Vor- und Nachteile der verschiedenen Themen und einigen sich auf ein Thema für eine Klassendiskussion. Anschließend wird ein Klassenvotum herbeigeführt und ein Thema definiert.

MUSTERLÖSUNG
We want to discuss the topic "Private cars should be banned".
This topic appeals to us because it is very relevant to our society, as there are too many cars on this planet. It is also controversial because the car industry takes a strong stand against this claim, since they want to sell cars, and it is interesting because it takes a lot of effort to implement this idea.
This topic seems practical to research because some start-ups have already started working on similar ideas, like car-sharing and driverless cars, so there are a lot of points to start with.

2 The roles

ERARBEITUNG
a) SB geöffnet. Die S lesen den Arbeitsauftrag, danach erfolgt das **1. Hören.** Anschließend Besprechung im Plenum. L achtet darauf, dass die S ihre Auswahl stichhaltig begründen.

➔ 61

MUSTERLÖSUNG
Speakers one and two are panellists. They offer arguments. The third speaker, the moderator, says thanks for points mentioned by another speaker, Jake, and addresses these to the other speakers, finally asking a specific panellist, Jennifer, to comment on Jake's position.

ERARBEITUNG
b) SB geöffnet. Die S setzen sich in PA mit den Tipps auseinander und entscheiden, welcher Tipp für welche Rolle passend ist. Die Zuordnung wird im Übungsheft in einer Tabelle angelegt, da sie für die weitere Arbeit benötigt wird.

Zusatz
In Gruppen stellen die S eine (subjektive) Hierarchie der Tipps gemessen an deren Wichtigkeit auf und setzen sich so intensiver mit den Tipps auseinander. Diese Listen können anschließend im Plenum diskutiert bzw. veröffentlicht werden.

LÖSUNG
panellists: 1, 2, 4, 5, 8, 11
moderator: 3, 6, 7, 9, 10, 12
both: 2

3 The language

ERARBEITUNG
a) SB geöffnet. Die S lesen den Arbeitsauftrag und bereiten sich vor, indem sie ihre Listen aus **2b)** bereithalten und ggf. erneut lesen bzw. markieren. Danach erfolgt das **1. Hören** und die Zuordnung in EA. Anschließend ▸ *partnercheck* und Besprechung im Plenum.

Weitere Differenzierung
In leistungsschwächeren Gruppen wird ein **2. Hören** angeboten.

➜ 62

LÖSUNG
1 → tip 7
2 → tip 5
3 → tip 9 (leider ohne Dank)
4 → tip 11
5 → tip 10
6 → tip 4

ERARBEITUNG
b) SB geöffnet. Die S machen sich mit dem Arbeitsauftrag vertraut, danach erfolgt das **2. Hören** und die Besprechung im Plenum.

➜ 62

MUSTERLÖSUNG
2 There are three main points that I'd like to make. First, …
3 We've had an interesting discussion and now I'd like to sum up the main points our panellists have made.
4 So, if it's ok, I would like to finish what I was saying.
5 It is important that we hear everyone's view. So, at this point I'd like to bring in Mark.
6 Can I come in there and comment on Caitlin's point? I think she's absolutely right …

ERARBEITUNG
c) SB geöffnet. Die S bilden Vierergruppen und finden in arbeitsteiliger GA *key sentences* für die einzelnen Situationen aus Aufgabe **2b)**. Dabei organisieren sie ihre *phrases* in einem ▸ *discussion fan*. Anschließend Präsentation und Beprechung der *key sentences* im Plenum.

MUSTERLÖSUNG
Panellists:
1 As Janet has already mentioned, I would like to point out that ...
2 I respect your opinion on that point, but I have to disagree ...
4 Can I come in there and comment on Caitlin's point? I think she's absolutely right ...
5 There are three main points that I'd like to make. First, ...
8 I strongly believe that human drivers are the real danger in the streets. Driverless cars would be much safer.
11 So, if it's ok, I would like to finish what I was saying.

Moderator:
3 Welcome everyone, our topic today is "driverless cars" and first of all, I want to thank my guests for being here today. There are ...
6 Thank you for all points mentioned so far. There is another aspect I want to focus on, ...
7 I'm sure that many people will agree with what you're saying. But I would like to remind you that our topic today is ...
9 We've had an interesting discussion and now I'd like to sum up the main points our panellists have made.
10 It is important that we hear everyone's view. So, at this point I'd like to bring ...
12 Now, let's hear what our audience wants to bring in. What about you? ...

4 The arguments

ERARBEITUNG
SB geöffnet. Die S diskutieren die Wichtigkeit und den Nutzen der vier Tipps in PA oder in Kleingruppen. Anschließend werden die Meinungen im Plenum besprochen.

MUSTERLÖSUNG
1 Researching the topic is very important for both the panellists and the moderator. A moderator needs to be an expert on the topic because he or she has to organize the discussion and must be able to distinguish between relevant and non-relevant comments or arguments. He or she must also make sure that all aspects of the topic are discussed equally. The panellists must be experts because only then can they convince each other and the audience of their arguments. They must also be able to answer counterarguments and, to do that, they need broad knowledge of the topic.

2 Panellists need to put their arguments in a hierarchy, because they should save their best argument for the last part of the discussion. They need a broad variety of arguments, because they shouldn't only be able to support their own ideas, but also to counter arguments from the opponents' side.

3 Anticipating counter-arguments is a very clever strategy for panellists during their preparation. This way, they can prepare arguments and examples to answer to their opponents' arguments convincingly before the discussion actually starts.

4 Note-taking is important for both panellists and moderators. Moderators must make sure that all sides are heard equally and that arguments aren't repeated again and again. Panellists should take notes on the arguments or examples so that they can refer back to them later.

➜ SF 19: Preparing and taking part in a panel discussion (p. 119)
➜ Workbook 12 (p. 39)
➜ FöFo 3.5
➜ VAS 3.1, 3.2
➜ LM Unit 3

S. 71

Let's discuss this!

TIPPS FÜR IHRE PLANUNG
Die bereits im *Lead-in* angekündigte und zuletzt auf der *Study skills*-Seite vorbereitete Lernaufgabe (*Your task*) hält die S dazu an, eine *panel discussion* durchzuführen. Im Vorfeld muss entschieden werden, ob die Podiumsdiskussion lediglich im Klassenverband oder im größeren Rahmen (Aula der Schule, externer Saal, mit externen Zuschauern etc.) stattfinden und ob dieses Event dokumentiert werden soll. Für die umfangreichen Vorbereitungen sollte mindestens eine Doppelstunde Zeit eingeplant werden (Computerraum/Internetzugang für die Vorbereitung, Räumlichkeiten, externe Besucher – siehe **STEP 1**). Für die konkrete Umsetzung sollte ebenfalls mindestens eine Doppelstunde eingeplant werden, sollte die Podiumsdiskussion außerhalb des Klassenverbandes durchgeführt werden, dementsprechend mehr.

➔ FöFo 3.5

ERARBEITUNG STEP 1
SB geöffnet. Die S planen den äußeren Rahmen und das Thema/die Themen für die Podiumsdiskussion in arbeitsteiliger GA. Hierzu bilden sie Gruppen, die jeweils eines der fünf genannten Themen bearbeiten. Die Gruppen können entweder neigungsspezifisch oder per *group-finding activities* (▶ *Gruppenbildung*) gebildet werden.
Sollten sich in der Klasse Spezialisten zu verschiedenen Aspekten der Vorbereitung befinden (mit Eltern, die Ausrüstung leihen könnten, Mitglieder der Schülervertretung etc.), sollten diese unabhängig von der Gruppenbildung diesen Gruppen zugeordnet werden. L achtet darauf, dass die Gruppen gleichmäßig groß sind und bestimmt den Zeitrahmen der Arbeitsphase. Innerhalb der Gruppen teilen die S Aufgaben ein und bearbeiten diese. Vor Ende der Arbeitsphase stimmen sich die Gruppen über ihre Ergebnisse ab und stellen diese nach der Arbeitsphase dem Plenum vor.

ERARBEITUNG STEP 2
a)–d) **SB geöffnet.** Die S stimmen im Plenum ab, welches Thema oder welche Themen sie diskutieren wollen. Anschließend werden die Rollen verteilt und inhaltlich vorbereitet. Für die inhaltliche Vorbereitung empfiehlt es sich, Kleingruppen (*panellists, moderators*) zu bilden und Arbeitszeit im Computerraum bzw. an PCs mit Internetzugang zu organisieren. Die Arbeit in Kleingruppen wird im ▶ *Placemat*-Verfahren durchgeführt. Dieser Schritt kann auch als HA ausgelagert werden. S, die in der Podiumsdiskussion die Rolle der Zuschauer übernehmen, helfen den *panellists* und *moderators* bei der Vorbereitung.

Zusatz
Sollten mehrere Themen zur Diskussion ausgewählt werden, so muss entschieden werden, ob die Themen mit denselben S in den verschiedenen Rollen diskutiert werden, oder ob die Rollen neu besetzt werden. Außerdem müssen dann **in STEP 2c)** auch diese Rollen inhaltlich aufgearbeitet werden.

KV 14: Placemat

ERARBEITUNG STEP 3
SB geöffnet. Die S halten ihre Podiumsdiskussion(en) ab. L achtet auf die Einhaltung der Rollen und sorgt ggfls. für die Dokumentation. Die Zuschauer verwenden die Vorlage **(KV 15A/B)** als Vorlage, um später Feedback geben zu können.

KV 15A: Evaluation target – panel discussion: panellists.
KV 15B: Evaluation target – panel discussion: moderator.

ERARBEITUNG STEP 4
SB geöffnet. Die Zuschauer geben anhand der Vorlage **(KV 15A/B)** Feedback an die *panellists* und *moderators*. Das Feedback wird im Plenum diskutiert und Verbesserungsvorschläge werden erarbeitet.

KV 6: Evaluation target – What was the last unit like?

KOMMUNIKATIVE KOMPETENZEN
Die S können …
Lesen: einem autobiografischen Text weitgehend selbstständig Informationen entnehmen, dabei auch die Lesetechniken *skimming* und *scanning* anwenden (SB-Seiten 73–74 und 75, STEP 1 und 2)
Sprechen: mit Mit-S Fragen zu Identität und Respekt diskutieren (SB-Seite 75, EXTRA)
Schreiben: eine auf bestimmte Aspekte des Textes begrenzte *summary* verfassen (SB-Seite 75, STEP 1) • grundlegende textanalytische Erkenntnisse schriftlich niederlegen (SB-Seite 75, STEP 2) • einen erörternden oder stellungnehmenden Text zu einem Zitat oder einer These verfassen (SB-Seite 75, STEP 3)

METHODISCHE KOMPETENZEN
unbekanntes Vokabular des Textes mit Hilfe von Annotationen erschließen • den Aufbau einer schriftlichen Prüfung/Schreibaufgaben gemäß den Anforderungsbereichen I – III kennen und mit Hilfe von unterstützenden Fragen zunehmend eigenständig bearbeiten

What's in a name? (from *Finding Nevo* by Nevo Zisin)

INHALT
Der Auszug aus *Finding Nevo* beschreibt unter dem Titel „What's in a name?" die Schwierigkeiten des Erzählers und Autors Nevo Zisin zu seiner Identität als *transgender* zu finden und diese über eine Namensänderung von Liat zu Nevo schrittweise für sich selbst, seine Familie und Außenstehende zu verdeutlichen. Dabei werden gleichzeitig die Reaktionen der Umwelt genau wie die familiären Probleme im Umgang mit dieser Suche nach der eigenen Identität dargestellt.

INFO-BOX
Nevo Zisin is an Australian writer and transgender rights activist. Born in the mid-1990s and given female assignation, Zisin defied conventional binary male-female identification while still very young. As a school student, Zisin came out as lesbian and then began gender transition to male. After embarking on testosterone therapy in 2014, Zisin published the autobiographical *Finding Nevo: How I Confused Everyone* in 2017. According to a review in *The Brisbane Times*, the book "leaves the reader with a deeper understanding of the arbitrariness of binary gender divisions and how they box us all in." The online platform *goodreads* had this to say about it: "Meet Nevo: girl, boy, he, she, him, her, they, them, daughter, son, teacher, student, friend, gay, bi, lesbian, trans, homo, Jew, dyke, masculine, feminine, androgynous, queer. Nevo was not born in the wrong body. Nevo just wants everyone to catch up with all that Nevo is. Personal, political and passionate, *Finding Nevo* is an autobiography about gender and everything that comes with it."
In discussing transgender, Zisin rejects such descriptions as "I was born female" as well as the pronouns "he" or "she", instead favouring "they".
Autobiography/autobiographical novel: This text type straddles the fiction/non-fiction boundary and as a form is distinct from a memoir or diary. Because an autobiography is based on recollection from a later perspective, it will always take on a fictional aspect, no matter how objective the author intends it to be.
What's in a name? This title is from a famous line spoken by Juliet in William Shakespeare's *Romeo and Juliet*
What's in a name? that which we call a rose
By any other name would smell as sweet. (II.2)
This notion – that a name is far less important than the qualities of a person or thing – has a central, tragic significance for Romeo and Juliet, whose respective family names dictate that the two, though they love each other for their respective characters, must be adversaries.

S. 73–75

TIPPS FÜR IHRE PLANUNG

Text challenge 1 schließt an das Gesamtthema der Unit 1 *Who are you?* an, fokussiert darüber hinaus weitere thematische Aspekte wie *Gender and identity* (SB-Seite 18), *Identity: A question of choice* (SB-Seite 22) und *The DNA journey* (SB-Seite 25, TWBTP) und nimmt dabei das vermittelte Vokabular (z.B. SB-Seite 16, *Access to words*) wieder auf.
Dabei stellen sowohl das Thema als auch der Text selbst und die über die Aufgaben geforderte Art der Texterschließung und -bearbeitung eine Herausforderung (*challenge*) für die S dar, die sie angeleitet durch unterstützende Unterfragen in die Form und den Schwierigkeitsgrad von Aufgaben in der Sekundarstufe II einführen sollen.
Dies sollte mit Blick auf den Leistungsstand der Klassen mit den S ggf. besprochen werden, um Frustrationen zu vermeiden, die auftreten könnten, wenn die S die Aufgaben als zu schwierig empfinden. Der Text und die Aufgaben eignen sich auch als leistungsdifferenzierende Maßnahme für stärkere S.

EINSTIEG

SB geschlossen. L: What can you tell us about your first name? (Where does it come from? Does it have a special meaning? Do you know why your parents chose it? Do you like your name?)

Alternative
Die S spekulieren anhand des Covers über mögliche Inhalte des Textes.

EINARBEITUNG

SB geöffnet. 1. Lesen. Die S lesen still den Text und geben eine unmittelbare Reaktion auf das Gelesene, indem sie die Titelfrage des Exzerpts *„What's in a name?"* beantworten.

Alternative
Die S lesen den Text nach dem Einstieg als HA.

STEP 1 Comprehension

ERARBEITUNG

SB geöffnet. 2. Lesen. Nach dem Lesen der Arbeitsanweisung aus STEP 1 (u.U. Verständniskontrolle und Erläuterung der Unterstützungsfragen) lesen die S den Text erneut, fertigen ggf. Notizen an und verfassen dann in EA eine Antwort.

MUSTERLÖSUNG

Liat, the name that was given to Nevo at birth, is a Hebrew name meaning "You are mine". Nevo seems to have a special relationship to this name and came to really love it and sometimes wishes that he could have kept it even after having chosen the name Nevo. He refers to his past self as a "she", but wouldn't accept that from other people; rather, he would expect them to use "they" or "he" when talking about him.
In his period of transition, he thought about a gender-neutral name like Lior for some time, but then decided on Nevo as a male name. Even then, he kept his female identity at home for some time and only used Nevo outside the house. Later, Nevo asked his mum to choose a new middle name.
Although Nevo's parents tried to be supportive, there seemed to have been some problems in the family, for example with his mum at the beginning of the process and later with his dad. So, he decided not to tell his dad in the first place and was quite surprised when his dad reacted positively to Nevo's transition, at least on the outside. On the other hand, Nevo admits that although his parents really love and helped him, he sometimes can't agree with people who tell his parents and him how incredibly supportive his parents were. That would turn him and his person or identity into a burden, and that is something he couldn't accept, because for him there wouldn't have been an alternative to taking this path.

AUSWERTUNG
Die Auswertung kann in PA oder GA erfolgen.

STEP 2 Analysis

INFO-BOX
Point of view
A narrative generally has a narrator who is more or less identifiable to the reader. We conventionally distinguish between a first-person narrator ("I") and a third-person narrator. A third-person narrator may be omniscient or may have a limited perspective. A further question is that of whether a narrator is reliable, i.e., whether the reader can trust his/her account of the reported events.
A prose text is said to have a point of view, meaning the narrator's "approach" to the elements of the story – including setting, characters and plot – and the reader. The author chooses a particular point of view for its intended effect on the reader.

ERARBEITUNG

SB geöffnet. 3. Lesen. Die S werden sich über den Eindruck klar, den Nevo auf sie macht. Sie analysieren den Text daraufhin, mit welchen Mitteln dieser Eindruck erweckt wird und belegen dies am Text. Dazu bedarf es einer erneuten, aufsuchenden Lektüre des Textes.

AUSWERTUNG
An dieser Stelle muss eine gemeinsame Auswertung in der Klasse hinsichtlich der gewählten Erzählperspektive und der dadurch erreichten Wirkung erfolgen. Die S sollten von ihnen gewählte Textbelege vorlesen und kurz erläutern, welchen Effekt diese für das Bild von Nevo haben

Alternative/Weitere Differenzierung
Zur Unterstützung kann die Erarbeitung des Eindruckes, der benutzten Erzählperspektive und der Textbelege in PA erfolgen.

STEP 3 Comment

ERARBEITUNG You choose
a) – c) SB geöffnet. Die S wählen eine der drei Schreibaufgaben aus und verfassen einen argumentativen Text dazu. Dazu sollte eine Verständnissicherung hinsichtlich der Aufgabenstellung und eine Klärung der formalen Erfordernisse an die Zieltexte (Länge *(> 250 words)*, Gliederungspunkte, Unterlegung durch Argumente etc.) erfolgen.

MUSTERLÖSUNG
a) In *Finding Nevo*, an autobiography by a transgender Australian, the author talks about choosing a new name as part of his transition from female to male. He decides to take the Hebrew name Nevo because his Israeli heritage is "central" to his identity. A person's identity is clearly very important and it is interesting to reflect on what can influence the way we see ourselves.
We are probably all influenced by where we are born and grow up. Most people identify with their country. Many are moved when they see its flag or hear the national anthem. Some people identify with a country's language or special traditions. And if, like Nevo, you have emigrated to the country you live in, you might (also) have strong feelings for the country your family originally came from.

Many people also identify with their city or region. This can be seen in sport, especially in football. If you live in Hamburg and you're a football fan, you'll probably support one of the two big clubs, HSV or St Pauli. People's identity can also be influenced by regional traditions, like cooking. If you visit Swabia, there is a good chance that your hosts will serve a typical Swabian dish, e.g. Spätzle or Maultaschen. This is really a way of expressing their Swabian identity.
Your family, school or friends can also influence the way you see yourself. They can teach you values like honesty or hard work. Sometimes you will find a role model and think "I want to be like this person." Or you may think that you want to be completely different from some of the people around you, and that influences your identity too.
In addition to your country and region, and the people around you, hundreds of other factors can influence how you see yourself: your appearance and taste in clothes, your religion, the music you like, issues you feel strongly about (e.g. animal testing, veganism, protecting historical buildings, etc.).
Some of the factors that influence our identity are probably more important than others. Personally, I think of myself as a Hamburger first and a St Pauli supporter second. But there are so many other, smaller influences, like pieces in a jigsaw puzzle. When you put them all together, you get a picture of who I am.

b) In the excerpt from *Finding Nevo*, the author talks about how his parents accepted him as trans. Many people have praised them for this, but Nevo asks whether accepting a transgender child should be such a big thing. Saying that it is, he argues, is like saying that a transgender child is a problem. The parents are great because they have accepted a big challenge. Nevo clearly thinks that parents should find it as easy to accept a transgender child as any other child. So he questions whether they should get special recognition for supporting him.
On the one hand, I can feel with Nevo. Imagine this situation. You are a straight boy and you have to come out to your parents like this: "Mum, Dad, there's something I have to tell you. I feel attracted to girls. I'm sorry, I know it's a shock and what will our neighbours and friends think?" Of course, straight people never have this experience. But even today, it can still happen to gays and lesbians. And if you're trans, coming out can be even more difficult. In an ideal world, however, nobody should feel guilty about how they were born. So, in that sense, I think Nevo is right to say that his parents shouldn't get special recognition for accepting him. In an ideal world, parents wouldn't mind whether their children were straight, gay or lesbian, or transgender.
On the other hand, the world we live in is not ideal. For centuries, people drew a line between what they saw as "normal" and "abnormal". Anyone born on the wrong side of that line suffered all their lives because they weren't accepted for who they were. Thankfully, attitudes have changed a lot in the last few decades and there is greater acceptance of difference. But old attitudes haven't disappeared completely. To accept a transgender child, many parents may have to rethink the ideas they themselves grew up with. In my view, they should get recognition for doing this. They should also get recognition for being prepared to live with negative reactions from others – from family members, from their friends and acquaintances and from their wider social circle. In an ideal world, parents wouldn't have to worry about how other people react. But in the real world, sadly, we still have some way to go before we achieve complete acceptance.

c) My name is Hedwig. My parents chose the name because it has been in the family for a long time. My grandmother – my father's mother – is also called Hedwig, and so was her mother, and so on. I can understand that my father wanted to continue a family tradition, and in a way I like to have a connection with earlier generations. But if I'm honest, I don't like the name. It makes me feel like I live in a different world, where people have names like Wilhelm and Wilhelmine, Horst and Hertha, or Walter and Waltraud. My best friends are called Ben, Emily, Leonie and Lukas. I feel that my name doesn't fit in, and I often think I would like to change it.
Choosing another name wouldn't be easy, however. Am I more a Luisa or a Sophie, a Laura or an Alina, an Emma or a Marie? The problem is that I don't feel attracted by other names. It's just that I don't particularly like my own. I think I would probably write down twenty names on little pieces of paper, put them all in a bag, and then choose the one that I pulled out first.
For me, having a new name wouldn't change very much. My friends would accept it, though it might take them some time to get used to it. And I would probably need time to get used to it too.
Now at least, when somebody shouts "Hedwi!" across the schoolyard, I know they mean me. But would I recognize myself if someone shouted "Sophie!" or "Emma!"? I'm not sure that I would. Maybe I should stay with the name I have. I might even grow to like it one day.

AUSWERTUNG

Die Auswertung kann in Form einer ▶ *Schreibkonferenz* erfolgen, wobei im Idealfall die S einen Text über ein anderes als das von ihnen selbst gewählte Thema lesen.

ERARBEITUNG EXTRA

SB geöffnet. Die S machen sich zunächst in EA Gedanken zu dieser Fragestellung und tauschen sich anschließend in der Kleingruppe dazu aus.

MUSTERLÖSUNG

- It is important to recognize those aspects of someone's identity that might be sensitive.
- E.g., in many cultures, aspects of identity like nationality, ethnicity, religion and sexuality are more likely to be sensitive than taste in fashion or music.
- E.g., in some cases, everyday things that are not sensitive in our culture – like the food people eat, or when we eat it – might be central to identity in another culture.
- In such a case, we would show respect by not offering someone food which they regard as forbidden.
- Respect is important wherever there is a risk that we might insult someone or hurt their feelings.
- We can show respect by being open and trying to understand the identity of another person.
- This can be difficult if one set of values (e.g. equality between women and men) conflicts with another (e.g. a culture which sees men and women in different roles).
- Sometimes you might show respect by avoiding a discussion in which you know that neither party is going to change its standpoint.
- If it comes to a discussion, you can show respect by not blaming or judging the other person. Explain your own viewpoint calmly and politely.

AUSWERTUNG

Die Auswertung erfolgt im Unterrichtsgespräch.

KOMMUNIKATIVE KOMPETENZEN

Die S können …

Lesen: zwei unterschiedlichen Plakaten zum Thema Organspende wesentliche Informationen entnehmen (SB Seiten 76–77 STEP 1 und 2)

Sprechen: ein Plakat beschreiben (SB Seiten 76–77, STEP 1) • die Wirkung eines Plakats beschreiben (SB Seiten 76–77 STEP 2) • die Effektivität eines Posters beurteilen (SB Seiten 76–77, STEP 2) • ihre Meinung zum Thema Organspende äußern (SB Seiten 76–77, STEP 3) • allgemein die Effektivität von Werbekampagnen dieser Art beurteilen (SB Seiten 77, EXTRA c))

Schreiben: eine Geschichte schreiben (SB Seiten 77, EXTRA a)) oder einen Artikel schreiben (SB Seiten 77 EXTRA b))

S. 76–77

INHALT

Text challenge 2 führt in die Erarbeitung und Analyse von diskontinuierlichen Texten ein. Hier lernen die S zur Vorbereitung auf Oberstufenklausuren die drei Anforderungsbereiche *comprehension – analysis – comment* kennen.

EINSTIEG

SB geschlossen. L führt über ein gelenktes Unterrichtsgespräch zum Thema hin.

L: Do you know what the term *organ donation* means? (S: allowing doctors to use an organ from your body in order to save a sick person's life)

Do you know how many people donated an organ in Germany in 2015? (877)

Which is the organ that is most frequently donated and transplanted? (kidney)

How many people do you think were waiting for the donation of a kidney in Germany in 2015? (7530)

Let's make a vote – which of you would donate an organ?

L notiert die Zahl der S, die sich melden, In der Tafel und führt die Abstimmung nach der Bearbeitung der Seiten 76–77 noch einmal durch.

Hinweis

Alle Zahlen entstammen folgender Quelle: https://www.organspende-info.de/infothek/statistiken (Stand: Frühjahr 2017)

ÜBERLEITUNG

L: Do you remember the three types of tasks you have to deal with when working with different types of texts? (S: comprehension – analysis – comment)

SB geöffnet. Die S lesen die Einleitung.

STEP 1 Comprehension

ERARBEITUNG

SB geöffnet. Die S beschreiben sich gegenseitig eines der beiden Poster. Wenn Zeit ist, kann dieser Erarbeitungsschritt als *partner dictation* durchgeführt werden: Ein S beschreibt das jeweilige Poster, der andere S darf nicht in das SB schauen und zeichnet das Poster skizzenartig nach den Angaben seines Partners. So lässt sich gut überprüfen, ob die jeweilige Beschreibung präzise ist. Anschließend gleichen die Partner die Skizze mit dem Original im SB ab.

Weitere Differenzierung

Leistungsschwächere S erhalten die Beschreibung eines der beiden Poster als Lückentext, um das *topic vocabulary* zum Thema Bildbeschreibung zu trainieren.

➜ SF 31: Describing and interpreting images (p.128)

MUSTERLÖSUNG

Kill Jill:

The Scottish ad advertises organ donation. It shows a black and white photo of the face of a teenage girl in front of a black background. The girl is looking at the observer, and you can see nothing but her face. She looks sad; she does not smile. On her face some words are arranged like a mind map. On her forehead there are the two words "KILL JILL" which are connected to the two words "YES" and "NO". The two words "YES" and "NO" are printed on the left and on the right cheek of the girl. All the words are printed in capital white letters and they are connected by white lines. Underneath the girl's mouth there is box with additional information, which says:

INFOSCOTLAND.COM/ORGANDONOR

If you register online to be a donor you could save a life. If you don't you won't. You can also call 0845 60 60 400 for more information or to register as a donor.

The sentences underneath the website are printed in very small letters. The box with the information is connected to the word "NO".

The Greatest Gift:

The poster advertises organ donation in the UK. There is no source given. The poster shows a row of symbols of six human bodies. In each body the location of either the heart, the kidneys or the liver is indicated. Above the human bodies there is the headline, printed in white capital letters, which says: THE GREATEST GIFT: ORGAN DONATION IN THE UK.

Underneath each body different percentage figures relating to organ donation are given, for example "96% support organ donation". All the words and the organs are printed in white, the human bodies are light grey and the background behind the bodies is light blue.

Tip

The words 'The Greatest Gift' allude to a short story written by Philip Van Doren Stern in 1943 which became the basis for the Oscar-winning film *It's a Wonderful Life* (1946). The story teaches the lesson that the greatest gift of all is life itself.

The British food chain store Sainsbury's also made use of those words in their Christmas commercial of 2016.

STEP 2 Analysis

ERARBEITUNG

SB geöffnet. Die S lesen die Anleitung in EA und notieren sich *phrases*, die sie für die Analyse ihres Posters verwenden möchten. Anschließend formulieren sie ganze Sätze und arrangieren diese in einem kohärenten Text, welchen sie ihrem Partner vortragen. Dieser ergänzt ggf. Aspekte, die fehlen.

MUSTERLÖSUNG

The ad 'Kill Jill' has a rather frightening effect on the observer. The use of a black and white photo showing the sad face of a teenager makes the message rather emotional. The dark background alludes to the desperate situation people who are waiting for a donation find themselves in.

When looking at the girl's face and the four words in capital letters, which are arranged like a question, everybody feels they have to make a quick decision. The mind map leads the observer to the website where more information can be found. The small print underneath the face appeals to the observer's compassion and to the fact that everybody would want to save another person's life. The poster appears to be very factual at first sight, yet it has a very emotional message because it makes the observer feel sorry for all the people in need of a donation. It has quite a provocative message because it claims that if you do not opt for organ donation, you kill people.

The poster 'The Greatest Gift' seems more factual and less emotional, because it only makes use of symbols and facts and figures everybody understands. Yet it does not appeal directly to the observer to become active. Only after having read and understood the figures does the observer understand that people die, because they didn't get the organ they needed in time, and that there are more people waiting for organs than there are people who are willing to donate an organ. So the observer is asked to draw his/her own conclusions from the statistics presented. The poster might be seen as less effective, because it does not offer a website or an address people might turn to to get more information.

STEP 3 Comment

ERARBEITUNG

SB geöffnet. Die S lesen sich die Anleitung in EA und notieren sich *phrases*, die sie für die Bewertung ihres Posters verwenden möchten. Anschließend formulieren sie ganze Sätze und arrangieren diese in einem kohärenten Text, welchen sie dem Partner vortragen. Dieser ergänzt ggf. Aspekte die fehlen oder die er/sie anders sieht.

MUSTERLÖSUNG

In my view the message of the two posters is very similar. Both appeal to people to become organ donors. Yet the poster 'Kill Jill' seems far more emotional than the poster 'The Greatest Gift', because the first suggests that you are responsible for the death of someone if you do not become an organ donor. The photo of a real person definitely appeals more to people's emotions than statistics and symbols, which seem more factual and neutral. The second poster might also appeal to people because it asks them to read and understand the message for themselves, it seems less demanding, but rather more inviting. Furthermore, the photo and the message of 'Kill Jill' might offend people and have the opposite effect to the one the poster aims to achieve. I feel that being an organ donor is something very positive and everybody should carry a donor card.

Hinweis
Die schottische Werbekampagne hat insbesondere in Schottland heftige Diskussionen ausgelöst. Die Ausstrahlung des Werbespots wurde letztendlich durch ein Gericht erlaubt.

EXTRA Future Challenges

ERARBEITUNG

You choose Die S lesen die drei unterschiedlichen Aufgaben und wählen eine aus. Als zusätzliche Hilfen kann L folgende Aufgabenstellungen hinzufügen:

a) Imagine someone is waiting for an organ donation. The person thinks about what he or she will not live to see if the organ is not donated within the next month.
or
Imagine someone gets an organ donation in time and wakes up after a successful operation. What does the patient probably want to tell the donor?

b) Imagine you are writing this article for a youth magazine in which you want to make other teenagers aware of the necessity to become an organ donor. You may use some facts and figures from the following website, which provides reliable data on organ donation in Germany: https://www.organspende-info.de/infothek/statistiken

c) Work in two groups of three people. One group favours the poster 'Kill Jill', the other group is in favour of the poster 'The Greatest Gift'. Collect arguments for why your poster is the better one. Rank them from most to least important. Then think of a conclusion about how effective campaigns of this kind can be to make people become organ donors.
Then exchange your arguments with the other group.

MUSTERLÖSUNG

a) My dear donor, I want to thank you, because you saved my life. Without your donation I wouldn't have been able to survive much longer. Now, I'm looking forward to a bright future with my family and friends. I'll enjoy life more than I did before because I know it's the greatest gift of all. Even if I never get to know you in person, be sure that my thoughts are with you for the rest of my life.

b) Organ donation is a topic of utmost importance to all of us, because everybody could be in need of a new kidney or a new heart after an accident or due to a life-threatening illness. In most countries there are more people waiting for organs than there are people willing to donate an organ. Imagine you could save somebody's life with an organ donation. Wouldn't that be a wonderful feeling? It's so easy. Ask your GP or go online and find more information. Help saves lives – maybe you'll be the one who needs help one day, too.

c) individual answers

KOMMUNIKATIVE KOMPETENZEN
Die S können …

Lesen:	einem Sachtext wesentliche Informationen entnehmen (STEP 1) • einen Sachtext kritisch im Hinblick auf die Ausgewogenheit der Argumentation hin untersuchen (STEP 2)
Schreiben:	einen *comment* schreiben (STEP 3)
Hör-Seh-verstehen:	einen mehrfach kodierten Text verstehen und im Hinblick auf die verwendeten filmischen Mittel und ihre Funktion hin untersuchen und kommentieren (EXTRA)

S. 76–77

The Crowdfunded Conservationist Who Wants to Save the World

TIPPS FÜR IHRE PLANUNG
Text challenge 3 schließt an das Thema *How is the world changing?* der Unit 3 an.

EINSTIEG
SB geöffnet. 1. Lesen. Die S lesen den Text als vorbereitende HA in EA.

STEP 1 Comprehension

MUSTERLÖSUNG
Boyan Slat is a 22-year-old from the Netherlands, who is the CEO of the Ocean Cleanup. He has been ambitious since he was a child – he set a world record when he was twelve – and he has become increasingly obsessed with the prevalence of plastic and the problem of plastic in the oceans since he went scuba diving at the age of 16.
Slat's mission is to remove plastic from the seas and he is starting by putting a filtration device, the Ocean Cleanup Array, in the Great Pacific Garbage Patch in the Pacific Ocean. The launch is planned for late 2020 and Slat aims to get rid of half the plastic in the Garbage Patch in less than ten years.
Slat is a controversial figure and his ambitious goals mean that he is sometimes seen as naïve. It remains to be seen whether his prototype and the real Ocean Cleanup Array work as planned.

STEP 2 Analysis

ERARBEITUNG
SB geöffnet. Gemäß SB.

MUSTERLÖSUNG
Arguments for Slat's project:
- If no one does anything about the problem, it will quickly get much worse ('even if we stopped producing plastics today, ocean-born microplastics will still increase twentyfold or more over the next few decades if we don't do anything', ll. 115–118). The author undermines this argument by comparing Slat to a teenager ('Slat regards his critics the way a teenager greets parents who just don't get it', ll. 114–115).
- It is important to try out new ideas in order to find solutions to problems, even if the ideas are controversial ('the way you advance a technological society is to try things – to be controversial and contrarian in your thinking', ll. 129–132). The author undermines this argument by mentioning that Slat's prototype was damaged after only three months ('three months later, the prototype was pulled from the water for maintenance after engineers detected damage from heavy wind and waves', ll. 135–137).

Arguments against Slat's project:

- It is partnered with fossil-fuel companies, which are bad for the environment ('the Ocean Cleanup's partnership with fossil-fuel giants Boskalis and SBM Offshore', ll. 76–78). The author presents this argument as understandable, firstly by raising it himself and then by saying that 'not surprisingly, the Ocean Cleanup's funding philosophy and lofty goals have met with criticism' (ll. 85–87).
- It will be impossible to carry out the project as the prototype will not work ('Kim Martini [...] has written the project off as unfeasible, due to concerns about the prototype', ll. 87–91). The author is careful to make clear that this argument is Martini's ('what she sees as Slat's boyish naiveté', ll. 88–89) but also makes her expertise clear ('Kim Martini, a University of Washington oceanographer', ll. 87–88).
- It could use resources which could have helped to keep plastics out of the seas instead ('the Ocean Cleanup could do more harm than good, diverting resources from efforts to keep plastics out of the ocean in the first place', ll. 92–95). The author also makes clear that this argument is Eriksen's ('he believes money and effort should go toward policy', ll. 105–107) and it is clear that Eriksen might be biased due to his job ('Eriksen cofounded the 5 Gyres Institute [...] to fight plastic pollution at the corporate and government level', ll. 96–99).
- It has described the problem in the 'Great Pacific Garbage Patch' incorrectly ('the problem has been described inaccurately, thanks in part to organizations like the Ocean Cleanup', ll. 100–103). The author presents this argument in a balanced way, just reporting what Eriksen has said.

STEP 3 Comment

ERARBEITUNG You choose

a)/b)/c) SB geöffnet. Gemäß SB.

MUSTERLÖSUNG

a) I wouldn't support Slat's project as I am not convinced it will work. So far, he has not found a way to stop his filtration device getting damaged and I find it worrying that Kim Martini, an oceanographer, thinks the project is unfeasible. I also find it unlikely that someone so young and with such little training could design a solution to a problem that experts have not been able to solve.

b) The internet and crowdfunding have played a large role in the realization of the Ocean Cleanup project. The internet allowed lots of people to see Slat's TED Talk and he was able to raise over 2 million dollars through crowdfunding.

The advantages of this type of consciousness-raising are that anyone with an internet connection can find out about the project and that the people who see the video can quickly and easily spread the message themselves, without the Ocean Cleanup having to spend any money. A disadvantage of raising consciousness through viral videos is that it only works for ideas that are easy to understand and exciting, which may not be the best ways to solve problems.

An advantage of this type of fundraising is that it is easy for people who want to support a project to donate a small amount, but a disadvantage of crowdfunding is that it requires a large number of people, because individuals do not donate much money.

c)
- People can try to use as little plastic as possible
- We can recycle
- People can take on responsibility for the environment by choosing not to fly
- Eating a vegetarian or vegan diet is better for the environment
- Using energy-efficient light bulbs reduces greenhouse gas emissions

ERARBEITUNG 1 EXTRA
SB geöffnet. Die S machen sich zunächst mit der Aufgabenstellung vertraut. Anschließend erfolgt das **1. Sehen**.

➜ DVD, Dauer: 06:17 min

MUSTERLÖSUNG
Boyan Slat is speaking and his message is how the Ocean Cleanup will rid the oceans of plastic.
The audience they want to reach is environmentally conscious people who will find the video via social media.
To inform people that the Ocean Cleanup will be launching their first clean-up system within the next year and to, more generally, get more publicity and support.

ERARBEITUNG 2 EXTRA
SB geöffnet. 2. und ggf. 3. Sehen. Gemäß SB.

MUSTERLÖSUNG
The camera zooms in on the countdown at the beginning of the video, to draw the viewer's attention to the countdown and create suspense about what will happen when the numbers reach zero.
The aerial shot of the room and the audience is used to show how large the audience is.
The medium close-up of Slat makes the viewer focus on him and communicates the importance of him and what he is saying.
A long shot makes it possible to see all the Ocean Cleanup employees at once, and see how many there are. This is followed by a panning shot along the line of employees, so the viewer can see them in a medium shot and see them as individuals.
The dramatic music communicates that Slat is discussing an important, exciting and urgent topic.
The video is successful at communicating that Boyan Slat is someone who has done something very important and is to be taken seriously. I was impressed by the content of his talk and the way he came across.

ERARBEITUNG 3 EXTRA
SB geöffnet. Gemäß SB.

MUSTERLÖSUNG
I would use the technique of zooming in on certain details in order to emphasize them. I would also use music to affect the viewer emotionally and communicate the importance of the cause. I would include fewer shots of the audience, as they can be distracting, and the shots of the whole room can mean that the focus is not on the presentation, so I would have the details of the presentation fill the screen.

Methodisch-didaktisches Glossar

3-2-1-Brainstorming

Das *3-2-1-Brainstorming*-Verfahren ist eine Variante des ►*Brainstorming*, bei der S ihre Ideen vorstrukturiert in der Form *„Find 3 things that …, find two things that …, and find one thing that …"* protokollieren.

Acrostic (Akrostikon)

In seiner ursprünglichen Form ist das *acrostic* (griechisch: *akros* Spitze; *stichos* Vers) eine Versform, bei der die Anfänge (Buchstaben bei Wortfolgen oder Worte bei Versfolgen) hintereinander gelesen einen Sinn ergeben, z. B. einen Namen oder einen Satz. Im Unterricht wird in der Regel eine vereinfachte Form eingesetzt: Die Buchstaben eines Wortes werden senkrecht untereinander geschrieben. Jeder Buchstabe kommt auch in einem anderen Wort vor (häufig als Anfangsbuchstabe), diese Wörter werden waagerecht um das senkrechte Startwort angeordnet.

Appointment

Appointment ist eine gesteuerte Form von wechselnder PA.

1. Die S schreiben drei (vorgegebene) Uhrzeiten untereinander wie im SB. Dann gehen sie zu drei Mit-S und fragen: *Can we meet at 10/11/12 o'clock?* Sie tragen die Namen der Mit-S bei der entsprechenden Uhrzeit ein.
2. Die S beantworten die Aufgabenstellung zunächst für sich.
3. Wenn L sagt *It's 1 (2, 3) o'clock*, gehen die S zu dem Mit-S, mit dem sie um 1 (2, 3) verabredet sind, und befragen ihn.
4. Anschließend berichten die S im Plenum über ihre Umfrageergebnisse. Tipp: L sollte immer als Joker zur Verfügung stehen.

Appointment partners

Organisierte Form der PA. Die Schüler legen Partner fest *(Morning, Noon, Afternoon, Evening)*, die unterschiedliche Qualitäten und Eigenschaften erfüllen müssen: Während der *Morning partner* jemand ist, mit dem sonst nie zusammen gearbeitet wird, so ist der *Evening partner* der vertrauteste Mit-S in der Lerngruppe. Sollte die Schülerzahl ungerade sein, darf jeweils eine Dreiergruppe gebildet werden. Jeder S darf sich allerdings nur einmal in einer Dreiergruppe befinden und jeder Name darf nur einmal auf dem Zettel stehen, d. h. man darf nicht den gleichen Partner zu verschieden Tageszeiten haben.

Der Vorteil dieser Methode liegt darin, mit wenig Aufwand zu gewährleisten, dass die S mit alternierenden Partnern zusammenarbeiten. Das Finden der Partner geht erfahrungsgemäß von Aufgabe zu Aufgabe immer schneller. Die unterschiedlichen Qualitäten der Partner sollten bei der Wahl des *Appointment partners* durch den L sorgfältig berücksichtigt werden. *Morning partners* empfehlen sich vor allem für Grammatikübungen und Sprechübungen. *Evening partners* sollten zum vertraulichem Austausch von Meinungen etc. gewählt werden.

Ausstellungsmethode *(Exhibition)*

►*Gallery walk*

Bildkarten (*Flashcards*)

Bildkarten helfen, wenn Realia nicht zur Verfügung stehen. Auf solche Karten können L passende Bilder aus Katalogen und Zeitschriften, aber auch eigene Zeichnungen und Grafiken, kleben. L sollte den S so viele Hilfen und Lernkanäle wie möglich geben und das Schriftbild erst dann einführen, wenn die Aussprache der Wörter hinreichend gefestigt ist. Wortkarten sind dabei eine gute Hilfe. Zusammengehörige Bild- und Wortkarten lassen sich vielfältig einsetzen, z. B. in Spielen wie *Memory*.

Blitzlicht-Methode

Mit Hilfe der Blitzlicht-Methode ist es möglich, eine Übersicht über die Meinung aller Teilnehmer zu einem bestimmten Thema zu bekommen oder eine kurze Zwischenevaluation durchzuführen. Die Methode kann daher zu Beginn, während oder am Ende einer Lerneinheit eingesetzt werden. Alle Teilnehmer äußern sich mit einer persönlichen Aussage reihum kurz zu einem vorgegebenen Thema/einer Frage (z. B.: Was gefällt mir bis jetzt? – Mir gefällt … und gleichzeitig wünsche ich mir mehr praktische Übungen.). Die Äußerungen sollten von den übrigen Teilnehmern nicht kommentiert werden. Haben alle ihre Meinung geäußert, können Probleme und/oder das weitere Verfahren diskutiert und ggf. verändert werden.

Brainstorming, Brainstorming activity

Brainstorming ist ein schneller Weg, Gedanken oder Ideen zu einer Frage oder zu einem Problem zu sammeln. Wichtig bei der Durchführung einer *Brainstorming activity* ist, dass jede Idee erst einmal kritiklos akzeptiert werden muss, damit kreatives Denken nicht durch verfrühte (positive wie negative) Kritik oder Kommentare behindert wird. Außerdem muss zu Beginn eine klare Aufgabe oder ein Ziel formuliert werden. Ein Moderator hält alle Ideen an der Tafel oder auf Folie fest, sodass sie von allen S gut gesehen werden und Folgeideen auslösen können. Nach Abschluss der Sammlung folgt nach einer kurzen Pause eine Phase der Diskussion und Bewertung.

Bus stop

►Lerntempoduett

Buzz group

Die *Buzz group* (Murmelgruppe) ist eine variabel einsetzbare Methodik, um S zu eigenen Stellungnahmen anzuregen oder auch Verständnisfragen zu klären.

1 L bittet die S, mit den Nachbarn spontane Kleingruppen zu bilden und sich in den nächsten (zwei) Minuten leise über die Frage/das Thema zu unterhalten.
2 L sorgt wieder für Ruhe (akustisches Signal) und animiert einige Gruppen dazu, die Klasse kurz über die Inhalte ihres Gesprächs zu informieren. Tipp: Bei schwierigeren Themen ist es sinnvoll, Moderationskarten bereitzustellen, um offene Fragen an Pinnwänden auszuhängen und damit weiterzuarbeiten.

Buzz reading (Lesegemurmel)

Methode zur Vorbereitung von (Lese-)Vorträgen (►*Dramatic reading*). Alle S lesen ihre Rolle in einem bekannten Lesetext parallel im Flüsterton so oft wie möglich. Alle S trainieren also die Unterrichtsinhalte, Lexik und Aussprache sowie Intonation in ihrem eigenen Lesetempo.

Checkpoints

►Kontrollpunkte

Chorsprechen

Das Sprechen im Chor ist für alle S eine gute Möglichkeit, zum Sprechen zu kommen. L kann vorher eine gleich bleibende Wendung (*Altogether now. / Please repeat after me.*) oder ein optisches Signal (z.B. eine Handbewegung) vereinbaren, so dass der Sprecheinsatz gemeinsam erfolgt.

Correcting circle

►Schreibkonferenz

Discussion fan

Ein *discussion fan* bietet die Möglichkeit, Redebeiträge in einer Diskussion mit verschiedenen Satzanfängen zu variieren. Als Vorbereitung werden einzelne Streifen mit *discourse markers* ausgeschnitten, aufeinandergelegt, am Streifenende gelocht und mit einem Band verbunden. In der Diskussion können die S durch ein Verschieben der Streifen schnell ein passendes Redemittel finden und auf diese abwechslungsreiche Weise die Anwendung der Phrasen festigen. Der *discussion fan* kann in geplanten Diskussionsrunden zum Einsatz kommen, aber auch immer wieder im Unterrichtsgespräch, wenn es darum geht, eine Meinung zu vertreten.

Double circle

►Kugellager

Dramatic reading

Bei der Methode des *Dramatic reading* geht es darum, eine Rolle in einem bekannten Text ausdrucksvoll vorzutragen. Im Unterschied zum Lesen in verteilten Rollen im Plenum, bei dem nur wenige S sprachlich aktiv werden, werden beim *Dramatic reading* alle S eingebunden, und die individuelle Sprechzeit wird erhöht. Die S trainieren ihre Aussprache, ihre Intonation und Wortschatz und Strukturen. Der beobachtende L kann sehr gut erkennen, inwieweit die S tatsächlich den Text verstanden haben, insofern eignet sich diese Methode auch als sogenannte *Culminative task* am Ende einer Stunde, bei der es um Textverständnis ging und als Verfahren für L, um den Lernfortschritt der S diagnostizieren zu können Die S beweisen ihr Textverständnis durch die angemessene Umsetzung ihrer Rolle. Die S bereiten das *Dramatic reading* zunächst in PA vor, indem sie ihren Sprechpart farbig markieren (wenn möglich). Durch die Methoden ►*Buzz reading* und ►*Read and look up* wird das *Dramatic reading* vorbereitet. Am Ende wird der Text dann mit viel Gefühl in verteilten Rollen auswendig vorgetragen. Bei der Behandlung von Literatur sollte L eine inhaltlich zentrale Textstelle aussuchen, in der idealerweise mehrere Charaktere auftreten und es verschiedene Möglichkeiten gibt, das Gesagte zu interpretieren. Idealerweise unterhalten sich die S in ihren Gruppen zunächst über folgende Fragen:

- Who? Who are these characters? What are they like?
- What? What's going on? Briefly discuss what you think is happening.
- Where? Where is this taking place? Describe what you think the setting might look like.
- Why? Why do you think the characters say what they say? What does each one want?
- How? How does each character speak his or her lines? Tone of voice, pauses, emphasis, facial expression, gesture and movement.

Expertengruppen

►*Jigsaw*

Fantasiereise

Bei Fantasiereisen gehen S auf eine imaginäre Reise, indem ihnen Bilder und Geschichten, die sie sich weitgehend selbst in ihrer Vorstellung ausmalen können, angeboten werden. Fantasiereisen werden z.B. zur Entspannung, zur Lernförderung (durch einen affektiven Zugang zu einem bestimmten Thema), zur Persönlichkeitsförderung und zum Schaffen von Sprechanlässen eingesetzt. Die Sinneswahrnehmung der S kann intensiviert werden, indem sie die Augen schließen, Hintergrundmusik hören oder Düfte riechen.

Hinweis zur Durchführung: Fantasiereisen sind Lernangebote. L sollte die S dazu einladen, jedoch nicht zur Teilnahme zwingen. Im Anschluss sollten die S frei entscheiden, was sie von ihren Erlebnissen erzählen. Die individuellen Empfindungen der S sollten nicht bewertet werden, da es in einer Fantasiereise kein richtiges oder falsches Erleben gibt. Der Klassenraum sollte eine angenehme Atmosphäre ermöglichen und genug Platz für jeden S bieten, um eine gute Entspannungshaltung einzunehmen. Wichtig ist es, genügend Zeit einzuplanen.

Feedback

Die Durchführung von Feedbackphasen ist von grundlegender Bedeutung für die Entwicklung von methodischen Kompetenzen wie beispielsweise Vortragstechniken. Als Grundlage werden im Vorfeld klare Kriterien definiert, an denen sich das Feedback orientiert. Folgende Regeln sollten dabei beachtet werden:

1. Das Feedback wird so konkret wie möglich formuliert. Dabei werden immer zuerst positive Dinge genannt, bevor in einer zweiten Runde optimierungswürdige Aspekte angeführt werden am besten mit Handlungsalternativen.
2. Zunächst hat der Präsentierende Gelegenheit, sich zu äußern, danach die übrigen Schüler und zuletzt ergänzt die Lehrkraft.
3. Wer ein Feedback gibt, sollte versuchen, das Gesehene zu beschreiben anstatt zu bewerten. Dabei redet man den Angesprochenen am besten direkt an (also 2. Person, nicht 3.), wobei Meinungen in der Ich-Form vorgetragen werden sollten.

Die Person, die das Feedback erhält, sollte zuhören und es vermeiden, sich zu verteidigen. Letztlich geht es darum, sich selbst durch die Kritik der anderen zu verbessern. Hierzu ist es auch sinnvoll die Rückmeldungen in einer Art „DOs and DON'Ts"-Liste zu notieren.

Fehlerprotokoll

Bei der Verbesserung ihrer Fehler legen die S Listen ihrer häufigsten Fehler in verschiedenen Kategorien (Rechtschreibung/Grammatik) an, z. B. in Tabellenform: Fehlerhaftes Beispiel (Was habe ich falsch gemacht?), Art des Fehlers, Fehleranalyse (Warum ist das falsch?), Korrigierte Fassung (Wie macht man es richtig?), Weiteres Positivbeispiel.

Find somebody who ... (Findejagd)

Die S bewegen sich frei in der Klasse und versuchen, anhand einer Checkliste mit bestimmten Merkmalen, passende Personen zu finden. Wenn die S jemanden gefunden haben, tragen sie den entsprechenden Namen in eine weitere Spalte ihrer Liste ein oder lassen sich die Liste unterschreiben (als Beweis). Das Ziel ist, so viele Einträge wie möglich auf der Liste zu haben (oder eine zuvor vereinbarte Anzahl an Namen innerhalb einer bestimmten Zeitspanne gesammelt zu haben). Die Funktion dieser kooperativen Lernform ist, u. a. Beziehungen aufzubauen und einen hohen Sprachumsatz zu gewährleisten.

Freeze frame

►Standbildmethode

Gallery walk

Diese Form von arbeitsteiliger Gruppenarbeit gehört zu den kooperativen Lernformen und stellt eine Möglichkeit für die Präsentation von Ergebnissen dar. Dabei kann sie gut mit der Methode ►*Think-Pair-Share* oder *Jigsaw* kombiniert werden. Die Durchführung dieser Gruppenarbeit lässt sich folgendermaßen organisieren:

1 Einteilung der Klasse in möglichst gleich große Gruppen. Alle Gruppenmitglieder erhalten eine Nummer (z. B. 1–5). In jeder Gruppe gibt es S1, S2, usw.
2 Die einzelnen Gruppen bearbeiten jeweils unterschiedliche Arbeitsaufträge. Die Ergebnisse ihrer Arbeit legen sie z. B. auf dem Tisch aus oder hängen sie an der Wand auf.
3 Alle S mit den gleichen Nummern (d. h. alle „Einser", alle „Zweier" usw.) treffen sich an einem Platz, wo ein Gruppenergebnis ausgelegt ist. Der/die S, die an der Erstellung des Produktes beteiligt war, erklärt dem Rest der neuen Gruppe das Ergebnis und beantwortet ggf. Fragen.
4 Nach Ansage (Signal von L) wechseln alle Gruppen an einen neuen Tisch (hilfreich: im Uhrzeigersinn zur Vermeidung von Durcheinander). Der neue Gruppenexperte/die neue Gruppenexpertin präsentiert nun das Ergebnis.
5 Der *Gallery walk* ist zu Ende, wenn alle Ergebnisse vorgestellt wurden.
6 Abschließend kann eine *Follow-up*-Übung folgen (z. B. Sicherung der wichtigsten Ergebnisse im Plenum, Rückmeldung zur Methode, Kommentierung einzelner Produkte, ...).

Gruppenbildung

Die Einteilung bei Zufallsgruppen kann mit Hilfe folgender *Group-finding activities* erfolgen:

Variante 1: Familienbildung/*Families*: L erstellt jeweils vier Kärtchen von einem Familiennamen (Meyer, Meier, Maier und Mayer sowie Schmitt, Schmidt, Schmit und Schmiedt). Die S ziehen Kärtchen und finden anschließend ihre Familienmitglieder.

Variante 2: Hausnummern/*House numbers*: Die S stellen sich im Klassenzimmer in einer Linie nach aufsteigender Zahl der Hausnummer, in der sie wohnen, auf. L teilt dann Gruppen von je vier S ein.

Gruppenpuzzle

►*Jigsaw*

Hot seat activity

Bei der *hot seat (hot chair)*-Methode („Heißer Stuhl") als Sonderfall des Rollenspiels übernimmt ein/e S eine Rolle aus einem Text oder Film. Die anderen Schüler stellen ihm/ihr Fragen zu dieser Figur, die diese/r versucht zu beantworten. Das Besetzen des *hot seat* unterliegt dabei in der Regel der Freiwilligkeit (ggf. kann sich auch L zur Verfügung stellen). Die S können die Fragen (schriftlich) vorbereiten. L sollte nur bedingt eingreifen. Die Methode dient einer vertieften Erschließung des Textes und führt zu einer besseren Durchdringung der oder Einfühlung in die Charaktere und Rollen. Um den/die S auf dem *hot seat* zu entlasten, können auch mehrere S diese Rolle übernehmen. Zudem ermöglicht das Abwechseln mehrerer S ein komplexeres Bild der Figur.

Information gap activity

Partner-Übung, bei der die Partner miteinander sprechen müssen, um an die Informationen zur Lösung ihrer eigenen Teilaufgaben zu gelangen. Partner A hat eine andere Version der Aufgabe als Partner B. In der Unterrichtspraxis wird der hohe Sprechanteil der S geschätzt, denn gut gemachte *Information gap activities* bieten authentische Kommunikationsanlässe.

Jigsaw (Gruppenpuzzle, Stamm- und Expertengruppen)

Beim *Jigsaw* handelt es sich um eine ►*Information gap activity*, die die Erarbeitung komplexer Themen durch die Bildung von Expertengruppen ermöglicht. Die Mitglieder einer Stammgruppe arbeiten sich in neuen Expertengruppen als Spezialisten in einen Aspekt eines größeren Themas ein und bringen anschließend ihr Spezialwissen wieder zurück in ihre Stammgruppe.

Alternativ ist auch folgendes Verfahren möglich:
Phase 1: Bildung und Benennung von Expertengruppen (z. B. Gruppe A, B, C, …), jedes Gruppenmitglied erhält zudem eine Nummer (1, 2, 3, …).

Alle S in einer Expertengruppe (A1, A2, A3, A4,… entsprechend B1, B2, B3, B4,…) bearbeiten in einer vorgegebenen Zeit die gleiche Aufgabe in EA. Anschließend diskutieren sie ihre Arbeitsergebnisse und halten die wichtigsten Informationen fest, sodass jedes Gruppenmitglied am Ende dieser Phase über die gleichen Informationen verfügt.

Phase 2: Bildung von Querschnittsgruppen. Alle Gruppenmitglieder mit der gleichen Nummer bilden nun eine neue Gruppe (A1, B1, C1, …, entsprechend A2, B2, C2, …). Die S berichten ihren neuen Gruppenmitgliedern über die Ergebnisse ihrer Expertenrunde und beantworten Fragen. Alle S machen sich Notizen, sodass sie abschließend in der Lage sind, die Ergebnisse in ihrer Expertengruppe und später ggf. im Plenum zu präsentieren (Phase 3).

Kettenübung

Die S nehmen sich gegenseitig dran. Die S, die die letzte Frage richtig beantwortet haben, dürfen dabei die nächste Frage stellen.

Kontrollpunkte (*Checkpoints*)

Mit Hilfe von *Checkpoints* lernen die S, die eigenen Arbeitsergebnisse zu überprüfen und ggf. eigenständig Korrekturen vorzunehmen. L legt dafür an verschiedenen Stellen im Klassenraum (auf Tischen, Einbezug der umgeklappten Tafel, …) die Lösung bzw. Teile von Lösungen aus, so dass sich die S nach Bearbeitung ihrer Aufgaben frei im Klassenraum bewegen und an den betreffenden Stellen ihre Aufgaben überprüfen. Es sollten möglichst so viele Checkpoints vorhanden sein, dass die S ausweichen können und nicht mehr als drei bis vier S gleichzeitig an einer Kontrollstation arbeiten.

Kopfstandmethode

Die Kopfstandmethode gehört zu den Kreativitätstechniken, die bei der Suche nach Lösungen Anwendung finden. Dabei werden Ausgangsproblem und Ziel definiert. Anschließend wird das Ziel ins Gegenteil verkehrt und als Frage formuliert. Sollen die S z. B. Ideen sammeln, wie sie Texte besser schreiben, geht es im ersten Schritt darum, zu überlegen, wie man einen Text besonders schlecht und leserunfreundlich gestaltet. In einem zweiten Schritt werden dann die gesammelten Punkte in ihr Gegenteil verkehrt, um das eigentliche Ziel mit seinen Teilaspekten zu definieren.

Kugellager (*Double circle*)

Für das Kugellager (*Concentric circles*, auch „doppelter Stuhlkreis" genannt) werden die Stühle so aufgestellt, dass sich die S in einem Innen- und Außenkreis gegenüber sitzen. Die Partner tauschen sich aus, die Rollen von Sprecher und Zuhörer können dabei festgelegt sein. Ein akustisches Signal markiert den Wechsel der Gesprächspartner, die S bewegen sich dazu im Innen- und/oder Außenkreis um einige Plätze weiter. L bestimmt, wie lange sich die S austauschen und wie viele Plätze die S bei der Drehbewegung wechseln.

KWL-table, KWL-Übung

KWL-tables sind *graphic organizer*, die den S in *Prereading*-Phasen helfen, sich einem Thema zu nähern, ihr Vorwissen und ihre Fragen an das Thema zu strukturieren. *KWL* steht dabei als Akronym für *Know – Want to know – Learned*. Die S können dazu vor dem Lesen allein, mit einem Partner oder in Kleingruppen in einer Tabelle ihre Ideen in den Spalten *Know* und *Want to know* sammeln. Der Erkenntnisgewinn dabei ist, dass sie in der Regel schon einiges dazu wissen und darüber hinaus noch mehr dazu lernen können. Dieses gesammelte Vorwissen und die Fragen der Schüler werden vor dem Lesen im Plenum besprochen und Leiten anschließend das Lesen der Schüler. Nach dem Lesen können die S ihre Ergebnisse in der Spalte *Learned* festhalten und gemeinsam begutachten, welche Informationen sie gewonnen haben, welche ihrer Fragen beantwortet wurden und welche ggf. weiterer Recherche bzw. Quellen bedürfen.

Lerntempoduett (*Bus stop*)

Die Durchführung eines Lerntempoduetts bietet sich an, wenn die Ergebnisse verschiedener Übungen in PA verglichen werden sollen. Mit Hilfe des Lerntempoduetts wird dabei der unterschiedlichen Bearbeitungsgeschwindigkeit der S Rechnung getragen.
Die S bearbeiten die erste Aufgabe in EA. Wenn ein S fertig ist, steht er auf und wartet auf den nächsten, der aufsteht, ggf. an einem vereinbarten *Bus stop*. Das ist dann der Partner zur Besprechung der Ergebnisse (evtl. auch außerhalb des Unterrichtsraums). Danach arbeiten beide in EA an der nächsten Aufgabe weiter und stehen wieder auf, wenn sie fertig sind. Dabei muss nicht alles geschafft werden, vielmehr ist das Ziel, die Aufgaben gründlich zu erledigen. Daher empfiehlt es sich, als letzte Aufgabe einen motivierenden Zusatz anzubieten, der notfalls auch weggelassen werden kann.
Falls die Arbeitsgeschwindigkeiten der S sehr stark abweichen, sollten Handzeichen vereinbart werden, damit sich die S mit der richtigen Aufgabe treffen können.

Losverfahren

Siehe ►Gruppenbildung. Die S ziehen durch L vorbereitete Lose aus einer Lostrommel (Säckchen, Karton, Dose, Hand, vom Tisch). Anschließend bilden S einer Farbe/Zahl/eines Buchstabens/eines Bildes/einer Namensfamilie Gruppen. Als Losvorlagen eignen sich auch Kartenspiele: Bei Bildung nach rot und schwarz entstehen zwei Gruppen; bei Bildung nach Kartenwert sechs und mehr Gruppen. Sollen ganze Gruppen ausgelost werden, wird pro Gruppensymbol ein neues Zettelchen in der Lostrommel benötigt.

Marktplatz (*Market place activity*)

Die kooperative Lernform Marktplatz involviert alle S und veranlasst sie, sich mit dem gewählten Lerninhalt auseinander zu setzen.

1 Alle S bewegen sich frei im Klassenraum. L stellt eine Aufgabe (z. B.: sich über verschiedene Aspekte austauschen und seine Meinung begründen), die es in einem bestimmten Zeitrahmen (Eröffnung und Beendung durch akustisches Signal) zu lösen gilt.
2 Phase: Jeder S tauscht sich mit einem Mit-S über die gestellte Aufgabe aus und begründet das Ergebnis. Je nach Aufgabentyp machen sich die S dabei Notizen.
3 Phase: Die Ergebnisse können evaluiert werden.

Milling around activity

►Marktplatz (*Market place activity*)

Mingling activity

►*Milling around activity*; Marktplatz (*Market place activity*)

Murmelphase

Die S erhalten eine zeitlich angemessen begrenzte Murmelphase, um ihre Antworten zu durchdenken und leise vorzuformulieren. Diese Phase hilft ihnen, sich für eine eigene Lösung zu entscheiden, sich sprachlich korrekt auszudrücken, und auch ein Austausch mit dem Nachbarn ist erlaubt. Danach werden Beispiellösungen im Plenum besprochen. Vorteile: Alle S müssen sich mit der Aufgabe auseinandersetzen, stillere S können sich nicht hinter schneller zur Sprechhandlung fähigen S verstecken. Vorformulierte Lösungen sind oftmals auch präziser.

Numbered heads

Gewährleistung von Arbeitsteilung bei Gruppenarbeit nach dem Zufallsprinzip: Die S sitzen in Vierergruppen *face to face and knee to knee*. Der S in jeder Gruppe, der dem L (der Tür, dem Fenster, der Jüngste …) am nächsten sitzt, ist die Nummer 1, die anderen zählen im Uhrzeigersinn durch. Im nächsten Schritt erfolgt die Verteilung der fachlichen, methodischen oder sozialen Rollen innerhalb der Gruppe: Nr. 1 schreibt, Nr. 2 liest vor, Nr. 3 fragt nach und passt auf, Nr. 4 holt Material und zeichnet usw. Nach einer Weile rotieren die Rollen und Aufgaben. Hilfreich können auch Rollenkärtchen mit Symbolen und Erklärungen zu den Rollen 1–4 und den dazugehörigen Aufgaben sein, die zusätzlich auf den Gruppentischen ausliegen.

One-minute talk

Ein *One-minute talk* ist ein Mini-Referat, in dem einzelne S die Klasse über ein zuvor besprochenes/gewähltes Thema informieren. Der Vortrag erfolgt möglichst frei. Der Zeitrahmen von ca. einer Minute dient zur Beschränkung auf wesentliche Punkte. Gleichzeitig ermöglicht die Zeitbeschränkung das Halten von mehreren Vorträgen, ohne dass es für die zuhörenden S langweilig wird. In fortgeschritteneren Lerngruppen achten die S auf eine kurze Anmoderation und geeignete Überleitungen zwischen den vorgetragenen Aspekten.

Partnerkontrolle (*Partnercheck, Peer correction, Correcting circle*)

Bei der Partnerkontrolle interagieren die Lernpartner, kontrollieren und korrigieren sich gegenseitig, ohne dass L die Kontrolle übernimmt. Dadurch haben die S einen geschützten Lernraum, in dem sie ohne Scheu vor Fehlern kommunizieren und eigenständig Verantwortung im Lernprozess übernehmen können. Die Partnerkontrolle ist auch in der Kleingruppe durchführbar, wenn z. B. in PA erstellte Texte mit einem anderen Paar ausgetauscht werden (*Peer correction*). Eine Ausbaustufe ist die ►Schreibkonferenz (*Correcting circle*).

Peer correction, Peer evaluation

►Partnerkontrolle

Placemat

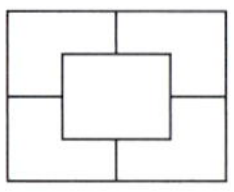

Bei einer *Placemat activity* sitzen vier S um ein großes Blatt Papier, das in fünf Bereiche eingeteilt ist.
Jeder S schreibt zunächst seine Ideen in den eigenen Schreibbereich. Anschließend wird die *Placemat* solange gedreht bis jeder die Ideen der drei anderen S kommentiert und die Kommentare zu den eigenen Ideen gelesen hat. Im nächsten Schritt diskutiert die Gruppe die notierten Gedanken und schreibt die wichtigsten Punkte oder Argumente in die Mitte der *Placemat*. Auch kontroverse Positionen sollten dabei aufgenommen werden. Abschließend werden die Ergebnisse im Plenum ausgewertet.
Hinweis: Der Zeitbedarf variiert je nach Komplexität des Themas von 10–30 Minuten.
Tipp: Für die *Placemat* sollte den S-Gruppen jeweils ein DIN-A3-Bogen und verschiedenfarbige Stifte zur Verfügung stehen (zur Identifizierung der einzelnen Schreiber). Die S können die *Placemat* selbst zu Beginn aufzeichnen oder sie erhalten eine Vorlage. Die Vorgabe eines Zeitlimit für die einzelnen Phasen kann sinvoll sein.

Punktevergabe

Vor der Punktevergabe als Feedback-System legen S und L gemeinsam die Kriterien zur Bewertung der einzelnen Produkte fest. Die S erhalten anschließend jede/r einen Klebepunkt und kleben ihn auf das S-Produkt, welches ihrer Meinung nach die Kriterien am besten erfüllt hat.

Pyramid discussion

►Schneeball-Methode

Quickwrite activity

Bei einer *Quickwrite activity* sollen die S in einer vorgegebenen Zeit (i.d.R. fünf bis zehn Minuten) möglichst alle ihre Gedanken zu einem Text oder einer Fragestellung schriftlich festhalten. Sie sollen ihren Schreibfluss nicht unterbrechen und beim Schreiben explizit Fragen nach korrekten grammatischen Strukturen oder Rechtschreibung ausblenden. Der Fokus ist *content* nicht *form*. Nach Ablauf der Schreibzeit (akustisches Signal) lesen sich die S in PA ihre Gedanken vor oder (freiwillig) im Plenum. Bei einer Auswertung im Plenum achtet L darauf, dass auch hier der Fokus ausschließlich auf dem Inhalt liegt.

Read-and-look-up-Technik

Die *Read-and-look-up-technique* dient der Förderung des freien Sprechens und bildet den behutsamen Übergang zwischen Ablesen und Vortragen von Informationen/Inhalten. Dabei hält der/die präsentierende S die Vorlage in den Händen und liest einen Satz (bei längeren Satzgefügen Teilsatz) still durch, bevor er/sie dann die Klasse anschaut und den Satz aus dem Gedächtnis wiedergibt. Es ist wichtig, dass erst dann gesprochen wird, wenn der Blickkontakt zur Klasse hergestellt ist. Diese Technik bereitet den freien Vortrag bzw. die Präsentation (auch mithilfe von Stichwortzetteln) vor und unterstützt v.a. unsichere S bei der Darstellung von Inhalten vor dem Plenum. Zur Einführung kann L die Technik anhand eines beliebigen geschriebenen Textes (z.B. Sätze aus dem SB) demonstrieren. Die S üben danach anhand von geeigneten kurzen Texten/Dialogen aus dem SB, wobei der zuhörende Partner darauf achtet, dass nicht abgelesen, sondern jeweils zunächst der Blickkontakt hergestellt wird.

Ranking activity

Die S sortieren in PA eine Reihe (Argumente, Vorlieben, Informationen, Vorschläge, Meinungen oder Positionen usw.) nach persönlicher Wichtigkeit und diskutieren ihre Listen im Plenum (► Schneeball-Methode).

Reciprocal-reading-Verfahren

Beim reziproken Lesen wird ein Text abschnittweise in einem Wechsel aus EA und GA erarbeitet. Dabei verwenden die Lernen folgende Lesestrategien: Klären von unbekannten Wörten (*clarifying*), Zusammenfassen des Inhalts des gelesenen Abschnitts (*summarizing*), Formulieren von Fragen (*questioning*) und Hypothesenbildung (*anticipating, predicting*).

Zum Ablauf: jeder S erhält eine Rollenkarte entsprechend der vier Lesestrategien: *clarifier, summarizer, questioner, predictor*. Die Rollenkarten sollten Leitfragen und sprachliche Hilfen beinhalten. Dann bearbeiten die S den Text abschnittweise entsprechend ihrer Rolle und tauschen sich anschließend dazu aus. Nach der Bearbeitung eines jeden Abschnitts wechseln die S die Rollen und lesen den nächsten Abschnitt in der beschriebenen Weise bis sie den ganzen Text durchgearbeitet haben. So wenden alle S alle Lesestrategien an. Die Ergebnisse werden z.B. in einer Tabelle festgehalten und abschließend im Plenum ausgewertet.

Durch diese Methode des intensiven Lesens wird das Verstehen von Texten gefördert sowie die Anwendung verschiedener Lesestrategien geübt. Zudem schafft der zielgerichtete Austausch mit den Mit-S echte Sprechanlässe und erhöht die *individual speaking time* der S.

Right/wrong-cards

Right/wrong cards dienen der nonverbalen Überprüfung des Verständnisses und werden in Verbindung mit *right/wrong statements* eingesetzt. Der Vorteil besteht darin,

dass damit das Verständnis bei der ganzen Klasse überprüft werden kann. Dabei erhält jede/r S eine rote und eine grüne Karte, mit der die vorgelesenen Aussagen als richtig bzw. falsch gekennzeichnet werden. Die Karten werden entweder vom L nach jedem Einsatz wieder eingesammelt oder verbleiben im Besitz der S, wenn diese methodische Vorgehensweise regelmäßig eingesetzt wird. Alternativ können auch rote und grüne Farbestifte verwendet werden.
Umsetzung: L bzw. ein/e S liest eine Aussage vor. Auf ein Signal hin halten die S gleichzeitig die entsprechende Karte in die Höhe. Sollten dabei Differenzen im Verständnis sichtbar werden, so kann beim Leseverstehen anschließend noch einmal konkret am Text gearbeitet und beim Hörverstehen der Text bzw. Textabschnitt erneut präsentiert werden.

Round Robin

► Stummes Schreibgespräch

Schneeball-Methode *(Pyramid discussion)*

Die Schneeball-Methode eignet sich besonders gut dazu, die Ideen, Vorschläge, Positionen oder Meinungen der S zu einem bestimmten Thema zusammenzubringen, diese in mehreren Schritten zu diskutieren und die besten herauszuarbeiten. Dabei müssen die S Entscheidungen treffen, Argumente formulieren, Überzeugungsarbeit leisten und ggf. Gegenargumente akzeptieren. Durch die unterschiedlichen Sozialformen wird eine besonders intensive Spracharbeit gefördert.

Durchführung:

1. Schritt: Jeder S bearbeitet in EA die Aufgabe und notiert sich eine vorgegebene Anzahl von Informationen, Vorschlägen, Meinungen oder Positionen zu einem Thema.
2. Schritt: In PA vergleichen die S ihre Notizen. Gemeinsam erstellen sie eine neue Liste und einigen sich auf eine Rangfolge (z. B. von der wichtigsten bis zur unwichtigsten Information).
3. Schritt: In Vierergruppen überprüfen die S Gemeinsamkeiten, ergänzen ggf. ihre Notizen und einigen sich auf ein neues *ranking*.
4. Schritt: In Achtergruppen müssen sich die S auf ein neues *ranking* sowie auf eine vorgegebene Anzahl von Informationen/Vorschlägen/... einigen. Dabei gilt es, die anderen von den eigenen Vorschlägen zu überzeugen. Am Ende dieser Gruppenrunde bestimmen die Gruppen jeweils einen Gruppensprecher, der die Ergebnisse zu Beginn der nächsten Runde präsentiert.
5. Schritt: In der letzten Diskussionsrunde im Plenum müssen die S sich auf eine vorgegebene Anzahl von Informationen oder Vorschlägen einigen.
6. Schritt: Abschließend wird die Methode im Plenum reflektiert.

Schreibkonferenz (*Correcting circle*)

Bei der Schreibkonferenz korrigieren die S ihre Textentwürfe in Kleingruppen. Hierzu sollte vorher ein Kriterienkatalog erarbeitet werden. Jeder S erhält dann ein Spezialgebiet (z. B. *content, structure, spelling, tenses, word order* etc.) Dann werden alle Texte reihum so lange weiter getauscht, bis jeder S jeden Text im Hinblick auf seinen speziellen Aspekt bearbeitet und markiert hat.
Idealerweise gibt jedes Gruppenmitglied zunächst eine positive Rückmeldung, bevor in einem zweiten Schritt Verbesserungsvorschläge für den Text gemacht werden. Abschließend fertigt jeder eine Reinschrift an. L sammelt nach dem Zufallsprinzip einige Ergebnisse ein und bewertet sie. Im Sinne des selbstständigen Lernens kann L mit den S vereinbaren, dass sie eine DOs and DON'Ts-Liste anlegen, die sie auch in der Klassenarbeit verwenden dürfen. Dies hilft bei der Selbstkorrektur und motiviert, an den eigenen Fehlern zu arbeiten.

Silent viewing

► *Viewing*

Split viewing

► *Viewing*

Stammgruppen

► *Jigsaw*

Standbildmethode (*Freeze frame*)

Die S erfassen Facetten von textlichen Figurenkonstellationen auf darstellerische Weise. In Gruppen tauschen sich die S zunächst über die darzustellende Situation aus, dann werden Rollen verteilt. Der „Baumeister" bringt die „Modelle" in ein zuvor abgesprochenes Standbild und schöpft körperlich-räumliche Ausdrucksmöglichkeiten aus: Abstände zueinander, Körperhaltung, Gestik und Mimik spiegeln die Situation im Text auf intensive Weise wider. Beim Ausruf *Freeze!* verharren die Modelle regungslos. Jetzt können zusätzliche Fotos aus verschiedenen Perspektiven gemacht werden. Als Auswertung bietet sich eine kurze Erläuterung der jeweiligen Gruppe an, es erscheint jedoch oft didaktisch sinnvoller, wenn die anderen Gruppen den freeze frame zunächst mit Hilfe von Leitfragen interpretieren: *How are the characters presented? What can we tell about their relationships?* Ein Abgleich mit den Intentionen der präsentierenden Gruppe ist ratsam, um herauszuarbeiten, an welchen Stellen Ideen der Gruppe nicht verständlich waren. Diese kreative und körperbezogene Methode bringt Abwechslung in die oftmals einseitig kognitive Interpretationsarbeit.

Stummes Schreibgespräch (*Round Robin*)

Bei einem **stummen Schreibgespräch** kommunizieren die Gruppen schriftlich und bei absolutem Schweigen auf einer langen Papierbahn (ca. 1 x 2 Meter) miteinander. Die Gruppenmitglieder benutzen farblich unterschiedliche Stifte.

1 Die S notieren – bei absolutem Schweigen – spontan ihre Gedanken zu einem Thema in Form von Worten, Sätzen, Zeichnungen oder Symbolen.
2 Das eigentliche Schreibgespräch beginnt: Die S notieren ihre Kommentare zu den Äußerungen der anderen Gruppenmitglieder (auch in Form von Symbolen wie z. B. Smileys). Auch hierbei wird geschwiegen.
3 Eine mündliche Nachbesprechung kann, aber muss sich nicht anschließen. Tipp: Für jeden Arbeitsschritt sollte L ein Zeitlimit setzen.

Think-Pair-Share

Bei der Methode *Think-Pair-Share* gelangen die S von einer individuellen zu einer gemeinsamen Lösung:

1 Jede/r S denkt allein über die Aufgabestellung nach und macht sich ggf. Notizen.
2 Die S bilden Paare. Sie vergleichen und diskutieren ihre Lösungen. Bei Bedarf ergänzen sie ihre Notizen.
3 Zwei Paare bilden eine Vierergruppe und besprechen ihre Lösungen. Dann werden die Notizen vervollständigt. Tipp: Für jeden Arbeitsschritt sollte L ein Zeitlimit setzen.

Viewing

Das *Silent viewing* ist eine Technik des Sehverstehens, bei der die betreffende Filmsequenz oder ein Ausschnitt davon zunächst ohne Ton präsentiert wird. Dabei erhalten die S einen groben Eindruck vom Inhalt einer Szene und können eine Erwartungshaltung aufbauen, die den Verstehensprozess entlastet. Das *Silent viewing* sollte immer mit einem Auftrag zum Globalverstehen verbunden werden (z. B. *Find out what is happening in the scene. / Who are the persons and what are they doing?* etc.) und kann ggf. wiederholt werden, um Hypothesen zu inhaltlichen Details aufzustellen, die dann anhand der Präsentation der Sequenz mit Ton überprüft werden.

Filmsequenzen lassen sich im Unterricht auch als reine Tonspur präsentieren, indem das Bild verdeckt oder abgedunkelt wird. Diese Form der Schulung des Hörverstehens wird als *Sound only (Sound on/Vision off)* Technik bezeichnet und bietet sich an, um die Aufmerksamkeit der S auf Dialoge oder Soundtrack (z. B. Filmmusik, im erweiterten Sinne auch die Geräuschkulisse) zu lenken. Die Technik *Sound only* lässt sich gut mit *Silent viewing* kombinieren und ermöglicht *Follow-up-exercises* für S-Paare, bei denen Partner A die Filmsequenz verfolgte (ohne den Ton zu hören) und Partner B die Tonspur der Filmsequenz mitverfolgte (ohne die Filmsequenz zu sehen). Beim *Split viewing* oder *Jigsaw viewing* bearbeiten die S arbeitsteilig unterschiedliche *While viewing*-Arbeitsaufträge zu inhaltlichen oder filmanalytischen Themen. Variante 1: Jede Gruppe besteht aus so vielen S, wie es Arbeitsaufträge gibt. Jedes Gruppenmitglied übernimmt einen Arbeitsauftrag und macht sich während des *Viewing* Notizen. Zum Beispiel konzentriert sich ein Gruppenmitglied auf einen oder mehrere Charaktere in der Filmsequenz, ein anderes macht sich Notizen zum Soundtrack, ein weiteres zum Setting, etc. Anschließend informieren sich die S in der Gruppe über ihre Arbeitsergebnisse. Variante 2: Jede Gruppe (maximal sechs S) erhält einen Arbeitsauftrag. In Einzelarbeit macht sich jedes Gruppenmitglied während des *Viewing* Notizen. Die S führen ihre Erkenntnisse in der Gruppe zusammen und erstellen gemeinsam eine Zusammenfassung zu ihrem Thema, die sie im Plenum vorstellen. Variante 3: Gruppenbildung und Verlauf der arbeitsteiligen Gruppenarbeit erfolgt gemäß eines *Jigsaw oder Group puzzles* in Experten- und Querschnittsgruppen.

a) Use the mind map to collect vocabulary that helps you to describe a person. You can also use ideas from the box below or from the units in your English book.

b) Compare your mind map with those of a partner.

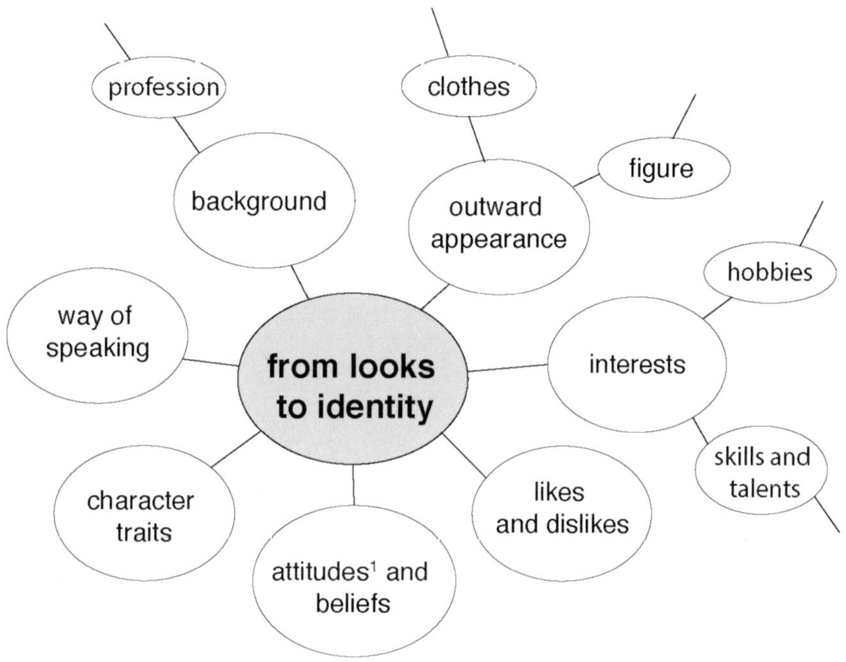

[1] attitude [ˈætɪtjuːd] *Haltung*

More help: hair texture • middle-aged • overweight • sloppy • classy • straight • wavy • good at … • skinny • age • sporty • relationships • honest • hard-working • reliable • freckles • pointed nose • curly • colloquial language • pale • wrinkled • almond-shaped • wild • bearded • conservative • habits • …

a) **Use a copy of the poem and underline parts that strike you as interesting, hard to understand or worth discussing.**

b) **Compare your results with those of a partner.**

c) **Look at the following questions. They will help you to understand the poem better.**

Speaker:
- Underline all the phrases that describe and identify the speaker. What is he like?
- Which aspects of the poem tell you that Langston Hughes is the poet, but not the speaker?

Rhyme:
- Only a few parts of this poem are rhymed. What is the effect on the reader and what could be the reason for that?

Structure:
- The poet structures the text in different parts. Discuss their possible function and find headlines.
- There are also three questions in the poem. Look at their position and discuss their function.

Stylistic devices:
- Some words are repeated in the poem, one of them even 21 times. Find these words and speculate about the function of the repetition.

Evaluation:
- Has the speaker done his job of writing a true page?

fold here

Speaker:
- ll. 7–10; ll. 14/15; ll. 17/18; ll. 22–25: This 22-year-old African American seems different from all the other students, but is comparable if not identical in his ideas/beliefs about life.
- Biographical dates and the given age at the time of publication don't fit. In 1949, Hughes was a lot older than 22 and he wasn't born in Durham either. This tells us that he adopted a persona. He studied engineering before dropping out of university to become a poet.

Rhyme:
- Rhymed lines: Beginning (ll. 2–5), a few parts in the middle, and end (ll. 35 ff.)
- Elements of rhyme ("true" and "you", opposed to "me" and "free" and "white" and "write") give a kind of frame around the poem which poses a question at the beginning and answers it in the end. The rhyme underlines this structure and makes the poem resemble a song.

Structure:
- This poem poses different questions and answers them.
  Possible headlines: homework assignment at college / brainstorming / answer / conclusion.
- Questions: I wonder if it's that simple? (l. 6: doubts about the assignment and one's own skills, talents and identity) /
  Me – who? (l. 21: central question, looking for one's own identity and position in society) /
  So will my page be colored that I write? (l. 28: rhetorical question adressed to the reader ▶ It will and won't be at the same time.)

Stylistic devices:
- I / me / you ▶ poem about identity and how the "I" sees himself in in the contrast to / context of others.
- Question of identity connected to question of ethnic background (repetition of "colored" and "white").
  It is a question of being "true" to yourself and others.

Evaluation:
- Open to discussion: Very personal piece of writing – about the writer himself and his experience in life.
  That's always true, even if debatable.

3A KV Painting with words: working with imagery

Literary devices make special use of language (not only in poems!) by either painting pictures with words, playing with the sound or with the (grammatical) structure of phrases and sentences.

a) Cut out the text slips in the box below. You will need them when you start working on b).

b) Choose one of the following tasks according to your personal literary abilities.

Literary beginners: Read the list of literary devices (▶ KV 3B). Then match the literary devices with their definitions (▶ text slips). Put them in the correct column in the table (▶ KV 3B).

Literary experts: Identify which literary device is used in the example sentences.
Put the example sentences in the correct column in the table (▶ KV 3B).

(Future) poets: Choose five or more of the literary devices (▶ KV 3B). Invent new examples and write them into your file. Can your classmate identify the literary devices in the new example sentences??

c) When you have finished your task, compare your results in a small group and complete your table.

Definitions	**Examples**
It compares two things, aspects or people using "like" or "as".	Peter Piper picked a peck of pickled peppers.
It compares by saying what something is, not "only" by saying what it is like.	The pencil danced across the paper.
It gives human characteristics to an animal or an object.	I'm so hungry, I could eat a horse.
It uses sounds that an object or animal would make or includes words that imitate that sound.	Tyger, tyger burning bright, / in the forests of the night.
It uses exaggeration to make something sound bigger or more dramatic.	To err is human, to forgive[1] divine[2].
It uses a less unpleasant word for something to make it sound nicer.	cock-a-doodle-doo
It expresses something by using language that says the opposite in order to amuse or criticize.	This test will be a piece of cake.
It uses identical or similar (grammatical) structures within a sentence or in two (neighbouring) sentences.	I need that like a hole in the head.
It repeats similar sounding words at the end of lines in a poem.	I have to powder my nose. (= I need to go to the toilet.)
It is an object or name that stands for something else, especially a material thing that stands for something you cannot touch.	With this ring I gladly marry you.
It repeats the same sound or letter(s) at the beginning of neighbouring words.	This is as boring as watching paint dry.

[1] to forgive [fə'gɪv] *vergeb* [2] divine [dɪ'vaɪn] *göttlich*

Literary device	Definitions	Examples
symbol		
metaphor		
simile		
personification		
irony		
hyperbole		
euphemism		
onomatopoeia		
alliteration		
rhyme		
parallelism		

Early finisher

d) Get together in groups of three. Choose one of the following topics: Love / School / Life. Each of you writes two verses using one of the literary devices you just got to know.

e) Check them in your group and try to arrange them into a "poem".

f) Present your result to the class.

Literary device	Definitions	Examples
symbol	It is an object or name that stands for something else, especially a material thing that stands for something you cannot touch.	With this ring I gladly marry you.
metaphor	It compares by saying what something is, not "only" by saying what it is like.	This test will be a piece of cake.
simile	It compares two things, aspects or people using "like" or "as".	This is as boring as watching paint dry.
personification	It gives human characteristics to an animal or an object.	The pencil danced across the paper.
irony	It expresses something by using language that says the opposite in order to amuse or criticize.	I need that like a hole in the head.
hyperbole	It uses sounds that an object or animal would make or includes words that imitate that sound.	I'm so hungry, I could eat a horse.
euphemism	It uses exaggeration to make something sound bigger or more dramatic.	I have to powder my nose. (= I need to go to the toilet.)
onomatopoeia	It uses a less unpleasant word for something to make it sound nicer.	cock-a-doodle-doo
alliteration	It repeats the same sound or letter(s) at the beginning of neighbouring words.	Peter Piper picked a peck of pickled peppers
rhyme	It repeats similar sounding words at the end of lines in a poem.	Tyger, tyger burning bright, / in the forests of the night.
parallelism	It uses identical or similar (grammatical) structures within a sentence or in two (neighbouring) sentences.	To err is human, to forgive divine.

When you give feedback, you should:
1. be nice.
2. concentrate on the things that you have to work on.
3. tell the other student what was good and how they can do better.
   Always say what somebody did well first.

✓ Choose criteria[1] for your feedback.

✎ Add other criteria you need, e.g. for feedback on a story.

		☺☺	☺	😐	☹
	CONTENT				
✓	You covered the important points in the task.				
	The information was interesting/new.				
	You gave examples/details.				
	You stated your opinion.				
	You gave arguments for your opinion.				
	Your story had a plot[2].				
	You described the characters.				
✎					
✎					
	STRUCTURE				
	Your introduction said what the text is about.				
	You used paragraphs.				
	Each paragraph had a new idea.				
	You had a conclusion.				
✎					
✎					
	LANGUAGE				
	You used different adjectives and adverbs.				
	You joined sentences with linking words.				
	You used special vocabulary for the topic.				
	It was easy to follow your ideas.				
	Your spelling was correct.				
	Your grammar was correct.				
✎					
✎					

[1] criteria *(pl)* [kraɪˈtɪəriə] *Kriterien* [2] plot *Handlung*

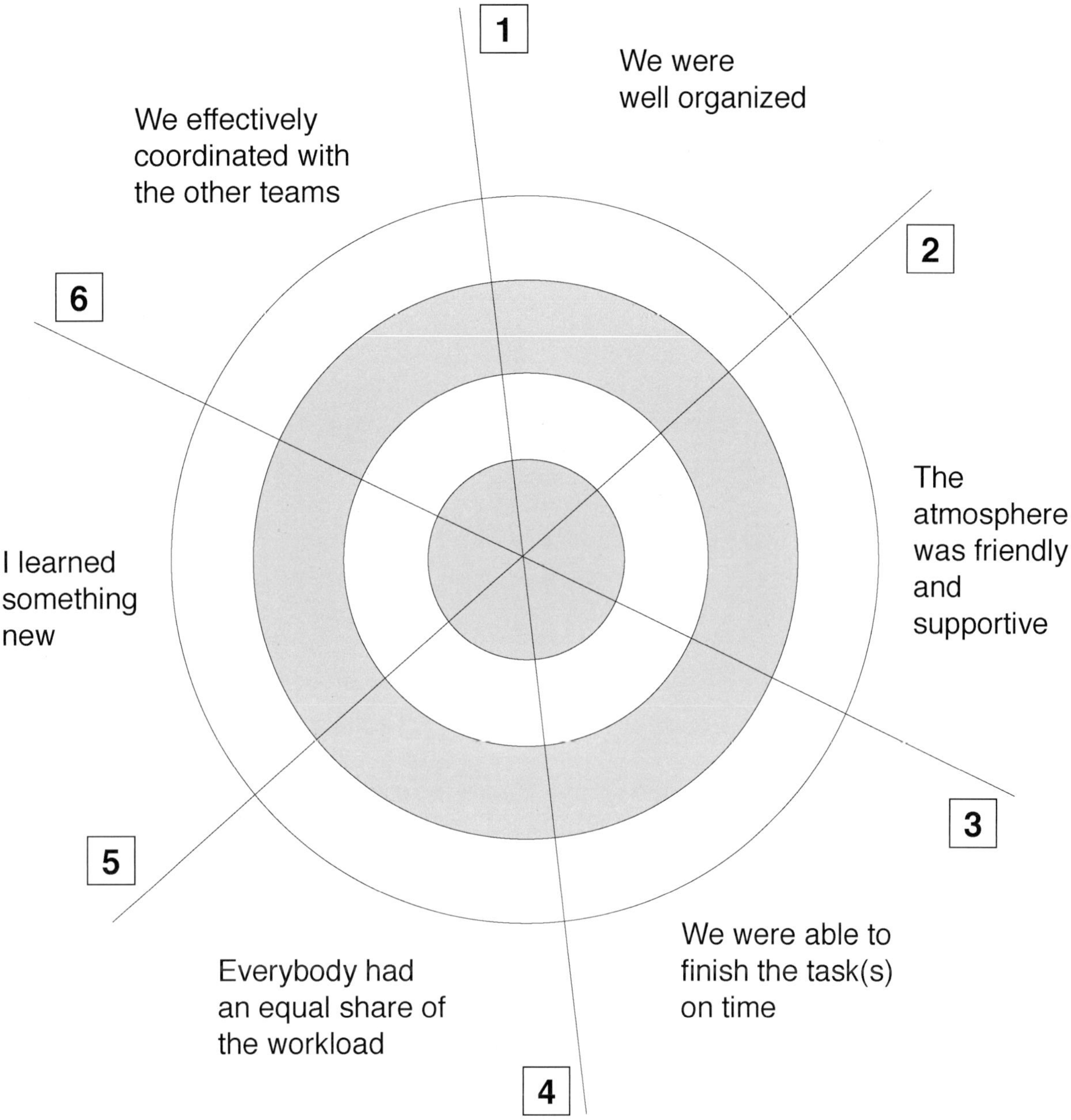
1
We were
well organized
2
The
atmosphere
was friendly
and
supportive
3
We were able to
finish the task(s)
on time
4
Everybody had
an equal share of
the workload
5
I learned
something
new
6
We effectively
coordinated with
the other teams

What was the last unit like?

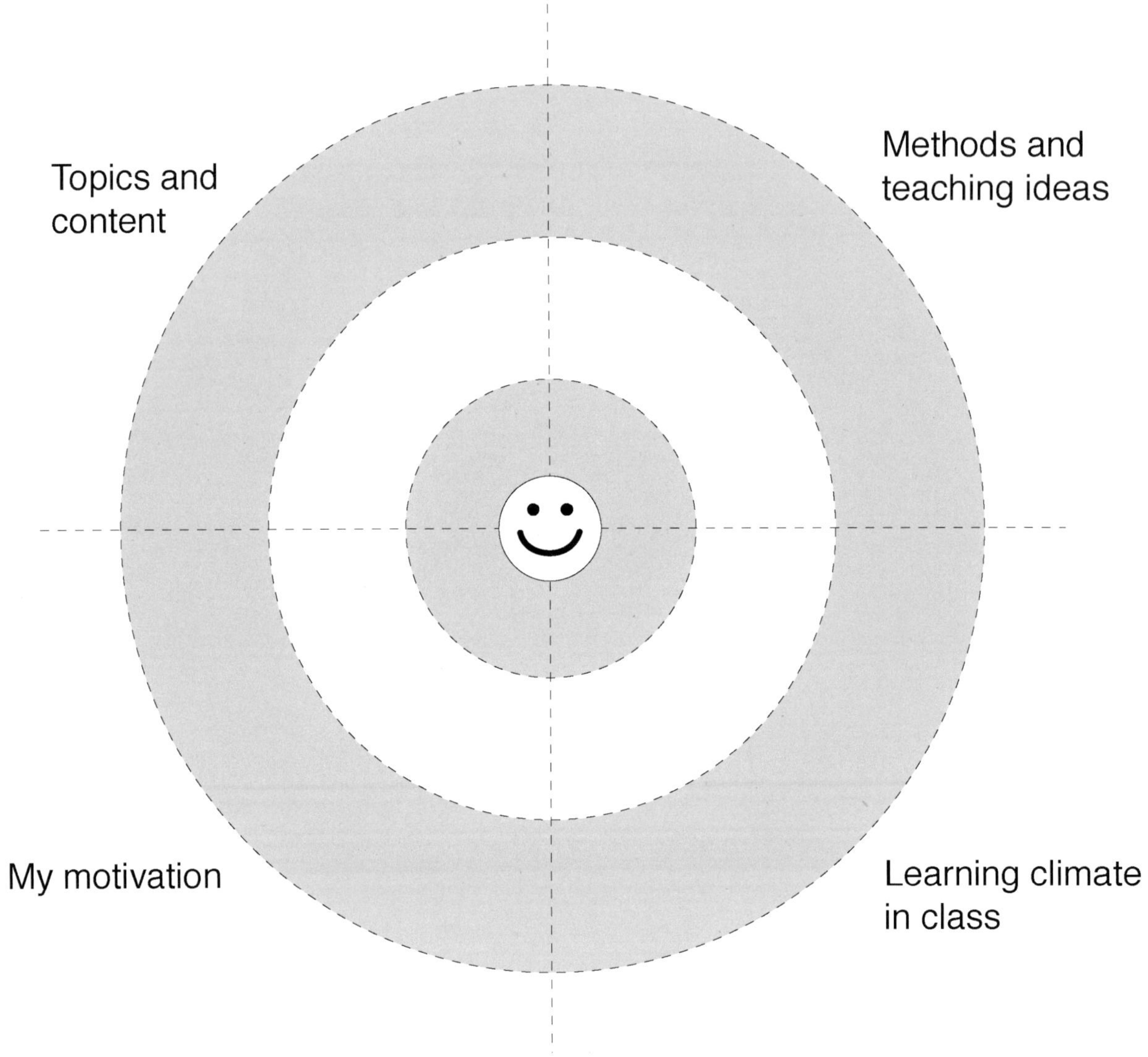

In my opinion, …	Personally, I think …	In my view, …	If you ask me, I'd say …
What do you mean exactly?	I agree with ... because ...	That's just how I feel.	I couldn't agree with you more.
That's so true.	You're right.	I'm afraid I don't share your view.	That's not how I see it.
Sorry, I don't agree.	Actually, you have a point there, but …	I see what you mean, but …	You're right about that, but …
There's one point we still need to discuss.	Let me give you an example of what I mean.	Sorry, but can I say something here?	Yes, of course. Go ahead.
I feel very strongly that ...	A good example is ...	Let me remind you that ...	Sorry, but could I just finish what I was saying?
I think we'll have to agree to differ.	To sum up, we decided …	So, what you're saying is that …	Is that right?

Checklist: writing a summary

a) Write your name on the checklist and use it to check your summary (▶ me).

b) Check your partners' summaries (S1, S2, S3).

c) Comment on each other's summary.

d) Revise yours if necessary.

Name: ____________________________

Rules for a good summary		**me**	**S1**	**S2**	**S3**
Introduction: The first one or two sentences tell the reader …	... the text type.				
	... the title and the author.				
	... what the text is about (topic).				
The main part answers the important questions:	What are the main events? Who? When? Where?				
In the summary you **should** …	… make sure that there are no mistakes about the facts.				
	… have a clear structure and paragraphs.				
	… use the simple present.				
	… use your own words as much as possible.				
In the summary you **shouldn't** …	… give details the reader doesn't need to understand the overall content.				
	… copy examples from the text itself.				
	… include your own opinion.				
Language	There are no mistakes in spelling, word order or vocabulary.				
	The text makes use of linking words (like *and, therefore, but, because* …).				

Comment (S1):

Comment (S2):

Comment (S3):

You are a diplomat from **Benuras**. In your homeland it is considered polite to touch the person you are talking to (on the arm is sufficient) while he or she is speaking. Don't forget that you should be as polite as possible.	You are a diplomat from **Vieji**. In your homeland you show your respect by repeating every question you are asked before replying. Don't forget that you should be as respectful as possible.
To prepare for the reception, write down some small-talk questions you could ask when you meet someone for the first time. Feel free to invent things when being asked.	To prepare for the reception, write down some small-talk questions you could ask when you meet someone for the first time. Feel free to invent things when being asked.
You are a diplomat from **Romatia**. In your homeland it is considered polite to stand as close as possible to the person you are speaking to (without actually touching). If he/she moves away from you, you should move closer so that the distance between you doesn't increase. Don't forget that you should be as polite as possible.	You are a diplomat from **Loto**. In your homeland it is considered polite to turn around once completely (to the right) before answering a question. After answering, you should turn around completely a second time (this time to the left). Don't forget that you should be as polite as possible.
To prepare for the reception, write down some small-talk questions you could ask when you meet someone for the first time. Feel free to invent things when being asked.	To prepare for the reception, write down some small-talk questions you could ask when you meet someone for the first time. Feel free to invent things when being asked.
You are a diplomat from **Albavia**. In your homeland it is considered polite to show your agreement by saying "yes" loudly to everything the person talking to you says. You say this even if you then go on to disagree with what he has said.	You are a diplomat from **Namaska**. In your homeland it is considered polite to touch the person you are talking to (on the arm is sufficient) while he/she is speaking. Don't forget that you should be as polite as possible.
To prepare for the reception, write down some small-talk questions you could ask when you meet someone for the first time. Feel free to invent things when being asked.	To prepare for the reception, write down some small-talk questions you could ask when you meet someone for the first time. Feel free to invent things when being asked.

You are a diplomat from **Peroly**. In your homeland it is considered polite to stare into the eyes of the person you are talking to, while he/she is talking (it is impolite to blink). It is also considered respectful to look only at his/her feet while you are talking. Don't forget that you should be as polite and respectful as possible.

To prepare for the reception, write down some small-talk questions you could ask when you meet someone for the first time. Feel free to invent things when being asked.

You are a diplomat from **Argania**. In your homeland it is considered polite to stand no closer than two metres from the person you are speaking to. If he/she moves towards you, you should move away in order to maintain the distance. Don't forget that you should be as polite as possible.

To prepare for the reception, write down some small-talk questions you could ask when you meet someone for the first time. Feel free to invent things when being asked.

You are a diplomat from **Egyland**. In your homeland it is considered impolite to allow your conversation partner actually complete a question (interrupting shows that you are paying close attention). You should always try to complete the question for him/her, or start your answer before he/she finishes the question. Don't forget that you should be as polite as possible.

To prepare for the reception, write down some small-talk questions you could ask when you meet someone for the first time. Feel free to invent things when being asked.

You are a diplomat from **Polinor**. In your homeland it is considered polite to applaud each time the person you are talking to asks a question that you think is interesting (it is impolite to suggest that someone's questions are uninteresting). Don't forget that you should be as polite as possible.

To prepare for the reception, write down some small-talk questions you could ask when you meet someone for the first time. Feel free to invent things when being asked.

You are a diplomat from **Guzil**. In your homeland it is considered respectful to remain silent for at least ten seconds before replying to anything the person you are talking to says. Don't forget that you should be as respectful as possible.

To prepare for the reception, write down some small-talk questions you could ask when you meet someone for the first time. Feel free to invent things when being asked.

You are a diplomat from **Armiana**. In your homeland it is considered impolite to directly face the person you are talking to. You should face his/her left when he/she is talking and then turn and face his/her right before replying. Don't forget that you should be as polite as possible.

To prepare for the reception, write down some small-talk questions you could ask when you meet someone for the first time. Feel free to invent things when being asked.

You are a diplomat from **Norico**. In your homeland it is considered impolite, after the initial introduction, to look at the person you are talking to. Don't forget that you should be as polite as possible.

To prepare for the reception, write down some small-talk questions you could ask when you meet someone for the first time. Feel free to invent things when being asked.

Step 1: Identify the situation

Start the role-play by introducing the setting. This will help your students to get into the mood before the role-play begins.

General setting:
The German chancellor has invited ambassadors of many small countries (▶ role cards: ▶ KV 9A/B) to come to the chancellery and meet representatives of big German companies (▶ free choice of roles, e.g. Head of Sales Mercedes Benz, …) as well as government representatives (▶ free choice of roles, e.g. Minister of Economic Affairs, …). The chancellor wants to initiate closer relations and give companies a chance to start business relations with these countries. There is a reception that will give everybody the chance to meet and get to know each other.

Step 2: Add details and assign roles

a) Divide your class / students into three groups. Tell your students that members of …

- group A are free to choose whatever role they like as representatives of big German companies (such as Mercedes Benz, Siemens, Aldi, Lufthansa, BASF, …).
- group B are free to choose whatever role they like as representatives of the German government (e.g. Minister of Economic Affairs, Head of the Department of Foreign Affairs, government spokesperson, …).
- group C will all receive different ambassador role cards (▶ KV 9A/B) with further information on the country they represent.

b) Tell your students to prepare for the reception by writing down some small-talk questions one could ask when meeting someone for the first time. Let them know that they are free to invent things when being asked.

c) Hand out the role cards to members of group C. Make sure that students from groups A and B cannot see or hear information on the ambassadors.

Step 3: Act out the scenario

Each participant needs to talk to three different partners. A sound will indicate when to move on to the next partner. All role card holders are asked to stick strictly to the behaviour described on their cards.

Step 4: Evaluate the role-play

a) Find out about the general perception of the role-play and its communication situations. What was striking?

b) Inquire about how the participants felt during their communication with others and discuss why.

While reading the novel, take notes on the aspects given below.
Choose the aspects that you think are most important for a review of *your* novel.
(Please note: Not all of the following questions can be applied to all novels.)
Feel free to arrange the order, but be sure to follow the structure of a book review (▶ SB, p. 41, ▶ SF 12).

Topic	Important aspects	Your notes
Setting	• Time period and location? • What are the functions of these? • Is there a change in the setting? Why?	
Plot	• Briefly summarize the plot (~ 100 words). • Are there any subplots? (▶ questions on structure)	
Characters	• Who are the main characters? • What are their character traits? • Describe their relationships. • Who are the important minor characters? Do they have a particular function?	
Conflict	• What is the major conflict in the novel? • What are the minor conflicts?	
Theme	• Name the central idea(s) / main topic(s).	
Structure	• What is it like? • What is the point of view? • What influence does this have on the reader?	
Symbolism	• Are there major symbols? • What do they stand for?	
Title	• What does the title suggest?	
Appreciation	• Would you recommend the novel to other people? • Point out strengths and weaknesses of the story. • Are the characters credible? • Pick out one passage that captures the spirit of the book.	

Task Step 1
Highlight the following parts of the article in five different colours: headline, summary, introduction, main body, conclusion.

WHEN THE BEES BUZZ OFF

MEL FERAPIS, APRIL 24, 2017

For over 25 years, scientists have been collecting insects in traps in the same place in Germany. Traps which held 1,400 grams of insects in 1989 contained only 295 grams in 2016. Great, you think, fewer insects to bite or sting me. But without some of those insects, you might go hungry in future.

Imagine the scene. You're walking through the supermarket. You have coffee, tomatoes, fruit and sunflower oil on your shopping list, but you cannot find any of them. What's happened? Is it just a weird dream? No, you're definitely awake. But, of course – all those products you're looking for are pollinated by bees, and the bees are dying. Without bees, harvests of many crops will be much smaller, and some crops won't grow at all.

Since the beginning of the century, bee colonies have been disappearing around the world. Some years are worse than others. In 2015, for example, 42 percent of colonies in the USA collapsed. Although there is no single reason for this colony collapse disorder (CCD), scientists have identified several factors that play a role.

The use of particular kinds of pesticides called neonicotinoids – or neonics – has increased greatly during this century. It seems that neonics are especially good at killing bees.

Just like humans, who do best on a varied diet, bees are healthiest when they get pollen from a variety of sources. This is more difficult in times of industrial farming, which often covers huge areas with a single crop. In addition, cities and suburbs are spreading into the country, which destroys the wild flowers bees also rely on for food.

Parasites like the varroa mite, which weaken the bees' immune system and make them more prone to disease, are another problem.

New research shows that climate change is also affecting bee populations. Flowers bloom earlier in the spring and by the time bees come out of their winter hibernation, the flowers they feed on have already bloomed and died. In addition, in southern Europe and the south of the US, the bees' habitat is shrinking, as higher temperatures make it too warm for them to survive. Unlike other plants and animals, bees are not moving north to compensate, which might seem worrying.

Yet not all experts are so worried. Some say the worst years of CCD are over – global bee populations are no longer falling – and new laws in the US and Europe have limited the use of the pesticides which were contributing to the problem. With queens that lay 1,500 eggs a day, bee populations can also recover very quickly, even after 30–40 percent die off in any year.

What everyone agrees on is that we need to do all we can to ensure the survival of the bees – the world's food supply depends on it. Nearly all fruits and nongrain vegetables are pollinated by bees, so although we might still be able to eat muesli for breakfast, we'd have no fruit to go with it. Who would want to live in a world like that?

Task Step 2

a) Find these words in the text: traps (l. 2), products (l. 10), humans (l. 25), compensate (l. 43). Write down the structure that follows them and explain briefly what it is used for.

traps: ______________________________

____

products: ______________________________

____

humans: ______________________________

____

compensate: ______________________________

____

b) Find other examples of these structures in the article, copy them into your file and explain them as well.

____

____

____

____

____

____

d) **Compare with a partner.**

e) **Complete the "Remember box" below together.**

Remember:

______________________ add ______________ to words or clauses and help

authors of feature articles to write ______________.

Task Step 1

headline — **WHEN THE BEES BUZZ OFF**

MEL FERAPIS, APRIL 24, 2017

summary — **For over 25 years, scientists have been collecting insects in traps in the same place in Germany. Traps which held 1,400 grams of insects in 1989 contained only 295 grams in 2016. Great, you think, fewer insects to bite or sting me. But without some of those insects, you might go hungry in future.**

introduction — Imagine the scene. You're walking through the supermarket. You have coffee, tomatoes, fruit and sunflower oil on your shopping list, but you cannot find any of them. What's happened? Is it just a weird dream? No, you're definitely awake. But, of course – all those products you're looking for are pollinated by bees, and the bees are dying. Without bees, harvests of many crops will be much smaller, and some crops won't grow at all.

Since the beginning of the century, bee colonies have been disappearing around the world. Some years are worse than others. In 2015, for example, 42 percent of colonies in the USA collapsed. Although there is no single reason for this colony collapse disorder (CCD), scientists have identified several factors that play a role.

main body — The use of particular kinds of pesticides called neonicotinoids – or neonics – has increased greatly during this century. It seems that neonics are especially good at killing bees.

Just like humans, who do best on a varied diet, bees are healthiest when they get pollen from a variety of sources. This is more difficult in times of industrial farming, which often covers huge areas with a single crop. In addition, cities and suburbs are spreading into the country, which destroys the wild flowers bees also rely on for food.

main body — Parasites like the varroa mite, which weaken the bees' immune system and make them more prone to disease, are another problem.

New research shows that climate change is also affecting bee populations. Flowers bloom earlier in the spring and by the time bees come out of their winter hibernation, the flowers they feed on have already bloomed and died. In addition, in southern Europe and the south of the US, the bees' habitat is shrinking, as higher temperatures make it too warm for them to survive. Unlike other plants and animals, bees are not moving north to compensate, which might seem worrying.

Yet not all experts are so worried. Some say the worst years of CCD are over – global bee populations are no longer falling – and new laws in the US and Europe have limited the use of the pesticides which were contributing to the problem. With queens that lay 1,500 eggs a day, bee populations can also recover very quickly, even after 30–40 percent die off in any year.

conclusion — What everyone agrees on is that we need to do all we can to ensure the survival of the bees – the world's food supply depends on it. Nearly all fruits and nongrain vegetables are pollinated by bees, so although we might still be able to eat muesli for breakfast, we'd have no fruit to go with it. Who would want to live in a world like that?

Task Step 2

a) (l. 2): Traps <u>which held 1,400 grams of insects in 1989</u>:
→ *defining relative clause to give important information on the traps*
(l. 10): all those products <u>you´re looking for</u>
→ *contact clause to specify which products the author is talking about*
<u>(l. 25):</u> humans, <u>who do best on a varied diet</u>
→ *non-defining relative clause to give additional information about the nature of humans*
(l. 43): bees are not moving north to compensate, <u>which might seem worrying</u>
→ *relative clause referring to a whole clause, commenting on the topic of main clause*

b) ll.27–29: […] This is more difficult in times of industrial farming, <u>which often covers huge areas with a single crop</u>. → *non-defining relative clause to give additional information about industrial farming*
ll. 29–31: […] Cities and suburbs are spreading into the country, <u>which destroys the wild flowers bees</u> […]. →: *relative clause referring to a whole clause, commenting on the topic of main clause*
ll. 32–34: […] Parasites like the varroa mite, <u>which weaken the bees´ immune system</u> […]
→ *non-defining relative clause to give additional information about parasites*
ll. 47–49: […] New laws […] have limited the use of the pesticides <u>which were contributing to the problem</u>. → *defining relative clause to specify which pesticides the author is talking about*
ll. 49–51: With queens <u>that lay 1,500 eggs a day</u>, bee populations can also […].
→ *defining relative clause to give important information on the queens*

c) Remember: Relative clauses add information to words or clauses and help authors of feature articles to write more precisely.

a) Write your name on the checklist and use it to check your feature article.

b) Then swap with a partner.

c) Check each other's feature article and give feedback (▶ comment).

d) Revise your work if necessary.

Name: ______________________________

Checklist for a good feature article			me	partner
Parts of the text and special features	headline	announces the topic.		
		uses a catchy wording.		
	summary	sums up what the article is about.		
	introduction	presents the topic and shows that it is relevant or interesting.		
		uses a good choice of catchy examples, outlook or prognosis.		
	main body	presents facts in a logical series of paragraphs.		
		shows a logical structure of arguments.		
		includes fitting examples.		
		shows good use of statistics, numbers, facts or other sources of proof for the arguments.		
	conclusion	finds a strong way to finish.		
		includes provocative or arousing statements or rhetorical questions.		
Organization of paragraphs	topical sentence	sums up the main idea of the paragraph.		
	linking sentences and ideas	shows good use of conjunctions or time sequencers in the paragraphs.		
		shows good use of adverbials to link and introduce paragraphs and new parts of the text.		
Language	spelling	no mistakes, unknown words have been checked.		
	grammar	tense sequence is correct.		
		word order is correct.		
		good use of relative clauses.		
		good use of participle constructions and the passive voice.		

Comment:

A well-written article uses language economically, so try not to be too wordy. Concise sentences are more readable and often have a stronger impact.

a) Read the first five lines of an earlier draft of the article on p. 58. Say how you think the author wants to change the highlighted parts.

b) Read the tips below. Explain which of them refer to the highlighted parts of the text.

TIP Concise sentences

To write more concise sentences …

1. Consider cutting parts of the text that give information that is already known.
2. Use contact clauses instead of relative clauses wherever possible.
3. If possible, include extra information in a clause instead of adding it in a separate sentence.
4. Find a single word with the same meaning to replace a group of words.

c) On a copy of the text, highlight the parts *you* would change. Note down your reasons.

d) Compare your ideas for changing the text.

e) Look at lines 5–20 of the text on p. 58. Compare your ideas for changes to the text with the changes the author made. Discuss whether you wish to revise any of your changes.

Imagine the scene. You're walking through the supermarket. You have coffee, tomatoes, strawberries, oranges, apples and sunflower oil on your shopping list, but you cannot find any of them in the supermarket. What's happened? Is it a weird dream, a nightmare perhaps? You pinch yourself and let out a cry. You're awake. Then you remember: all those products that you are looking for are pollinated by bees, and the bees are dying. Without our friends the bees, harvests of many crops will be so much smaller and some crops that we need won't grow at all.

Since the beginning of the century, bee colonies have been disappearing around the world. Some years are worse than others. Quite a good example of a really bad year is 2015, when 42 percent of all the colonies in the USA collapsed. There seems to be no single reason for this colony collapse disorder. Scientists call it CCD for short. They have identified several important factors and say that they all play a role.

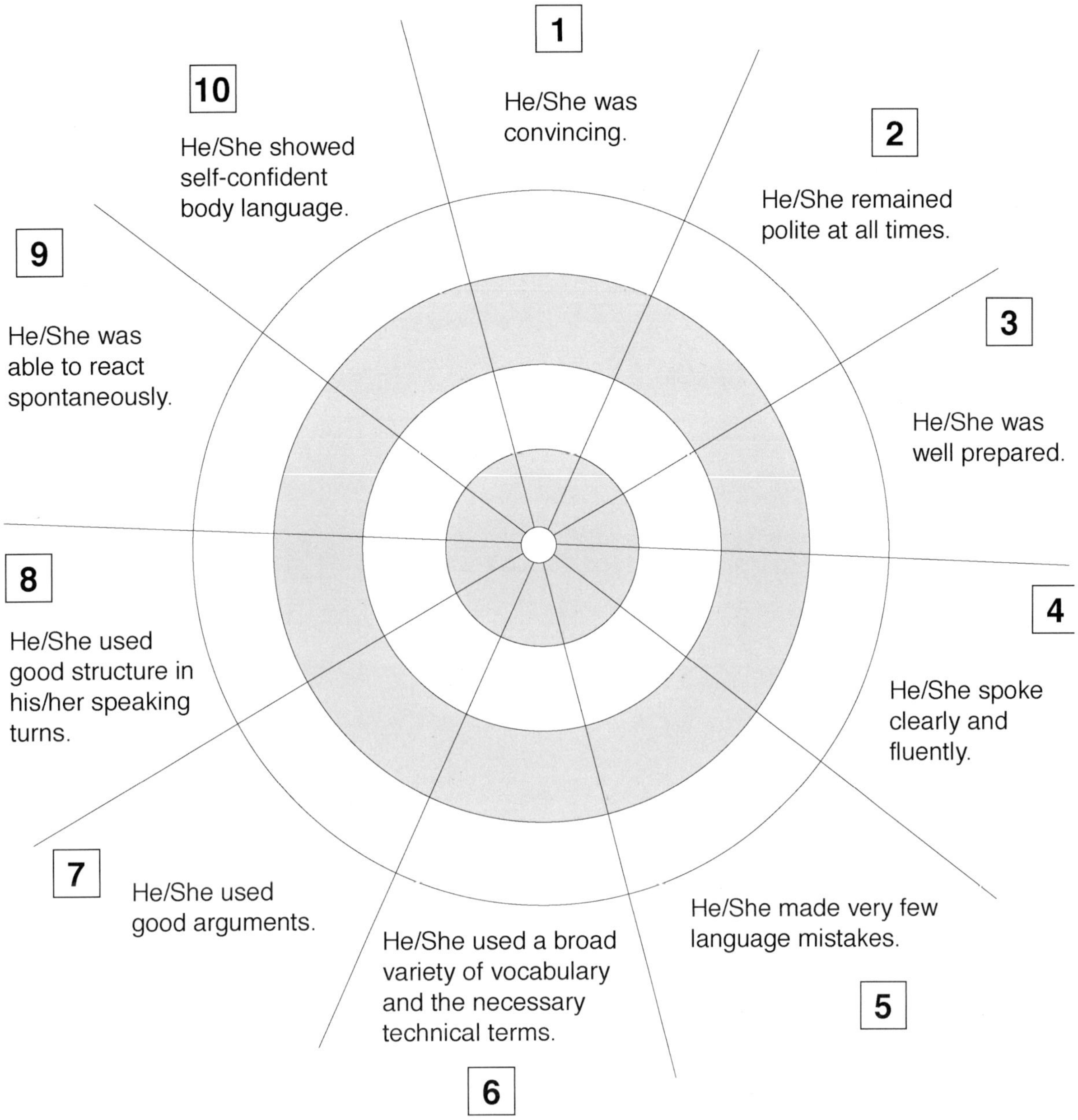
1
He/She was convincing.
2
He/She remained polite at all times.
3
He/She was well prepared.
4
He/She spoke clearly and fluently.
5
He/She made very few language mistakes.
6
He/She used a broad variety of vocabulary and the necessary technical terms.
7
He/She used good arguments.
8
He/She used good structure in his/her speaking turns.
9
He/She was able to react spontaneously.
10
He/She showed self-confident body language.

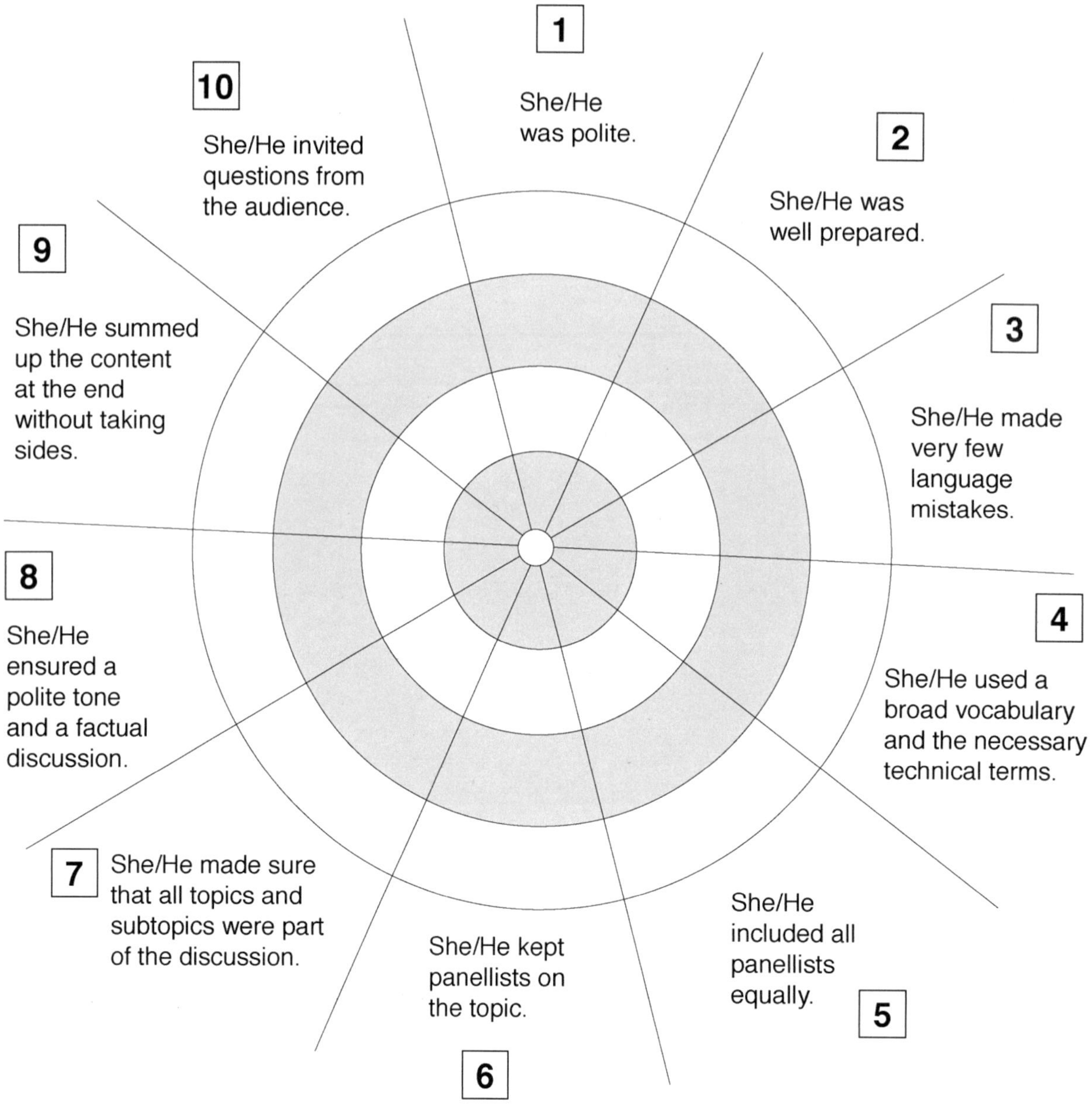
1
She/He was polite.
2
She/He was well prepared.
3
She/He made very few language mistakes.
4
She/He used a broad vocabulary and the necessary technical terms.
5
She/He included all panellists equally.
6
She/He kept panellists on the topic.
7
She/He made sure that all topics and subtopics were part of the discussion.
8
She/He ensured a polite tone and a factual discussion.
9
She/He summed up the content at the end without taking sides.
10
She/He invited questions from the audience.

When you give feedback, you should:
1. be nice.
2. concentrate on the things that you have to work on.
3. tell the other student what was good and how they can do better.
Always say what somebody did well first.

✓ Choose criteria[1] for your feedback.

✎ Add other criteria you need.

		☺☺	☺	😐	☹
	CONTENT				
✓	You covered the important points in the task.				
	The information was interesting/new.				
	You gave examples/details.				
	You stated your opinion.				
	You gave arguments for your opinion.				
✎					
✎					
✎					
✎					
	STRUCTURE				
	You introduced the topic.				
	Your presentation had a clear structure.				
	You showed your main points on a poster / …				
	You summed up at the end.				
	You invited us to ask questions.				
✎					
✎					
	DELIVERY				
	You seemed relaxed.				
	You made eye contact.				
	You used notes.				
	You spoke clearly.				
	You explained your pictures.				
✎					
✎					

[1] criteria *(pl)* [kraɪˈtɪəriə] *Kriterien*

Fachdidaktiken

Doff, Sabine / Klippel, Friederike: Englisch Didaktik. Praxishandbuch für die Sekundarstufe I und II. Cornelsen Scriptor 2007

Haß, Frank (Hrsg.): Fachdidaktik Englisch. Tradition, Innovation, Praxis. Klett 2006

Thaler, Engelbert: Englisch unterrichten. Grundlagen, Kompetenzen, Methoden. Cornelsen 2012

Timm, Johannes-Peter (Hrsg.): Englisch lernen und lehren. Didaktik des Englischunterrichts. Cornelsen 1998

Monografien

Börner, Otfried / Edelhoff, Christoph / Lohmann, Christa: Perspektiven Englisch (Heft 8): Individualisierung und Differenzierung im kommunikativen Englischunterricht. Grundlagen und Beispiele. Diesterweg 2010

Brüning, Ludger / Saum, Tobias: Erfolgreich unterrichten durch Kooperatives Lernen. Strategien zur Schüleraktivierung. Neue Deutsche Schule Verlagsgesellschaft mbH 2006

Green, Norm / Green, Kathy: Kooperatives Lernen im Klassenraum und im Kollegium. Das Trainingsbuch. Kallmeyer 2005

Hallet, Wolfgang: Didaktische Kompetenzen. Lehr- und Lernprozesse erfolgreich gestalten. Klett 2006

Hallet, Wolfgang: Genres im fremdsprachlichen und bilingualen Unterricht: Formen und Muster der sprachlichen Interaktion. Klett Kallmeyer 2015

Hallet, Wolfgang, Ulrich Krämer (Hrsg.): Kompetenzaufgaben im Englischunterricht: Grundlagen und Unterrichtsbeispiele. Klett Kallmeyer 2012

ISB Staatsinstitut für Schulqualität und Bildungsforschung München: ISB Handreichung Sprachen leben – Kompetenzorientierte Aufgaben in den modernen Fremdsprachen. Cornelsen 2011 (Bände 1 und 2)

Mattes, Wolfgang: Methoden für den Unterricht. Kompakte Übersichten für Lehrende und Lernende. Schöningh 2011

Paradies, Liane / Linser, Hans: Differenzieren im Englischunterricht. Cornelsen Scriptor 2010

Rossa, Henning: Mentale Prozesse beim Hörverstehen in der Fremdsprache. Eine Studie zur Validität der Messung sprachlicher Kompetenzen. Peter Lang 2012 (Inquiries in Language Learning, Volume 5. Reihenherausgeber Bongartz, Christiane & Rymarczyk, Jutta).

Rossa, Henning: Was messen Hörverstehensaufgaben? Ansätze zur Konstruktvalidierung von Sprachtestaufgaben als Beitrag zur Qualitätssicherung in der Kompetenzforschung. In: Aguado, Karin;

Schramm, Karen & Vollmer, Helmut Johannes (Hrsg.): Fremdsprachliches Handeln beobachten, messen, evaluieren. Neue methodische Ansätze der Kompetenzforschung und der Videographie. Peter Lang 2010, S. 119–152

Thaler, Engelbert: Lernerfolg durch Balanced Teaching: Offene Lernarrangements. Aufgabenorientiert, spielorientiert, medienorientiert. Cornelsen 2010

Thaler, Engelbert: 10 Modern Approaches to Teaching Grammar. Schöningh 2010